기사작성 워크북

기사작성 워크북
News Writing: Workbook

초판 1쇄 발행 | 2011년 9월 2일
초판 5쇄 발행 | 2024년 6월 28일

지은이 | 연국희
펴낸이 | 김진상
펴낸곳 | 경희대학교 출판문화원
임프린트 | 룩스문디

주소 | 서울특별시 동대문구 경희대로 26
전화 | 02-961-0106~8, 팩스 02-961-0291
설립 | 1960년 9월 16일 제5-8호
등록 | 1977년 11월 8일 제6-5호
홈페이지 | http://www.khupress.com
전자우편 | press@khu.ac.kr

ISBN 978-89-8222-399-0

룩스문디는 경희대학교 출판문화원에서 펴내는 교양서 임프린트입니다.

기사작성 워크북

연국희 저

News Writing: Workbook

룩스문디
LuxMundi

머리말

이 책은 스트레이트(straight) 기사작성 학습을 위한 실무서이다. 언론사에서 기자로 30여 년간 국내외 현장을 누빈 후, 대학에서 6년째 취재보도를 강의하고 있는 필자의 경험과 깨우침의 결과물이다. 강의를 위해 시중에 나와 있는 여러 종류의 실무서를 살펴보았으나 충분히 실제적이 아니었다. 원칙을 열거하거나 원칙에 상응한 예를 한두 가지 소개하는 데 그친 것이 보통이다. 따라서 학생들이 자습을 하면서 겪는 여러 가지 의문점이나 난관은 해결할 방법이 없다. 이 책은 기사쓰기에 필요한 원칙과 요령을 쉽고 간결하게 다루면서 학생들의 습작을 일일이 분석, 평가함으로써 스스로 익히고 깨우칠 수 있도록 했다.

우선 학생들이 제출한 과제를 첨삭하면서 모아둔 자료를 활용했다. 자주 범하는 오류, 어려워하는 점, 간과하는 부분 등을 열거했다. 낱말, 문장은 물론 토씨까지 가리지 않고 일일이 지적했다. 강의 시간에 나온 학생들의 질문에 대한 답도 별도로 정리했다. 대부분 언론인이 되고자 하는, 언론학과 학생들의 과제와 답안지가 이 책의 뼈대가 되었다. 강단의 경험을 통해 얻은 기사쓰기 준칙을 간단히 이론화했으나 이는 어디까지나 실무를 위한 노하우를 체계화하고자 한 것이다.

기사작성은 나무판에 끌로 한자 한자 글자를 새기는 만큼의 집중력이 필요하다. 특히 처음 배울 때는 각고의 노력을 경주해야 한다. 특히 스트레이트 기사는 문장이 간단명료하고 건조해(dry) 더욱 그렇다. 문장력을 뽐내는 학생들도 스트레이트 기사 쓰기는 힘들어하고 실제로 잘 못 다루는 것이 일반적이다. 물론 오랜 세월 훈련하고 나면 복잡한 상황, 혼란스러운 취재 현장에서도 술술 풀려나온다.

기사작성의 원리와 이치를 일상의 예나 비유를 통해 설명하려 했다. 습작에 대한 리뷰에서는 반복 학습 효과를 노려 미진한 점은 그때그때 되풀이 지적했다. 강의 경험상 한두 번의 지적으로는 충분치 않다는 것을 알게 되었다. 일부 설명과 지적은 저자의 독단적 견해로 평가받을 수도 있지만 원론적인 면에서 또 효율성이라는 측면에서 결단을 내렸다.

이 책은 크게 2부분으로 나뉘었다. 1부는 기사작성 실습에 앞서 알아두어야 할 저널리즘의 기본요소, 뉴스의 속성 등에 관해 간단히 소개했다. 언론사의 기사제작 과정과 취재 보도 용어에 대해서도 설명했다. 또 좋은 기사(글)를 쓰기 위해서 알아두어야 할 기본원칙, 훌륭한 리드를 쓰기 위한 요령 등도 함께 제시했다. 즉 기사작성의 오리엔테이션(orientation)에 해당하는 부분이다.

2부는 스트레이트 기사작성의 실제이다. 스트레이트 기사는 (1) 사건·사고 (2) 보도자료 (3) 연설 (4) 토론 및 강연 (5) 외신으로 구분했다. (1) 사건·사고는 발생 기사와 검거·구속 기사로 나누었다. 이 둘은 기사작성 스타일이 판이하게 다르기 때문이다. (2) 보도자료는 정부 각 기관의 '보도자료'를 입수, 학생들의 실습이나 시험을 통한 결과를 분석, 평가했다. (3) 연설문 역시 최근 자료를 위주로 학생들의 습작과 신문 기사를 비교, 설명했다. (4) 토론, 강연기사에는 일반 토론과 함께 강연도 다루었다. (5) 외신기사는 외신 스트레이트 기사를 한글 스트레이트 기사로 작성하는 방법과 외신 기획(feature) 기사를 한글 스트레이트 기사로 처리하는 방식을 모두 소개했다. 저자의 해외특파원 및 연구원 시절에 익힌 노하우를 정리한 것이다. 이 부분이 특히 다른 기사작성 책들과 차별성을 갖는다고 믿는다.

이를 통해 저널리즘 전공자나 언론사 입사를 준비하는 학생들이 익혀야할 기사 작성의 기초는 모두 다룬 셈이다. 이 워크북이 언론인이 되려는 독자에게 실질적인 도움이 되기를 기대한다. 저술을 지원해 준 삼성언론재단과 출판을 맡아준 경희대학교 출판문화원에 심심한 감사를 드린다.

2011년 8월

연국희

목차

I부 : 기사작성 오리엔테이션

1장 기사에 대한 이해

1. 가치 15
   주요 가치들 / 휴먼 인터레스트 스토리
2. 기사의 양식 19
   육하원칙(5W1H) / 역피라미드 원칙과 사례
3. 기사의 기준 23
   정확, 공정, 객관 / 객관성 확보의 틀
4. 대중매체 24

2장 편집국과 기자

1. 기자의 역할과 기능 25
   메신저, 레코더, 게이트키퍼, 네비게이터
2. 기사 제작 과정 26
   편집국 조직 / 기자의 24시 / 데스크의 역할 / 편집회의 / 편집부의 파워

3장 취재 보도 용어

1. 온 더 레코드(On the Record) 30
   보도 가능
2. 오프 더 레코드(Off the Record) 30
   비보도
3. 엠바고(Embargo) 31
   보도 유예
4. 백그라운드 브리핑(Background Briefing) 31
   배경 설명

4장 좋은 기사를 쓰기 위한 원칙

1. KISS and Tell Logically 33
   Keep It Short & Simple and Tell Logically
2. FORK 33
   Focus / Order / Repetition of Key Word / Kiss Off
3. 기타 주요 사항 34
   주요 팁(Tip)
4. 생생한 장면 36
   Vivid Scene

5장 리드(Lead) 잡기

1. 좋은 리드 38
   리드의 기능 / 리드의 요건 : 핵심 정보, 구체성, 단순화
2. 리드의 종류 42
   형태상 분류 / 내용상 분류 : 5W1H

6장 리드(Lead) 작성 실습

1. 리드 문안 작성 50
   기사 본문에 적합한 리드 습작 / 리뷰
2. 신문 기사 리드 사례 58
   동일 사건에 대한 신문 기사의 다양한 리드 사례들

II부 : 기사작성

1장 사건·사고 기사작성

스트레이트 기사의 구성과 표현 63
스트레이트 기사의 구조, 표현

발생 기사

1. 익사 65
취재메모 / 습작과 리뷰 1, 2 / 모범기사

2. 교통사고 70
취재메모 / 습작과 리뷰 1 / 목욕탕이론 / 습작과 리뷰 2 / 모범기사
사건·사고 기사 리드 작성의 팁

3. 화재 78
취재메모 / 습작과 리뷰 1, 2 / 모범기사

4. 강도 84
신문보도 사례 1 / 기사 구조분석과 리뷰 1
신문보도 사례 2 / 기사 구조분석과 리뷰 2
사례 1, 2의 팩트가 서로 다르다 / 모범기사

5. 비행기 추락 89
취재메모 / 습작과 리뷰 1, 2
모범기사 / 기본형 리드의 사례 / 요약형 리드의 사례

6. 남대문 화재 100
신문보도 사례 1, 2, 3, 4 / 모범기사와 리뷰 / 스트레이트 기사와 해설성 정보

7. 버스 폭발 106
신문보도 사례와 리뷰 1, 2, 3

검거, 구속 기사

1. 대학가 상습절도 110
신문보도 사례와 리뷰

2. 주민등록증 위조 112
기사 자료 / 습작과 리뷰 1, 2 / 모범기사와 리뷰

3. 사이버 범죄 118
기사 자료 / 습작과 리뷰 1, 2 / 모범기사

2장 보도자료 기사작성

1. 겨울철 도로공사 127
보도자료 / 습작과 리뷰 1, 2 / 모범기사

2. 중요 무형문화재 133
보도자료 / 습작과 리뷰 1 / 기사의 객관화와 신뢰도 / 소스 밝히기와 샌드위치론
습작과 리뷰 2 / 가치 중립적인 단어 / 모범기사와 리뷰
소스의 표현 방식 / 직접 인용의 상징성

3. 노인복지관 146
보도자료 / 습작과 리뷰 1, 2 / 모범기사와 리뷰

4. 다문화가족 커뮤니티 155
보도자료 / 습작과 리뷰 1, 2 / 모범기사와 리뷰
스트레이트 기사에서의 해설 / 동사 사용의 유의 사항

5. 수도권 교통대책 164
보도자료 / 습작 리드의 여러 예 / 습작과 리뷰 1, 2
신문보도 사례와 사례 리뷰 / 모범기사

3장 연설 기사작성

1. 주한 미국대사 강연 177
신문보도 사례와 사례 리뷰 / 모범기사 / 연설 기사의 리드

2. 노무현 대통령 신년사 180
연설문 전문 / 신문보도 사례 1, 2 / 사례 리뷰

3. 이명박 대통령 조사 186
연설문 전문 / 습작과 리뷰 1, 2 / 모범기사 / 기사작성에서의 인용

4장 토론 및 강연회 기사작성

1. 김문수 경기도지사 연설 193
신문보도 사례와 리뷰

2. 정운찬 국무총리 토론회 196
연설 전문과 질의응답 요약문 / 습작과 리뷰 1, 2
연설내용과 질의응답의 구분 / 모범기사

3. 백낙청, 이문열의 강연 209
강연 내용 발췌 1, 2 / 신문보도 사례와 리뷰 1, 2

5장 외신 기사작성

외신 기사작성의 유형 219
원문 전재형 / 스트레이트형 / 발췌형

1. 다빈치 코드 221
외신 기사 본문
유형 (가) 외신 스트레이트 기사를 한글 스트레이트 기사로 작성하기
습작과 리뷰 1, 2 / 모범기사와 리뷰

2. 반기문 유엔 사무총장 취임 227
외신 기사 본문
유형 (가) 외신 스트레이트 기사를 한글 스트레이트 기사로 작성하기
모범기사
유형 (나-i) 외신 스트레이트 기사를 한글 스트레이트 기사로 작성하기
습작과 리뷰 1, 2

3. 6자 회담 233
외신 기사 본문과 번역문
유형 (나-ii) 외신 스트레이트 기사를 한글 스트레이트 기사로 작성하기
습작과 리뷰 1, 2 / 모범기사

4. 한국의 샤머니즘 242
외신 기사 본문과 번역문 / 기사작성의 팁(Tip)
유형 (다) 외신 피처 기사를 한글 스트레이트 기사로 작성하기
습작과 리뷰 1, 2 / 신문 보도 사례와 리뷰
유형 (라) 외신 피처 기사를 한글 스트레이트 기사와 피처 기사로 작성하기

5. 기타 주요 사항 253
외신의 오보와 오역 / 외신의 인용 / 원문 번역의 요령 / 통신사

참고문헌 256

I 부

기사작성 오리엔테이션

1장 기사에 대한 이해

기사란 새 소식을 전하는 글의 양식이다. 그러나 이를 좀 더 부연, 구체화하면 다음과 같다.

> **기자가 여러 사람에게 알릴 가치(1)가 있다고 판단하여 선택한 새 소식을 일정한 양식(2)과 기준(3)에 따라 대중매체(4)를 통해 글로 정리한 것이다.**

다소 복잡하지만, 취재보도를 할 때 알아야 할 기본적 요소가 모두 포함되어 있다.

1. 가치

무엇이 뉴스가 되는가? 어떤 소식, 어떤 정보가 대중에게 알릴 가치가 있는가. 기자나 언론사에 따라서 그 기준이 달라질 수 있다. 같은 언론사, 동일한 기자라도 상황에 따라서 조금씩 변한다. 그러나 일반적으로 기사가치에 대한 판단은 다음 몇 가지 요소에 따라 정해진다.

시의성(timeliness) 새로운 것(new)과 시의에 맞는 것(timely)이 있다. 뉴스는 시의 적절해야 하며 새로운 소식이어야 한다. 그러나 과거의 것이라도 새로운 면모가 드러나거나, 새로운 시각, 변화된 가치로 평가될 때는 현재의 뉴스가 될 수 있다. 즉

새롭게 조명될 수 있다. 하지만 뉴스는 신선해야 하기 때문에 지난 것보다는 새로운 것이 더 가치가 있다. '뉴스는 여름날 생선 보다 썩기 쉽다' 라는 말은 이를 잘 대변해 준다.

근접성(proximity) 거리의 근접성과 심리적 근접성을 함께 말한다. 뉴스는 다른 조건이 같다면 나, 우리를 중심으로 먼 곳보다는 가까운 곳의 소식이 중요하고 관심의 대상이 된다. 뉴스를 보도하는 매체와 수용자를 중심으로 그가 속한 조직, 이웃, 사회, 국가, 민족, 그리고 지구촌으로 관심이 확대된다. 가까울수록 영향을 받을 가능성이 많기 때문이다. 자기가 잘 알고 있는 곳, 이해관계가 있는 곳, 관심이 가는 곳은 지리적으로 멀어도 심리적으로 가깝게 느낄 수 있다.

저명성(prominence) 뉴스는 사람을 동등하게 대우하지 않는다. 인간은 법 앞에 평등하다지만 뉴스는 그렇지 않다. 저명인사, 유명한 사람이 일반인보다 중요하게 취급된다. 정치인은 물론 배우, 가수, 운동선수에 대한 소식은 사소한 것일지라도 대서특필되는 경우가 종종 있다. 그래서 "이름이 뉴스를 만든다(Names make news)."라고 말하기도 한다.

영향성(consequence) 중요성이라고도 한다. 우리 생활에 직간접적으로 영향을 미치는 정도에 따라 뉴스의 가치가 달라진다. 얼마나 많은 사람에게, 어느 정도 중요하게 영향을 미치고 관심의 대상이 되느냐가 가치의 척도가 된다. 저명성과도 관련이 있다. 지방자치단체장 선거보다는 대통령 선거가 크게 다루어지는 것도 같은 이치다.

이상성(unusualness) 신기한 것, 진기한 일이 뉴스가 된다. 사람들은 새로운 것에 흥미를 느낀다. 가십(gossip)에 큰 관심을 가진다. 일반 기삿거리에 이상성의 요소가 있으면 더욱 크게 부각될 수도 있다. '사람이 개를 물었다.' '흑인 부부 사이에서 백인 아이가 태어났다.' '네모난 수박이 출시되었다.' 라는 이야기가 뉴스가 된다. 이는 언론의 여러 기능 중 오락 기능과도 관련 있다.

유용성(usefulness) 실생활에 얼마나 유용한가. 필요한 정보인가에 따라 기사의 가치가 정해진다. 날씨, 단전·단수, 교통통제 등 생활에 도움이 되는 정보를 말한다. 최근에는 건강, 참살이 등에 관한 정보도 크게 부각되고 있다. 사회가 발달하고 안정될수록 이 같은 뉴스가 더 선호되고 있다. 일면 영향성과도 관련이 있으나 영향성이 장기간에 걸친, 큰 범주의 정보라면 유용성은 주로 일상생활과 직접 관련된 정보를 말한다.

갈등성(conflict) 충돌, 투쟁, 경쟁이 뉴스가 된다. 평화로운 생활, 하루하루가 같은 일상의 반복이라면 뉴스거리는 줄어들 수밖에 없다. 큰 관심을 끌지 못한다. 사업장의 노사 분규, 서해 북방한계선(NLL)을 둘러싼 남북 충돌은 돌발적이거나 일상을 깨고 벌어지기 때문에 뉴스가 된다. '히말라야 8,000m 이상, 14좌 정복' 등 스포츠에서의 모험과 경쟁을 이 범주에 포함시키기도 한다.

이밖에 특정 아이템으로 성, 어린이, 동물 등이 있다.

성(sex) 사랑, 연애, 결혼, 이혼과 관련된 소식. 특히 삼각관계, 불륜 등 섹스 스캔들은 항상 사람들의 흥미를 불러일으킨다. 유명인, 저명한 인사들의 섹스 스캔들은 더욱 큰 관심을 이끈다.

어린이(child) 어린이들의 사건·사고, 유괴, 성폭력, 건강, 교육 등은 주요 관심사이다. 어른들의 정서나 이성을 자극하여 사회에 커다란 반향을 일으킨다. 어린이들에 대한 어른들의 시각, 사회정책도 종종 크게 부각되고 있다. 새싹에 대한 기대, 희망, 보호 심리가 복합적으로 작용하기 때문이다.

동물(animal) 동물원의 코끼리, 곰, 기린, 호랑이, 사자 등은 물론 아프리카의 정글, 강, 바닷속 그리고 하늘을 나는 신기한 동물들은 애정과 함께 호기심을 느끼게 한다. 또 사람과 동물, 동물과 동물끼리의 관계가 흥미를 불러일으키기도 한다. 애완견 등 집에서 기르는 각종 동물에 대한 관심도 커지는 추세다.

이 같은 항목을 추가 시키자면 끝이 없다. 사람과 돈에 관한 것만큼 이목을 집중시키는 것이 또 있을까. 인명, 인권, 명예, 승진 등이 그렇고 재산, 수입, 투자, 예산 등이 항상 관심사다. 각종 사건·사고에서 인명손실, 재산피해는 당연히 리드 등 기사 앞에 밝혀야 할 주요 정보임은 새삼 언급할 필요가 없다. 지극히 기본적이고 당연한 일이다.

휴먼 인터레스트 스토리(human interest story)

'인간적 흥미'라고 번역된다. 그러나 이 같은 사전적 해석에 그친다면 위에 열거한 모든 요소들이 이 범주에 속할 것이다. 특별한 의미를 갖기 때문에 별도로 떼어 놓은 것이다. 우리의 희로애락(喜怒哀樂) 등 감성적 요소에 비중을 둔, 주로 가슴 훈훈하고 교훈적인 이야깃거리를 말한다. 작은 사람들의 큰 이야기(big things about little people)라고 한다.[1] 평범한 사람들의 행동이 많은 사람들의 공감을 불러일으키거나 특히 감동을 주는 미담 뉴스가 여기에 해당한다.

어떤 이는 이를 소재 자체의 중요성보다는 그 정서적 영향성이나 진기성 때문에 높게 평가되는 뉴스(a piece valued more for its impact or oddity than for its importance)라고 말하기도 한다. '자신의 신장을 생면부지의 사람에게 기증한 젊은이' '지하철 철로에 떨어진 취객을 구하려다 다리가 잘린 지하철 직원' '자선냄비에 그날 번 돈 10만 원을 몽땅 집어넣은 어느 구두닦이' '20억 원을 대학에 기증한 달동네 판잣집 할머니 이야기' 등이 휴먼 인터레스트 스토리(human interest story)의 대표적인 예이다.

근래 들어 이 같은 뉴스가 특히 부각되고 있다. 언론의 속성상 뉴스는 무미건조하다 못해 삭막하다. 부정적인 소식(negative news)을 많이 전하기 때문이다. 신문을 읽기 싫고 방송 뉴스를 대하기 싫다는 사람들도 있다. 마음을 어수선하게 하고 머리를 어지럽게 해 차라리 안보고 지내는 것이 편하다고 말한다. 오죽하면 가볍게, 즐거운 기분으로 읽도록 좋은 뉴스(good news)만 골라 싣는 신문이 생겨나기도 했겠는가.

휴먼 인터레스트 스토리는 삭막한 인간사회에 옹달샘 물 같은, 후덥지근한 여름날 한 줄기 소나기와 같은 역할을 한다. 인간사회에 훈훈한 정을 느끼게 하고 사회를 긍정적인 시각으로 되돌아보게 하는 건전한 뉴스로 평가 받는다. 독자, 시청자를 잃어가고 있는 오프라인 신문과 방송 등 매체들은 앞으로 이 같은 뉴스 발굴에 더욱 공을 들일 것이다.

뉴스가치를 재는 잣대 하나하나가 독립적인 것은 아니다. 어떤 뉴스는 한 가지만으로

1) 이재경(2005), 『기사작성의 기초』, 나무와 숲, p. 205.

도 충분히 크게 취급되지만 3~4가지 요소가 혼재되어 나타나기도 한다. 그럴수록 기사의 가치는 높아진다. 국회의원이나 고위공직자가 부정부패에 섹스 스캔들까지 연루되면 기사로서의 가치는 그만큼 더 높아질 것이다.

2. 기사의 양식

기사작성에는 일정한 양식이 있고 관행적인 틀이 있다. 관행적이라고 해서 비이성적, 비효율적인 것이 아니다. 오랜 세월 많은 언론인들이 익히고 이용해와서 이제는 하나의 불문율처럼 되어 버린 기사작성의 형식이다. 비판적이고, 까다로운 기자들의 의식에도 불구하고 굳건히 오랜 세월을 버텨온 이 형식은 시간이 지날수록 더욱 다듬어지고 단단해졌다. 이제는 경제적이고 합리적인 틀로 자리 잡아 동서양을 막론하고 널리 통용되는 전형적이고 전통적인 양식이 되었다. 그 중 가장 기본적인 것이 육하(六何)원칙과 역(逆, inverted) 피라미드(pyramid) 원칙이다.

육하원칙(5W1H)

언제(when), 어디서(where), 누가(who), 무얼(what), 왜(why), 어떻게(how)라는 6가지 기본 사항을 기사 내용에 담아야 한다는 것이다. 어렵게 생각할 필요가 없다. 언론 학자들이 먼저 이런 중요 구성 요소를 찾아내 기사 쓰기에 반영해야 한다고 제시한 것이 아니다. 기자들 스스로가 오래 전부터 이런 요소를 담아 기사문을 구성한 것이다. 그렇다고 기자들이 손가락으로 육하를 꼽아가며 기사를 작성하는 것도 아니다.

어떤 정보가 있을 때, 사람들이 가장 알고 싶어하는 내용이 무엇이겠는가? 어떤 사항이 들어가야 정보에 대한 그들의 욕구를 충족시켜줄 수 있는가. 즉 인간의 궁금증을 해소시켜줄 수 있는 기본 사항이 육하이고 그러기 때문에 제대로 된 정보로서 구실을 하려면 최소한 이런 요소가 들어가야 한다는 것이다. 학자들이 수많은 기사를 분석, 정리해 보니 바로 이런 요소가 포함되어야 비교적 온전한 정보로서의 구실을 하더라는 것을 알아냈다.

육하 원칙은 또 정보의 정확성, 객관화를 이루는 수단이기도 하다. 언제, 어디서, 누가 등의 사실을 구체적으로 밝힘으로써 정보의 객관화가 이루어진다. 그래야 독자들의 신뢰도 높아진다. 아무리 중요하고 흥미있는 정보라도 이런 요소들이 빠지면 온전한 정보가 되지 못한다. 허구나 속임수가 되거나 소문에 그칠 우려가 있다. 그래서 육하는 정확해야하고 내용은 구체적이어야 한다.

역피라미드(inverted pyramid) 원칙

스트레이트 기사에서 가장 중요한 내용을 첫머리에 쓰는 것이다. 다음 중요한 것은 그 다음에 또 그 다음은 다음으로, 정보의 중요도에 따라 순차적으로 글을 전개하는 것이다. 기자생활을 하다보면 금방 알게 된다. 자기 기사가 몇 단계를 거치면서 얼마나 무참히 수정되고 난도질당하는가를. 데스크가 손질하며 자르고, 편집부로 넘어간 기사가 편집자에 의해 다시 무참히 끊겨 나간다. 어떤 기사는 손가락이 잘려나가는듯한 아픔을 경험하게 한다. 공들여 쓴 기사가 몇 줄 밖에 살아남지 못한다면 능력을 의심받는 수모를 겪어야 한다. 그래서 앞에서부터 잘리지 않을 중요한 정보를 넣어야 한다.

신문, 방송에 보도된 뉴스는 다른 뉴스와 지면(space), 시간(time)의 경쟁 속에서 살아남은 것들이다. 경쟁에 살아남기 위해 가장 중요한 것은 기사의 중요성이지만, 결국 이를 한계짓는 것은 지면이나 시간이다. 따라서 기사는 그날의 다른 뉴스와 비교되면서 경중이 갈린다. 또 편집과정에서 내용의 비중과는 상관없이 레이아웃(디자인)에 의해 길이가 조정되기도 한다. 보기 좋고, 읽기 편한 모양새를 갖추려다 보면 기사 하나하나를 모두 살릴 수는 없다.

독자나 시청자의 입장에서도 역피라미드 기사는 반드시 필요하다. 많은 독자가 꼭 필요한 정보아니면 기사를 다 읽지 않는다. 바쁜 일상, 넘쳐나는 정보의 바다 속에서 모든 뉴스를 끝까지 다 읽거나 경청할 수 없다. 통계에 따르면 일반 독자들은 하루 평균 30~40분 정도 신문을 읽는다. 50~60페이지 신문을 이처럼 단 몇십 분 내에 본다는 것은 결국 제목만 읽거나 이미지만 훑고 만다는 것이다. 그나마 흥미로운 기사가 아니면 몇 줄만 읽고 만다. 이런 독자들의 시선을 붙잡기 위해서는 내용이 매력적이고 핵심 정보가 앞에 있어야 한다. 리드는 그래서 중요하다.

전쟁 등 급박한 상황에서 마감시간을 의식, 결과부터 알려야 했기 때문에 역피라미드 형식의 기사가 생겼다고 전해진다. 또 전신기술이 발달하지 않아서 송신 도중 고장으로 마감시간 내에 송고를 마치지 못할 경우에 대비하여 역피라미드 형식을 쓰기 시작했다는 설도 있다. 이는 주변적이고 상황적인 이야기이다. 역피라미드 형식의 역사적 기원까지 살펴 볼 필요도 없다. 매체의 속성과 기자, 일반 대중의 습성에서 비롯된 자연스런 현상이라고 보아야 한다. 물론 이는 스트레이트 기사에 해당되는 것으로 피처(feature) 기사나 칼럼, 사설 등에서는 달라진다.

역피라미드 형식의 예 1

> 초등학교 1학년, 철수의 일기이다.
>
> 아침 7시 일어났다. 세수하고 밥 먹고 책가방을 챙겨 8시에 학교로 떠났다. 9시 첫 수업은 국어, 2교시에는 산수, 3교시는 사회, 4교시는 과학이었다. 산수와 과학은 재미가 없고 어려웠다. 방과 후 교문을 나서다 이웃집 만수를 만났다. 우리는 골목길 만홧가게에 들려 만화를 보았다. 재미있었다. 그러나 서로 먼저 보려다 싸움이 붙었다. 만수가 책장을 잡아당기는 바람에 책이 찢어졌다. 내가 꿀밤을 주자 만수는 대뜸 내 얼굴을 주먹으로 갈겼다. 내 입술이 찢어지고 피가 났다. 오늘은 재수가 없는 날이었다.

이를 기사화할 때 첫 문장은 당연히 '철수와 만수가 15일 만화를 보다 다툰 끝에 만수가 철수 얼굴을 주먹으로 때려 철수의 입술이 찢어졌다' 이다. 표현은 조금씩 달라질 수 있어도 '만수의 주먹질에 철수의 입술이 찢어졌다' 는 내용이 앞머리에 나와야 한다. 이날의 특기할 만한 사항이기 때문이다. 기사를 더 잇고 싶다면 이 사건은 '방과 후 학교 앞 만홧가게에 벌어졌다' 는 것, '만화를 서로 먼저 보려고 다투다 그랬다' 는 것이 따라오면 된다. 사건의 직접적인 원인 '만수가 만화책을 잡아당겨 책장이 찢어지자 철수가 만수의 머리에 꿀밤을 주었기 때문이라는 것' 등이 추가되면 된다. 그 밖에 아침의 기상, 등교, 수업은 매일 일상적으로 있는 일이기 때문에 중요도에서 뒤질 수밖에 없다. 그런 얘기는 뒷부분에 넣어도 무방하다.

역피라미드 형식의 예 2

경제 전문가들이 '한국경제의 새로운 모델하우스'를 주제로 토론을 벌였다. 토론회에 참석한 주최 측의 한 사무처 직원이 리포트를 작성하기 위해 참석자의 주요 발언을 다음과 같이 간단히 적었다.

3월 15일, 오전 10시, 제주도 S호텔 크리스털 볼륨

- C경제연구소 E연구원: 글로벌 스탠더드를 중요시하면서 새로운 '코리언 스탠더드' 창출에 노력해야 한다. 결국 한국의 새로운 모델은 국제적 모델을 수용, 발전시킬 수밖에 없다. 특히 우리 경제는 다른 나라와의 교역에 절대적으로 의존하고 있지 않은가.
- KBS B경제부장: 한국은 일류 선진국으로 가기위해 새로운 경제 전략과 비전을 갖고 있어야 하는데 그것은 미국이나 일본, 독일 모델이 아닌 새로운 것이어야 한다. 한국의 과거 발전과 미래에 적합한 우리 고유의 모델이어야 한다.
- K대학 L교수: 한국 경제발전은 더 이상 정부 주도형이어서는 안 된다. 한국은 산업화 단계에서는 국가 주도형이었으나 이제는 다양한 형태의 민간주도형이어야 하고 또 그렇게 진행되고 있다.
- H경제연구원 J박사: 우리 경제의 주력군이 대기업이므로 결국 새로운 경제모델 하우스를 세우는 기둥도 대기업이 될 수밖에 없다. 사회적으로 대기업이 비난의 대상이 되고 있지만 경제발전을 위해서는 불가피한 측면이 있다.

참석자의 발언 순서에 따라 적었다. 기사는 이 순서와는 상관없이 정리해야 한다. 토론자의 직위나 소속된 단체, 그 규모 등도 상관없다. 내용의 중요도에 따라 리드에 쓰고, 그 다음, 다음에 순차적으로 전개한다.

위 내용 중 3번째 L교수의 발언이 무엇보다도 중요하다고 판단되면 이것을 리드에 넣는다. 발언 내용과 함께 날짜를 넣거나 장소 또는 토론주제를 넣을 수도 있다. 그 다음은 역시 비중에 따라 차례로 전달한다. 즉 정보가치가 큰 것이 제일 위에 배치되는 역피라미드 형식을 취한다.

3. 기사의 기준

정확한 사실을 공정하고 객관적으로 써야 한다. 뉴스의 생명은 **정확한 사실(fact)**에 있다. 이를 위해 확인(confirmation)하고, 또 이를 담보하기 위해 공정하고 객관적로 다루어야 한다. 데스크는 기자가 기사를 써왔을 때 '확인'을 강조한다. 한 정보원(information source)에게서 들었다고, 어느 한 서류에서 보았다고 그대로 쓰면 실수할 때가 있다. 그래서 거듭 확인하고 크로스 체크(cross check)를 하는 것이다.

공정(fairness)하다는 것은 편향되지 않는다는 것이다. 선입관이나 편견에 잡혀서 한쪽으로 기울어져서는 안 된다. 하나의 기준을 세웠다면 모두에게 동일하게 적용해서 보도해주어야 한다. 축구 시합에서 페널티킥의 거리나 오프사이드의 기준은 어느 팀이건, 어느 심판이건 같아야 한다. 그러나 공정을 기한다고 해서 이해관계에 있는 쌍방의 주장을 같은 시간, 같은 크기의 스페이스로 다뤄줘야 한다는 말은 아니다. 기자의 판단 아래 중요도나 신빙성에 따라 비중을 달리 할 수 있다. 특히 이해관계가 크거나 민감한 사항일수록 상대방의 주장도 반영해주는 것이 공정한 것이다.

객관성(objectivity)과 공정성은 혼동하기 쉬우나 객관성은 자기관여(self-involvement)를 하고 있는지 여부에 기준을 두면 이해하기 쉽다. 자신의 이해관계나 감정에 휩싸여 뉴스를 다루어서는 안 된다는 말이다. 자기 의견이나 주장이 들어가지 않도록 하는 것이다. 한 발짝 물러나 제3자의 입장에서 바라보면 된다. 그런 의미에서 기자는 균형감각을 유지해야 한다. 흥분하지 말고 쿨(cool)해야 한다.

객관성 확보의 틀

정확한 사실을 공정하고, 객관적으로 보도한다는 것은 육하 원칙과 함께 궁극적으로 기사의 신뢰도를 높이기 위한 것이다. 기사를 기자 마음대로 쓰는 것이 아니라 분명한 소스가 있음을 보여주는 것이다. 이를 위해 5W1H를 분명히 하고 또 소스의 이름, 성별, 나이, 직업, 직책까지 정확히 밝히기 위해 노력한다. 이는 수용자에게 온전한 정보를 주기 위한 측면과 함께 정보의 객관화를 통해 신뢰를 얻기 위한 것이다. 즉 기사의 객관성 확보를 위한 틀이 되는 셈이다.

4. 대중 매체

산업혁명과 함께 인류는 산업화, 현대화, 도시화의 길로 접어들었다. 노동집약적이던 가내수공업은 기계화 공장이 되고 사회는 현대화의 길로 접어들었으며, 거대도시가 생겨났다. 전통적 사회와 달리, 도시에는 종교가 다르고 가치관이 다르고 심지어 말(언어)까지 다른 이질적인 사람들이 모여 살게 되었다. 현대화가 이룬 거대도시의 사람들 사이의 정보교환은 입에서 입으로가 아니라, 대중 매체를 통해서만이 효과적으로 가능하게 되었다. 빨래터나 우물가, 사랑방에서 이루어졌던 전통적인 사회의 커뮤니케이션 방식과는 전혀 다른 양상인 것이다.

대중은 많은 사람들(대량성), 이질적인 사람들(이질성), 서로를 모르는 사람들(익명성)이 여기 저기 모여서(산재성), 조직이 없이(비조직성) 살게 된 사람들이다. 이들 간의 의사소통(communication)이 원만히 효과적으로 이루어져야 공동사회(community)가 유지되고 발전할 수 있다. 산업 사회의 발달로 보통 사람들도 쉽게 접근할 수 있는 신문, 방송 같은 대중 매체가 출현하게 되었다. 학력이 높고 낮고 간에, 언어, 피부, 종교, 가치관이 다르더라도 바르고 쉽게 수용될 수 있는 문장이 필요해졌다. 기사(글)는 그래서 간단명료하고 쉬워야한다. 반드시 명심해야 할 기사작성원칙의 1조 1항이다.

2장 편집국과 기자

1. 기자의 역할과 기능

기자란 소스와 독자, 시청자를 서로 소통케 하는 정보 매개자이다. 정보 생산자로부터 나온 새 소식을 소비자인 일반 대중에게 알려주고 이들로부터 나오는 소식을 다시 그들에게 전달, 순환시키는 정보 소통자이다. 다시 말하자면 한 공동사회(community) 구성원 간에 의사소통(communication)을 원활하게 하는 정보 중개자라는 것이다. 그런 의미에서 초기에는 메신저(messenger)라고 불렸다. 또 나날의 새 소식을 기록하고, 이런 크고 작은 기록들이 모여 역사적 사실들로 이어진다는 점에서 레코더(recorder)라고 호칭되기도 했다.

그 후 많은 새 정보가 분출하면서 어느 특정 매체, 기자가 이를 모두 감당할 수 없는 상황에 이르게 되었다. 정보에 대한 취사선택의 기능이 중요시되면서 게이트키퍼(gatekeeper)로서의 기자의 역할이 강조되었다. 기자들이 선택, 보도한 기사는 뉴스가 되고 그렇지 않은 정보는 사장되기 마련이다. 현장의 기자가 기삿거리를 취재, 기사를 작성하고 데스크를 거쳐 편집되는 일련의 뉴스제작의 결정 과정, 즉 게이트키핑 과정이 어느 때 보다 중요시 되었다. 객관적이고 공정해야할 뉴스가 각 언론사마다 차이가 나는 것은 각각의 뉴스 프레임(news frame)이 있기 때문이다. 이는 각 회사의 사시, 전통, 역사 또는 사주, 사장, 주필, 편집국장 등 리더, 심지어는 기자들의 판단, 가치관이 서로 다른데 기인한다.

오늘날 기자의 역할과 기능은 이것만으로 부족하다. 뉴미디어의 출현은 현대사회에 정보의 바다를 이뤄 기존의 스펙만으로는 도저히 감당할 수가 없게 되었다. 기자들의 능력, 특정 미디어의 역량에는 한계가 있는데 일반 대중들의 다양하고 심도 있는 정보 욕구는 한없이 팽창하고 있다. 이 시점에서 강조되고 있는 것이 네비게이터(navigator) 역할이다. 기자는 한정된 지면, 시간으로는 감당할 수 없는 '정보의 바다' 를 항해하며 정보를 찾아주기도 하고 길을 안내하기도 하는 항해사 노릇을 해야 한다는 것이다. 온라인 저널리즘의 출현으로 종적인 정보 전달체계가 횡적으로 전환되면서 이 같은 기능은 더욱 강조되고 있다. 시대에 따라 기자들의 역할과 기능의 비중이 변하지만 그렇다고 과거의 역할과 기능이 사라지는 것은 물론 아니다.

2. 기사 제작 과정

편집국 조직

편집국에는 편집부, 정치부(북한팀), 경제부(산업팀, 유통팀, 금융팀, 부동산팀), 사회부, 지방부(전국 뉴스부), 문화부, 국제부, 스포츠부(레저부), 생활과학부, 교육부, 여론독자부, 디지털 뉴스부, 사진부, 교열부 등이 있다. 각 부에는 부장, 차장이 있으며 그 밑에는 조직의 규모에 따라 보통 10~50명의 부원(기자)들이 있다. 물론 각 언론사에 따라 조직이 더 세분화되기도 하며 그에 따라 명칭도 부, 팀 등으로 다양해지고 있다. 이들은 편집국장의 지휘 아래 있다.

광의의 편집과 협의의 편집이 있다. 광의의 편집은 편집국의 기사제작 과정은 물론 광고배치, 조판, 강판, 출력, 인쇄 등 신문제작의 모든 과정을 말한다. 협의의 편집은 각 부서 기자들이 작성한 기사가 데스크를 통해 편집부로 넘어오면, 이를 지면에 배치, 메이크 업(make up)하는 과정을 말한다. 즉 편집부 기자들은 취재 부서에서 넘어온 기사에 가치판단을 내려, 면배치를 하고, 크기를 정하며, 제목을 붙이고, 사진 그래픽 등을 첨가해 지면을 꾸민다. 쉽게 말해서 읽기 좋고, 보기 좋게 장식하는 일(design)을 한다.

지방부는 서울특별시 및 수도권을 포함, 각 지방자치단체의 뉴스를 다룬다. 여론 독자부는 투고, 기고 등을 처리하는 등 독자들과의 소통을 위한 메신저 역할을 한다. 디지털 뉴스부(인터넷 뉴스부)는 각 언론사가 편집국과 소속 인터넷 신문과의 기사 협력을 위해 비교적 최근에 마련한 조직이다. 종이 신문 자회사로서의 인터넷(온라인) 신문은 아직까지는 경영상 조직, 인력이 한정되어 있다. 따라서 취재보도를 상당 부분 오프라인 기자들에게 의존하고 있는데 이를 담당하는 부서가 디지털 뉴스부이다. 오프라인 기사를 온라인 신문으로 연결시켜주는 역할을 한다.

기자의 24시

취재 기자들은 소속 회사가 아닌 각자의 출입처로 출근한다. 대변인, 공보관을 만나거나 취재원과 직접 접촉해 그날의 기삿거리를 탐색한다. 이 과정에서 정보에 대한 취사선택이 이루어진다. 그 후, 회사로 출근해 일과를 시작하는 데스크(차장, 부장)들과 연락을 취한다. 예정 기사 목록과 간단한 내용을 보고하면서 1차적으로 데스크의 지시를 받는다. 기자들은 간단한 것은 바로 기사작성에 들어가기도 하나 중요하거나 복잡한 기사는 본격적인 취재에 들어간다. 조간신문은 기사 마감 시간이 오후 5시쯤이므로 여유를 갖고 취재, 기사를 작성한다. 석간의 경우 시간이 촉박할 수밖에 없고, 따라서 조간 기자들보다 일찍 출근하는 것이 보통이다. 큰 기사의 경우 동료, 선후배 기자의 도움을 받아 취재하고 기사를 작성한다. 언제든 다른 기삿거리가 생기면 다시 데스크에 보고, 상의한다. 긴급한 사건·사고의 경우 바로 현장으로 달려가 취재에 돌입한다. 필요에 따라 데스크나 일선 취재 기자가 사진부에 사진 취재를 요청한다.

기사는 하루 한 건도 안 쓸 때가 있는가 하면 하루에 2~3건을 쓸 때도 있다. 기사를 쓰지 않는 날도 내일을 준비하기 위해 부지런히 돌아다닌다. 취재원에 전화를 하거나 직접 만나기도 하고 서류를 뒤지기도 한다. 출입처를 드나들다 보면, 어떤 취재원이 중요한지, 누구를 만나면 어떤 정보를 얻을 수 있을지를 감지할 수 있다. 기사 자료는 도서, 서류, 신문, 잡지 등 매체와 동료 기자, 사람 등 여러 경로를 통해 얻을 수 있으나 역시 가장 중요한 소스는 사람이다. 도서나 서류 매체도 실은 사람에 의해 생성된 것이다. 기자에게 인적 네트워크가 가장 중요시 되는 것은 바로 이 때문이다.

취재원을 만나기 위해서 퇴근 후 저녁 식사를 하거나 술을 마시기도 하고, 사무실이나 집을 방문하기도 한다. 대부분의 경우 기사마감 시간이 지나면 회사에 들려 그날의 일과를 돌아보고 첫판 신문을 본다. 기사에 잘못은 없는지, 다음 판에 보충할 상항은 없는지를 확인한다. 또 경쟁사 기사와 비교, 평가 받은 후 집에 돌아간다. 필요하다면 회사에 가지 않고 현장에서 취재활동을 계속하기도 한다. 기자들의 일과가 불규칙한 것은 이처럼 활동시간이 정해져 있지 않기 때문이다. 언론사, 기자들 간의 경쟁이 치열한데도 원인이 있다.

데스크의 역할

일반적으로 각 부서의 차장, 부장을 데스크(desk)라고 말한다. 취재 현장에서 뛰기보다는 회사 내(책상)에서 일선 취재기자들을 지휘, 관리한다는 의미에서 그렇게 불린다. 앞서 언급한 대로 기자들의 보고를 받고 기사와 관련된 모든 사항을 논의하고, 지시한다. 일차적으로 일선 기자가 취사선택한 기사를 검토하고, 중요 기사의 경우 보충취재, 취재 방향 등을 지시한다. 차장은 일선에서 보고된 기사를 취사선택, 부장에게 올리면 부장은 이를 다시 검토한 후 주요기사를 뽑아 편집회의에 상정한다.

데스크는 일선 기자들이 보내온 기사를 첨삭할 수 있는 권한이 있다. 표현은 물론 내용을 수정하기도 한다. 차장은 이 기사를 부장에게 넘기거나, 부장의 승인 아래 편집부로 바로 송고한다. 이때 차장, 부장이 하는 일을 데스킹(desking)이라고 말한다. 차장, 부장이 바쁠 때는 이 작업을 베테랑 기자(수석기자 등)에게 맡길 수도 있다. 데스크는 기자들의 취재 보도 활동 외에도 기자들과 관련된 일상적인 업무를 뒷바라지 한다.

편집회의

부장은 일선 기자, 차장을 통해 들어온 기사 목록을 들고 편집국장이 주재하는 편집회의에 참석한다. 조간신문의 경우 첫 판이 저녁에 나오지만 당일의 기삿거리가 어떤 것이 있는지 미리 알아야 취사선택을 하고 비중을 가려 보도를 할 수 있다. 대개 점심시간 이전에 1차 편집회의를 끝낸다. 기사의 가치를 살펴 보도 방향을 정하고, 면 배정을 하고, 주요 기사의 크기를 정한다. 편집국장은 부장의 의견에 수정을 가하기도 하고 별도의 취재지시를 내리기도 한다. 회의는 각 부서별로 몇 개의 기사를 간단히 발제하면 편집국장이나 부국장이 의견을 내거나 지시한다.

조간신문의 경우 편집회의는 오전 한 차례, 오후 2~3차례 진행되는 것이 일반적이다. 일선에서 활동하는 기자들이 수시로 기사 목록을 추가하기 때문에 부장들은 점심시간 후 다시 회의를 한다. 추가 정보나 변경된 기사에 관해서만 발제하므로 회의 시간은 짧아진다. 그 후에도 1~2차례 더 회의를 한다. 이때쯤이면 데스크 일에 바쁜 부장 대신 차장 중에서 한 사람이 회의에 참석하기도 한다. 뉴스의 속성상 마감시간까지는 언제든지 새 아이템이 튀어 나올 수 있으므로 관련 부서 책임자들만 모이는 간이 편집회의는 수시로 열린다. 회의 장소도 편집국장실이나 편집부장 책상 근처 등 편리한 곳에서, 형식도 머리를 맞대고 하는 구수회담으로 열리는 것이 보통이다.

편집부의 파워

편집회의에서 가장 주요한 역할을 하는 사람이 편집부장이다. 회의 주재는 편집국장이 하지만 각 부장이 발제한 기사는 편집부장이 즉각적으로 판단, 미리 준비한 편집 계획안에 면배치, 면별 톱기사, 주요 기사를 정한다. 이에 관한 편집부장의 권한은 절대적이다. 편집국장이라도 매일 쏟아지는 수 백 건의 기사를 파악하거나 총괄할 수가 없다. 아주 크거나 민감한 기사가 아니라면 편집부장과 면별 편집자가 기사의 보도 여부, 기사의 크기 등을 최종 결정한다. 따라서 그날 뉴스의 생명은 이들의 손에 달려 있는 셈이다. 오늘날 신문처럼 면이 많아지고 종합편집을 하는 경우, 편집부의 위상과 역할은 더욱 막강해질 수밖에 없다. 종합편집이란 1면 등 앞의 몇 페이지는 정치, 문화, 외신 등 기사 종류에 상관없이 가장 중요한 뉴스를 뽑아 종합적으로 게재하고, 나머지는 소속 면으로 넘기는 편집방식을 말한다. 편집부를 수석부서라고 부르는 것은 이처럼 기사를 총체적으로 다루는 권한과 책임이 있기 때문이다. 외국의 경우, 편집부는 베테랑 취재기자 출신들로 구성되는 것이 일반적이다.

편집부장이 정리한 기사의 면배치 안은 각 면별 편집 기자와 각 출고부서 부장들에게 즉각 통보된다. 편집 기자들은 이를 통해 자기가 편집하는 면에 어떤 기사가 배정 될 것인지를 알게 되고, 편집에 필요한 사전 정지작업을 하게 된다. 각 부장들도 이 편집안에 따라 기사를 출고한다. 편집 기자들은 기사가 도착하면 우선 기사 가치를 따져 톱기사, 사이드 톱기사 등 경중을 가리고 기사의 크기를 보아가며 제목 달기를 한다. 제목 달기는 단 시간 내에 내용을 응축, 표현하는 것부터 글자 수·글자 크기·글자체까지 따져야하는 그야말로 피를 말리는 작업이다. 필요하면 사진, 그래픽을 출고부서 또는 사진부 등에 요구해 레이아웃(메이크 업)에 들어간다.

이 과정에서 탈락된 기사는 당연히 뉴스로서 빛을 보지 못한다. 또 이 과정에서 기사가 무참히 잘려나가기도 한다. 편집기자가 뉴스 제작 과정에서 최후의 관문, 최후의 게이트키퍼 역할을 하는 것이다. 편집기자는 기사를 취사선택하거나 필요한 만큼 자를 수 있다. 물론 디자인 등을 고려해 기사에 사진, 그래픽 등을 첨가하는 것도 재량이다. 그러나 기사 자체에 직접 내용을 첨가하지는 않는 것이 관례이다. 내용을 보충하거나 개선할 필요가 있으면 담당 취재 부서에 요구한다. 신문은 하루 3~4번의 판갈이를 한다. 조간의 경우 전날 저녁 초판 마감시간 후에도 기사는 속속 이어지기 때문에 밤 동안, 당일 새벽까지 2~3시간의 간격을 두고 지면 일부를 개편한다. 이 과정에서 기사가 수정되기도 하고 비중이 낮은 기사는 최신 뉴스, 보다 큰 뉴스로 대체되기도 한다.

3장 취재 보도 용어

기자들이 취재 보도 과정에서 사용하는 전문 용어들이 있다. 전에는 일본 용어가 흔히 사용되었으나 근래에는 영어가 대세를 이루고 있다. 이중 흔히 사용되는 몇몇 용어를 간단히 살펴본다.

On the Record(보도 가능)

기자가 신분을 밝히고 취재원으로부터 얻은 정보는 원칙적으로 모두 보도를 전제로 하는 것이다. 따라서 취재원에게 보도, 비보도를 사전에나 사후에 확인할 필요가 없다. 취재원 역시 기자에게 온 더 레코드를 선언하고 대화를 나누거나 기자의 인터뷰에 응하지는 않는다. 서로 당연한 일이라고 생각하기 때문이다.

Off the Record(비보도)

취재원이 기자에게 정보를 주면서도 보도는 하지 말아달라고 요청하는 것이다. 기자의 입장에서는 취재는 하되 보도는 하지 않는 것이다. 취재원은 정보의 전체 또는 일부에 대해 비보도를 요청할 수 있다. 사전, 사후 모두 가능하다. 취재원이 정보를 공개적으로 유출하는 것을 꺼리는 경우, 또는 개인이나 단체의 인권과 명예를 손상시킬 우려가 있을 경우 흔히 행해진다. 기자는 이를 받아들여도 되고 거부해도 된다. 그러나 기자가 이를 거부하면 취재원은 정보를 주지 않을 것이다. 기자가 비보도를 전제로 정보를 얻었으나 이 약속을 어기고 보도하는 경우도 없지 않다. 국민의 알권리가 더 중요하다고 생각할 때, 공익이 우선이라고 판단할 때 이를 파기하기도 한다.

기자가 취재원에게 먼저 요청하는 경우는 드물지만 아주 없는 것은 아니다. 취재원이 주요 정보를 갖고 있는 것이 분명함에도 이를 공개치 않을 경우가 있다. 이때 기자가 먼저 정보의 배경이나 흐름 등을 이해할 필요가 있거나 다른 기사의 취재에 도움이 된다면 '보도하지 않을 테니 공개해 달라'고 요청할 수 있다. 약속이 이루어지면 기자는 이를 지켜야 한다. 약속은 구두로 이루어지는 신사협정과 같은 것이다. 이를 어기면 기자의 취재보도 윤리에 어긋나고, 신뢰가 떨어져 취재원을 잃을 것은 자명하다. 공동취재의 경우 한 기자가 약속을 어겨 정보가 공개되면 비보도 약속은 효력이 상실된다.

Embargo(보도 유예)

취재는 하되 보도를 일정기간 유예하는 것이다. 즉시 보도할 경우 사건·사고의 해결에 지장을 주거나 영향을 줄 수 있다고 판단될 때 취재원의 요청으로 이루어진다. 또 인명, 인권, 명예에 손상을 줄 우려가 있을 경우, 국익·공익을 위해 당분간 비밀 유지가 필요한 경우도 엠바고가 행해진다. 때로는 취재원이 정보 공개의 극적인 효과를 얻기 위해 의도적으로 이용할 때도 있다. 비보도와 마찬가지로 기자는 합당한 이유 여하에 따라 수용할 수도, 거부할 수도 있다. 그러나 일부 기자들이 자신이나 자사의 이해에 빠져 약속을 깨는 경우가 있어 간혹 물의를 빚는다. 엠바고나 오프 더 레코드 약속을 깬 기자는 기자단이나 취재원으로부터 출입처 출입금지 등 일정한 제재를 받는 것이 일반적이다.

엠바고는 날짜, 시간이 명시되는 것이 보통이다. 대통령의 외국 방문 일정을 발표할 때도 보안을 위해 0일 0시 이후에 보도할 수 있다고 적시한다. 정보의 속성상 시한을 막연하게 정하는 경우도 있다. 어린이 납치사건의 경우 인질의 안전을 위해 '공개 수배를 결정할 때까지' 또는 '범인이 잡힐 때 까지'라고 시한을 정할 수 있다. 엠바고나 오프 더 레코드가 걸린 기사라 할지라도 일선 기자는 항상 데스크에게 보고하는 것이 원칙이다. 엠바고의 경우, 취재에 만전을 기해 시한이 풀리면 즉시 보도한다. 기자는 국민의 알권리, 정보 욕구를 위해 보도유예나 비보도를 요청받으면 신중히 판단해야 한다.

Background Briefing(배경 설명)

기사의 객관화와 이를 통한 정보의 신뢰를 높이기 위해서는 취재원의 신분을 분명히 구체적으로 밝히는 것이 중요하다. 그러나 취재원은 자신의 정보가 정치, 경제, 사회적으로 민감하게 작용하거나 타인의 인권과 명예에 손상을 줄 수 있다고 판단하면 신분 노출을 꺼린다. 또 자신이 정보를 주었다는 사실이 밝혀지면 책임을 지거나 문책을 당할 수도 있다. 따라서 비밀스러운, 은밀한 정보가 대부분이다. 그러나 때로는 이름과 직책 등 신분을 공개하면서는 내줄 수 없는 긍정적이고 건설적인 정보가 흘러나올 수도 있다.

기자는 이 경우 소스를 불분명하게 흐리며 기사를 쓴다. '청와대의 한 관계자는~' 또는 '여당의 한 고위 당직자에 따르면~' 식이다. 취재원이 여론의 반응을 살피기 위해 언론에 띄우는 정보도 있고, 상대방의 비리나 결점을 대중에게 흘리기 위한 것일 수도 있다. 기자의 입장에서는 중요하고 민감한 정보를 얻기 위한 고육책으로 이를 사용한다. 그러나 백그라운드 브리핑은 기자들이 확인되지 않은 정보나 자의적인 견해를 기사에 넣을 우려가 있어 경계해야 할 사항 중 하나이다.

4장 좋은 기사를 쓰기 위한 원칙

1. KISS and Tell[2] Logically

Keep It Short & Simple and Tell Logically의 두 문자로 이루어졌다. 기사는 간단명료하게 쓴다. 그리고 말하듯이 쉽게 쓰되, 논리적으로 쓴다는 말이다. 중언부언, 중문 복문을 피하고 단문으로 쓴다.

> Short is beautiful. Short and Simple is more beautiful. Short and Simple and Interesting is the most beautiful.
>
> **짧은 것이 아름답다. 짧고 간단한 것은 더욱 아름답다. 짧고 간단하고 재미있는 것이 가장 아름답다.**

2. FORK[3]

Focus 핵심 내용에 초점을 맞춘다. "서울시가 버스비를 인상키로 했다"가 골자인 기사의 경우 '버스비 인상'에 초점을 맞추어야 한다는 것이다. 즉 〈서울시가 버스비를 900원에서 1,000원으로 인상한다. 이 같은 '버스비 인상'은 5년 만의 일

2) Richrd Keeble, 『The Newspaper hand book』, p. 87.
3) 이재경, 『기사작성의 기초』, p. 100.

이다. '버스비 인상'으로 서울시민들은 한 달 교통비 부담이 20% 증가하게 되었다.' '버스비 인상'으로 버스운행 업자들은 한 대당 연 수입이 1억 원씩 증가 할 것으로 서울시는 추정했다〉 등.

Order 순서에 맞추어 정리한다. 〈서울시가 버스비를 인상하고 지하철 운행 시간도 종전 12시에서 새벽 1시로 연장 운행하며 버스 중앙차선제도 확대 실시한다〉는 서울시 교통대책이 발표되었다고 하자. 그러면 우선 버스비 인상 내용, 그다음 지하철 운행 시간 연장이나 버스 중앙차선제 확대실시 내용을 순서를 정해 차례로 써 내려가야 한다는 것이다.

Repetition of Key word key word를 반복한다. 위 focus의 예에서 키워드는 '버스비 인상'이다. 이를 주어로 반복해서 기술한다. 다음 '지하철 운행시간 연장' 단락에서는 바로 이 단어가 키워드일 수밖에 없다

Kiss Off 문단을 소주제에 따라 나눈다. 앞의 예에서 '버스비 인상' '지하철 연장운행' '중앙차선제 확대'가 각각 소주제이므로 기사를 쓸 때 이 주제에 따라 문단을 나누어 정리하면 깔끔해지고 이해하기가 쉽다.

3. 기타 주요 사항

주어+동사를 분명히 한다 주어, 동사가 생략된 제목은 편집자가 뽑은 것으로 취재기자의 몫이 아니다.

같은 값이면 능동형으로 쓴다 능동형으로 쓰면 메시지가 강해진다. 수동형, 사역형을 피한다. 〈수갑이 채워진-채 수갑을 찬 채〉, 〈3명에게 중경상을 입게 했다-3명에게 중경상을 입혔다〉, 〈사고가 일어나게 되었다-사고가 일어났다〉, 〈300명의 경찰이 배치되었다-300명의 경찰을 배치했다〉. 그러나 리드 등에서 수동형으로 쓰는 것이 메시지 전달에 효과적일 경우는 예외이다.

동일한 단어의 반복이나 의미가 같은 단어의 반복을 피하라 역전 앞, 처가 집, 국화꽃, 매주 수요일 마다, 따듯한 온정의 손길, 사회악을 완전히 근절, 대강의 개요, 겉보기에 인상, 여러 가지 잡다한, 열심히 공부에 열중, 지나온 과거, 아름다운 미모 등

수식어는 수식하는 단어에 가깝게 붙인다 부사는 동사 앞에, 형용사는 수식하는 명사 바로 앞에 놓는 것이 오해의 여지가 없어 좋다. 〈죽을 힘을 다해 김00 양(12)은 목표 지점으로 달렸다〉(죽을 힘을 다해 달렸다). 〈사고 목격자 김 씨는 술에 잔뜩 취한 주인과 손님들이 서로 엉켜 주먹질을 하다가 석유난로를 발로 걷어차 화재가 났다고 말했다〉(술에 취한 사람이 누구인지 분명치 않다).

적확한 단어를 찾도록 노력한다 '한 가지 사물, 현상에 최적의 단어는 하나 밖에 없다'라는 말을 상기할 필요가 있다. 버스 값(자동차 값), 버스 삯(버스 비), 밝히다(발표하다), 전하다(보도했다, 말했다), 날씨가 쾌청한 탓으로(쾌청한 덕분에, 쾌청해서).

구체적인 단어를 찾도록 노력한다 외국인보다는 미국인, 중국인, 각양각색보다는 남녀노소, 학생, 군인 등, 김치보다는 배추김치, 총각김치 등

세부 묘사는 구체적으로 한다 36쪽 'Vivid scene' 참고.

현장감이 나도록 시청각 표현을 구사한다 36쪽 'Vivid scene' 참고.

한자어의 반복을 피한다 문장이 딱딱하고 어려워진다, '전통문화 계승전달 방안확정'은 "전통문화를 계승하고 전달하기 위한 방안을 마련했다."라고 풀어주면 좋다. 장조카, 비등, 폐수, 무단 방류, 구타 등 어려운 단어도 피한다.

외래어를 삼간다 특히 생소한 것은 피한다, 패러다임, 블루오션, 레드오션, 머천다이징, 스탠바이, 벤치마킹, 컨버전스 등 대중들이 쉽게 이해할 수 없는 것은 가급적 쓰지 말아야 한다.

전문 용어는 풀어 주든가 설명을 붙인다 경제·과학 기사에서 특히 자주 나온다. 이에는 4가지 방법이 있다. 첫째 용어 앞에 수식어로 간단히 설명하는 방법(수식어가 길어지면 좋지 않다. 둘째 용어 뒤 ( )속에 설명하는 방법. 셋째 용어가 나온 다음 문장에 별도의 문장으로 간단히 설명하는 방법. 넷째는 기사 가까이에 별도의 난을 만들어 '용어풀이'를 해주는 방법.

Vivid Scene (생생한 장면)

다음은 미국의 한 지방 신문에서 기자 생활을 시작, 후에 뉴욕 타임스의 편집국장이 된 진 로버츠(Gene Roberts)의 일화이다.

진 로버츠가 지방신문 기자 생활을 할 때, 어느 날 발행인이 로버츠를 자기 방으로 불렀다. 발행인은 맹인이었지만 매일 비서로 하여금 기사를 읽게 해 기자들이 어떤 기사를, 어떻게 쓰는가를 소상히 알고 있었다. 그 발행인은 로버츠가 앞에 다가서자 다음과 같이 말했다.

Roberts, I can not see your stories, make me see. We should all try to make readers see, smell, feel, taste, and hear. First you have to be there. You need to capture the sights, the sounds and the smells that are pertinent.[4]

로버츠, 나는 자네의 기사를 볼 수가 없네. 볼 수 있도록 해주게. 우리 기자들은 독자들이 보고, 냄새 맡고, 느끼고, 맛보고, 또 듣도록 노력해야 하네. (그러기 위해서는) 우선 현장에 가보아야 하네. 거기서 현장과 관련된 광경, 소리, 냄새를 포착해야 하네.

4) The Missouri Group, 『Reporting and Writing』, p. 172.

원칙이 잘 안 지켜진다.

한 학생이 어느 날 신문을 펼쳐 보이며 고개를 가로 젓는다. “선생님이 강조한 그 원칙에 들어맞지 않는 기사들이 얼마든지 있다.” 라는 것이다. 그렇다. 당장 한국 언론을 대표하는 전국 종합 일간지 기사를 읽어보면 강의실에서 강조한 원칙들이 여지없이 무너져 내리는 것을 볼 수 있다. 또 기자들조차도 ‘원칙은 원칙이고’ 하면서 대수롭지 않다는 반응을 보인다. 이해는 간다. 마감시간은 촉박한데 언제 준칙을 손꼽아가면서 기사를 쓰겠는가. 기사는 정확한 팩트(fact) 전달이 먼저이고, 문장은 다음이 아닌가라고 생각하기 쉽다.

또 ‘나는 기사는 잘 못 쓴다.’ 라고 스스럼없이 말하는 기자들이 있다. ‘취재(정보 캐기)는 잘하지만 이를 전달하는 문장에는 별로다’ 라는 뜻이다. 그 기자는 자신이 취재에 유능하다는 것을 역설적으로 표현한 것이다. 그 만큼 정보수집이 중요한 것도 사실이다. 그러나 이는 기자 자신을 위해서나 독자들을 위해서 결코 바람직하지 않은 현상이다. 기자의 능력 여부가 종국에 가서는 글쓰기로 판가름 난다는 사실을 깨닫게 될 테니까 말이다. 기자생활을 오래 할수록, 원숙해 질수록 몸으로 때우는 일보다는 사고의 깊이와 문장력이 더 중요해진다.

5장 리드(Lead) 잡기

1. 좋은 리드

리드는 기사 맨 앞에 나오는 첫 문장을 말하는 것으로 전체 내용 중 핵심 정보를 담은 것이다. 기사는 리드와 본문으로 구성되어 있기 때문에 리드를 뺀 나머지가 본문이다. 기사를 통틀어 말한다면 제목도 포함되나 제목은 앞서 언급한 대로 편집자의 몫이다. 리드는 제일 중요한 핵심 정보를 독자, 시청자들에게 던져 그 내용을 전달하고 관심을 이끈다. 리드의 중요성이 강조되는 것은 일상생활에 바쁜 독자들이 리드에서 메시지를 얻고 지나친다는데 있다. 그렇다고 리드에 중요한 정보를 너무 많이 담으려 하면 혼란만 야기한다. 문장이 길어지면서 메시지가 약화되고 따라서 독자에게 어필하지 못한다.

리드의 기능은 기사에서 제일 중요한 정보를 담아

(i) 기사의 핵심을 파악할 수 있게 한다.

(ii) 독자로 하여금 본문을 읽도록 유도한다.

내용상 갖추어야 할 요건

(i) 핵심 정보를

(ii) 구체적으로 적시하되

(iii) 단순화 한다.

주요 사항이 많아도 그 중에서 핵심 정보를 잡아낸다. 스타(star)를 선발해내고, 나머지는 본문으로 넘겨야 한다. 기자가 결정하는 것이나 기자는 항상 뉴스 수용자를 의식한다. 의도적으로라도 줄을 세우지 않으면 두서가 없어지고 메시지는 약화된다. 리드를 쓰면 '기사의 반을 썼다'고 말한다. 리드의 중요성을 말하는 동시에 리드 잡기가 그만큼 어렵다는 것을 뜻한다.

(i) 핵심 정보

다음과 같은 회의록이 있다고 하자.

> 21일 국회에서 천안함 침몰사태와 관련, 청문회가 열렸다. 여야 의원들의 열띤 공방과 질문 속에 이날 청문회는 5시간 동안 진행되었다. 청문회에서 여야 의원들은 김태영 국방장관에게 천안함 침몰원인에 대해 집중적으로 캐물었다. 김 장관은 현재로서는 "어뢰 또는 기뢰에 의한 외부충격으로 함정이 동강나면서 침몰한 것으로 추정하고 있다"고 답했다. 김 장관은 "그것이 북한에 의한 것이냐"는 한나라당 A의원의 질문에 "현재로서는 그렇게 볼 수밖에 없다"고 말했다. 그러자 민주당의 B의원은 "무엇에 근거를 두고 그런 판단을 내렸느냐"고 추궁했다. 이에 김 장관은 "아직 정확한 물적 증거는 없지만 사고 직후 북한의 함정이 사고해역에서 북방한계선을 넘어 도주하는 것이 레이더에 포착되었다"고 말했다.

이 회의록에서 핵심 내용은 "천안함이 북한의 어뢰나 기뢰에 의해 폭파, 침몰한 것으로 본다."라는 김 장관의 답변이다. 따라서 기사 리드는 〈김태영 국방장관은 21일 천안함은 "북한의 어뢰나 기뢰에 의해 폭파돼 침몰한 것으로 생각한다."라고 말했다〉가 될 것이다. 다음 〈김 장관은 이날 국회 청문회에서 이같이 답변하고 그 근거로 사고 직 후 북한의 함정이 북방한계선을 넘어 도주하는 것이 포착되었다〉고 말했다. 이어 〈이날 청문회는 여야 의원들의 열띤 공방 속에 5시간 동안 진행되었다.〉 식으로 중요도에 따라 머리부터 순차적으로 전개한다.

(ii) 구체성

리드를 쓸 때 정보를 구체적으로 쓰는 일이 매우 중요하다. 막연하거나 개략적인 내용은 메시지가 인상적으로 전달되지 않는다. 학생들과 실습을 해보면 이 부분에서 가장 취약하다는 것을 금방 알아차릴 수가 있다. 강의 시간에 강조하고 바로 실기에 들어가도 이 점을 놓치는 학생들이 많다.

리드의 구체성이란 무엇인가. 일례로 "A대학교 B씨가 회사원 C씨로부터 선물을 받았다" 라고 가정하자. 이 정도로 정보 욕구가 해소되는 사람도 있겠지만, 보다 온전한 정보가 되려면 좀 더 구체적이어야 한다. 〈A대학교 B씨(여. 21세. 언론정보학부 3년)가 회사원 C씨(25.삼성전자)로부터 생일 선물을 받았다〉. 이때 B씨에 대해 더 상세한 정보를 알고 싶어 하는 사람이 있는가 하면 C씨에 대해 보다 구체적인 정보를 얻기 바라는 사람도 있을 수 있다. 아니면 선물에 대해 보다 구체적인 정보를 얻고자 하는 사람도 있을 것이다.

따라서 기자는 정보수용자가 무엇을 궁금해 할 것인가를 판단, 거기에 비중을 두어 구체적으로 알려준다. 모든 사항을 구체적으로 적시하려면 문장이 길어질 수밖에 없다. 그러면 좋은 기사를 쓰기위한 원칙 1조 1항, KISS 원칙에 맞지 않는다. 만일 B씨의 여자 친구들이 선물 내용에 관심이 많다면 당연히 이에 대해 구체적 정보를 줘야할 것이다.

부연하자면, 〈...로부터 뮤지컬 관람권이 포함된 문화상품권 선물 세트를 생일 선물로 받았다〉가 된다. 구체성은 문화상품권 〉뮤직컬 관람권 〉춘향전 등으로 전개될 것이다. 다른 예, "서울시가 시내버스 요금을 인상한다."보다는〈서울시가 시내 버스요금을 1,000원에서 1,100원으로 인상한다〉가 더 구체적이다. 그러나 그 구체성이 너무 상세하면 리드가 길어질 가능성이 높다. 따라서 기자는 어떤 정보를 어느 정도 구체화 할 것인가를 결정해야 한다.

(iii) 단순화

중요 정보가 많다고 해서 여러 개를 담으면 리드가 복잡해지고 문장이 길어진다고 했다. 실제 기사를 쓸 때 중요한 것이 많아 모두 집어넣고 싶을 때가 있다. 어느 것이 더 중요한지 판단이 잘 가지 않는 경우도 적지 않다. 그럼에도 대표적인 것을 골라, 구체화, 단순화해서 리드를 작성해야 한다. 구체적 사항이 아닌 내용은 응축(boil down)해서 단순화 시키는 작업이 요구된다. 그래야 문장이 짧아지고 메시지가 강해진다. 같은 내용의 뉴스가 언론사마다, 기자마다 다른 리드로 실리는 것은 기사가치에 대한 각자의 판단이 다르고 표현 능력에 차이가 있기 때문이다.

예컨대 "서울시가 버스 요금을 인상하고, 버스 중앙차로제를 확대 실시하며, 지하철 운행시간을 연장한다고 발표했다" 하자. 기자가 이 3가지 사항을 모두 리드에 구체적으로 담으려 한다면 문장이 길어 질 것이다. 〈서울시가 2012년 1월부터 시내버스 요금을 현행 1,000원에서 1,100원으로 인상하고, 중앙차로제를 시 전역으로 확대하며, 지하철 운행 시간도 현행 밤 12시에서 새벽 1시까지 연장 운행키로 했다〉. 읽으려면 숨이 찬다. 잘 기억되지 않으므로 메시지가 약화되었다고 할 수 있다.

이 3가지 사항 중 어느 것이 시민들에게 가장 어필할 것인가를 판단, 그것부터 리드에 담고 나머지는 다음으로 미룬다. 즉 돈과 직접 관련되는 것이므로 '버스요금 인상'이 제일 중요하다고 판단되면, 〈서울시는 2012년 1월부터 시내버스 요금을 현행 1,000원에서 1,100 원으로 인상키로 했다〉라고 쓴다. 그 다음 '버스중앙차선제 확대실시'가 중요하다고 생각하면 〈서울시는 또 내년부터 버스 중앙차선제를 시 전역으로 확대 운행한다〉라고 쓴다. 그리고 〈지하철 운행시간도 현행 밤 12시에서 새벽 1시까지 연장키로 했다〉라고 순차적으로 펼쳐나간다.

형식상 갖추어야 할 요건

(i) 문장은 특히 간단명료해야 하고
(ii) 단어나 문장이 동태적, 매력적이어야 하며
(iii) 가급적 능동형으로 쓴다.

(i) 기사문장이 간단명료해야 함은 앞서 지적했다. 리드는 특히 간단명료해야 이해가 쉽고 메시지가 강해진다고 했다. 그래야 독자나 시청자의 이목을 집중시킬 수 있다.

(ii) 살아 움직이는, 시대감각에 맞는 단어가 주의를 끈다. '파업을 시작했다' 와 '파업에 돌입했다' '쟁탈전이 있을 예정이다' 와 '쟁탈전을 벌릴 예정이다' '함성이 나왔다' 와 '함성이 솟구쳤다(울려 퍼졌다)' 등 미세한 차이지만, 동태적인 단어 선택이 중요하다.

기자들은 자기가 쓴 기사의 메시지가 시청자, 독자들에게 강하게 전달되기를 원한다. 그래서 과장하거나 극적인 표현을 쓰고 싶은 욕구에 빠지기 쉽다. 정확한 정보가 최우선인 기사에서는 절대 금물이다. 그러나 같은 정보라도 보다 인상적으로 전달하기 위해서는 위와 같은 요령을 터득하는 것이 바람직하다. 방송은 특히 메시지 전달을 시청자들의 듣기에 의존하기 때문에 이 부분에 더욱 신경을 써야 한다.

(iii) 〈00은행에 10일 오후 3시 강도가 들어 현금 5,000만원을 강탈당했다-00은행에 10일 오후 3시 강도가 침입, 현금 5,000만원을 강탈해갔다〉. 〈공무원들의 부정 부패를 신고하는 사람에게는 1억원까지 정부 포상금이 지급된다-정부는 공무원들의 부정부패를 신고하는 사람에게 1억원까지 포상금을 지급한다〉. 후자가 바람직하다. 그러나 반드시 그런 것만은 아니다. 〈서울 성북구 119 구조대는 12일 오후 2시 정릉동 00아파트 단지에 나타난 멧돼지를 사살했다〉. 이를 다른 형식으로 쓰면 〈대낮 서울 도심 아파트 단지에 나타난 멧돼지가 119 구조대에 의해 사살됐다〉. 후자가 더 메시지를 강하게 전달한다고 보아야 한다. 리드에서는 이런 경우가 종종 있다.

2. 리드의 종류

1) 형태상 분류

전체 내용 제시형(기본형), 요약형, 복수(병열, 나열)형, 선택형, 질문형 등 여러 종류가 있다. 그러나 스트레이트 기사에서는 전체 내용 제시형과 요약형, 복수형이 전부다. "파업이냐, 타협이냐"로 리드가 시작된다면 선택형. '한국 축구는 4강에 오를 것인가?'는 질문형이다. 또 리드가 한 문장 이상으로 되면 복수(병열, 나열)형이라고 한다. 위의 예에서 서울시 버스요금 인상, 중앙차로제 확대, 지하철 연장 운행기사의 리드는 복수형 리드에 적합하다. 형태상 리드 분류는 단순히 문장 형식에 따라 나눈 것으로 스트레이트 기사에서는 위에 열거한 3가지 외에는 특별히 주목할 필요가 없다.

전체 내용 제시형 리드(Immediate-identification lead: 기본형)

리드에 전체 내용 중 주요 정보를 거의 모두 포함시킨다. 앞서 간결한 리드, 인상적인 메시지를 전달하기 위해서는 리드에 중요한 것이라고 모두 집어넣어서는 안 된다고 했다.

그러나 이 리드 형식에서는 예외인데 그 사용 범위는 한정되어 있다. 주로 사건·사고 기사에서 하나, 또는 몇 안 되는 문장으로 정리할 때 이 같은 유형의 리드를 사용한다. 리드는 길어도 기사 전체로 보아서는 짧은 것이 일반적이다. 리드에 주요 사항이 나올 때마다 즉시(Immediately) 신분. 신원(identity) 등의 정보를 밝히는 것이다. 이를 기본형이라고도 부른다.

> 18일 저녁 10시 서울 서대문구 홍은동 유진상가 4거리에서 녹번 역에서 무악재 쪽으로 직진하던 1.5톤짜리 화물트럭(운전자 K씨. 45)이 연희동 방면에서 무악재 쪽으로 가려고 우회전 하던 쏘나타 승용차(운전자 P씨. 56)를 들이받아 P씨가 사망했다.

이 기사는 리드가 길지만 사고의 주요 내용이 대부분 담겨있다. 따라서 기사는 그날 뉴스 지면, 시간 등의 형편에 따라 이 한 문장으로 끝날 수도 있다. 좀 더 상세한 정보가 필요하다면 사고 이유 정도일 것이다.
〈이날 사고는 과속으로 달리던 트럭이 4거리에서 순간 빨간 신호등으로 바뀌었는데도 이를 무시하고 달리다 일어났다.〉

> - 12일 저녁 9시 서울 강남구 개포동 구룡 마을에서 촛불화재가 발생, 주민 이00(여. 70) 씨 등 3명이 연기에 질식사하고, 박00(67) 씨 집 등 판자집 10채가 소실됐다.
> - 국방부는 14일 이화, 숙명, 성신 등 4년제 여자대학 7개 가운데 숙명여대를 여성 학군단(ROTC) 장교 후보생 시범대학으로 선정했다고 발표했다.

주요 정보(6하 등)가 리드 한 문장에 거의 모두 담겨있다.

요약형 리드(Summary Lead)

주요 사항을 그때그때 즉각적으로 적시하는 것보다는 기사의 의미성을 강조하는 것이 보다 효과적이라고 판단할 때 주로 사용한다. 즉 변화, 경향, 흐름 등 전반적 상황을 먼저 압축, 단순화시켜 알려준다. 모든 리드가 그렇지만 이것이야 말로 "낚시로 고기를 잡기 위해(본문으로 유도하기 위해) 먼저 바늘(핵심 정보)이 아닌 떡밥부터 던지는 식"이다.

> 보건복지부는 5일 바캉스 철을 맞아 상인들의 폭리 영업행위를 막기 위해 바닷가 등 휴양지에 물가단속반을 파견키로 했다.

어떤 휴양지, 어떤 상행위에 대한 단속을 한다는 것인지 구체적으로 나타나 있지 않다. 다만 '휴양지 물가단속'이라는 메시지만 응축해서 던진 것이다. 따라서 다음 문장에서 상세한 정보가 나올 수밖에 없다.

> - 어제 밤 서울 강남 판자촌에서 촛불화재가 발생, 주민 3명이 숨지고 판잣집 10채가 소실됐다.
> - 울산의 한 초등학교 교장이 학생들이 모은 이웃돕기 성금 일부를 교사들과의 회식비에 사용한 사실이 드러났다.

구체적인 시간이나 장소, 이름, 심지어 내용 등을 개략적으로 기술했다. 그리고 그 보다는 화재의 상징성에 더 무게를 두었다. 즉 서울, 그것도 강남에서 촛불 화재가 발생했다는 사실과 이 때문에 인명 손실이 발생했다는 사실에 보다 큰 의미를 둔 것이다. 학교장 비리사건도 마찬가지다. 육하 중에서 가장 중요하다고 생각하는 것만 구체적으로 밝히고 나머지는 개괄적으로 전했다.

복수(병열, 나열)형(Double Lead)

핵심 사항이 여러개여서 한 문장에 담는 것이 어려울 경우 2~3개의 문장으로 정리한다. 문장이 길어져 산만해지고 결과적으로 메시지가 약화될 우려가 있을 때 이런 리드 형태를 사용한다. 이를 복수형, 나열형 또는 병렬형이라고 한다.

서울시가 시내버스 요금 인상, 지하철 운행시간 연장, 중앙차로제 확대실시 등 교통정책을 발표했다고 하자. 이를 모두 리드 한 문장으로 만들면 길어질 수밖에 없다. 이 때 각각의 정보를 다른 문장에 담아 3개의 문장으로 만들 수도 있다. 그러나 너무 번잡해지므로 한 문장에는 하나의 메시지, 다른 문장에는 두 개의 메시지를 담아 2개의 문장을 만들면 비교적 간명하게 정리된다.

> 〈서울시가 다음 달부터 시내버스 요금을 현행 1,000원에서 1,100원으로 인상키로 했다. 서울시는 또 시내 중심가에서만 실시하던 중앙차로제를 시 전역으로 확대하고 지하철 운행 시간을 새벽 1시까지 연장키로 했다〉.

유형별 사례

같은 날, 같은 장소에서 일어난 농협 강도 사건을 C신문과 D신문이 각기 다른 유형의 리드로 보도했다.

> **전체 내용 제시형**
>
> 〈6일 오후 4시 40분경 경북 경산시 하양읍 하양농협 강남지소에 강도 1명이 침입해 현금 3,139만 원과 수표 850만 원 등 3,389만 원을 빼앗아 달아났다〉. 강도는 키 175cm 가량에 검은색 복면 차림으로 창구 여직원을 공기총으로 위협한 뒤 미리 준비한 자루에 현금을 담도록 했다.
>
> (D신문)

요약형

〈대낮에 공기총을 든 괴한이 농협에 침입해 40초 만에 3,850만 원을 털어 달아났다〉. 6일 오후 4시 30분쯤 경북 경산시 하양읍 하양농협 강남지소에 복면을 쓴 괴한 1명이 공기총을 들고 들어와 직원들을 향해 1발을 쏘며 위협, 수표 850만 원과 현금 3,000만 원을 빼앗은 뒤 밖에 세워둔 흰색 NF 쏘나타를 타고 도주했다.

(C신문)

어느 것이 더 좋은 리드일까. 의견이 팽팽히 갈릴 것이다. 정답이 없기 때문이다. 답이 있다면 '어느 리드도 좋다'는 것이다. 그러나 이들이 서로 다른 리드를 쓴 것은 이 사건을 보는 관점이 달랐기 때문이다. D신문 기자는 금융기관에 대한 공기총 강도지만 처음 있는 사건도 아니고 강탈당한 금액도 많지 않다고 생각한 것이다. 또 주요 관심사인 인명의 손실도 없었기 때문에 통상적인 수준의 사건으로 본 것이다.

C신문 기자는 이 사건에 특별한 의미를 부여했다. 금융기관의 경비가 얼마나 허술했으면 대낮에, 40초 만에 돈을 털린단 말인가. 심심치 않게 벌어지는 금융기관 총기 강도 사건이지만 또 이렇게 허술하게 털리고 만단 말인가. 곧 추석이 다가오는데 이런 일이 다시는 일어나지 않도록 경종을 울려야겠다. 이런 문제의식이 앞서면 요약형 리드가 나오고 이런 의미를 내포한 팩트를 담는 것이다. 각 언론매체나 기자가 고집하거나 선호하는 원칙이 있는 것은 아니다. 데스크, 기자에 따라서 또 상황에 따라서 언제든지 달라질 수 있다.

어떤 리드가 적합한가

전체 내용 제시형은 앞서 지적했듯이 리드가 길어지는 흠이 있다. 문장이 길어지면 읽는데 숨이 차고, 듣다보면 앞에 나온 팩트가 기억이 안 된다. 메시지 전달에 문제가 생기는 것이다. 그러나 언론의 기능 중 기록성을 생각한다면 이 유형의 중요성을 간과 할 수 없다.

또 전체 내용 제시형은 리드는 길어지지만 기사 전체는 오히려 짧아지는 효과가 있다. 앞에서 보듯이 기본형은 첫 문장부터 시간, 장소, 주요 내용이 상세하게 나와 이를 뒤에서 반복할 필요가 없다. 이에 비해 요약형은 리드에서 빠진 중요 정보를 뒤에 넣어주어야 하기 때문에 결국 한 문장이 더 필요하다.

이밖에도 전체 내용 제시형을 쓰는 데는 또 다른 주목할 만한 이유가 담겨있다. 요약형 리드가 시도한 메시지 강화 효과가 신문의 경우 기사 앞에 내세운 제목에 대부분 나타난다. 이 때문에 리드에서 제목의 정보를 다시 반복할 필요가 없다는 것이다. 실제로 C신문 리드가 강조한 '대낮' '40초'등이 D신문에서는 제목으로 커버됐다. '한 낮 시골 농협에 강도, 40초 만에 현금 3,000만원 강탈 도주'가 바로 그것이다. 어느 유형이든 제목은 리드의 내용과 겹치는 경우가 많지만, 요약형의 경우 더 심하기 때문에 굳이 고집할 필요가 없다.

그러나 다음과 같은 경우 요약형 리드를 쓰면 매우 효과적임은 분명하다.

(i) 문제의식을 갖고 쓰는 기사

〈어제 밤 서울 강남 판자촌에서 촛불화재가 발생, 주민 3명이 숨지고 판잣집 10채가 소실됐다〉.

(ii) 어떤 상황의 특징, 경향을 보여주는 기사

〈백화점들이 추석을 맞아 한정 수량으로 준비한 고가(高價)의 선물세트들이 잇달아 매진되고 있다〉.

(iii) 크거나 복잡한 기사

〈중국 00지방에 21일 대지진이 발생, 수천 명이 죽거나 매몰되었다고 신화사 통신이 12일 보도했다〉.

(iv) 이상하거나 특기할 만한 기사

〈미국 텍사스 주 댈러스 시에 사는 흑인 부부 사이에서 백인 여자 어린이가 태어났다〉.

기준이 없어 혼란스럽다

'예외 없는 규칙은 없다'는 말로 탈출구를 마련해 두자. 우리 언론 현장에서는 이에 대한 체계적이거나 진지한 탐색이 별로 없다. 기준이나 가이드라인이 없어 제각각, 중구난

방이다. 그러나 최소한의 원칙이나 합리성이 없다면 기사 쓰기 학습은 참으로 어려워진다. 오랜 세월 동안 시행착오를 겪으며 익히는 수밖에 없기 때문이다.

'어깨 너머로 배운다'는 말은 바로 이런 고난의 과정을 뜻할 것이다. 반면, 이는 기사 작성을 하면서 원리를 깨우치기 보다는 감으로 계속 쓸 수밖에 없는 무(無)각성의 단면을 말해주는 것이기도 하다.

2) 내용상 분류

5W1H 중 어느 것을 강조해서 리드를 쓰느냐 하는 것에 초점을 맞춘 분류이다.

언제(when)

- 〈올해는 30도가 넘는 늦더위가 9월 초순까지 이어질 것 같다고 기상청이 22일 예보했다〉.
- 〈추석을 며칠 앞둔 최근 도심 주택가에 좀도둑이 극성을 부려 경찰이 방범 경계령을 내렸다〉.

어디(where)

- 〈충남 홍성군 일대에 리히터 지진계로 3.6도의 지진이 발생, 일부 건물 간판이 심하게 흔들리고 유리창이 깨졌다〉.
- 〈서울 강남구 구룡동 판자촌에서 10일 밤 11시 촛불화재가 발생, 주민 000씨 등 3명이 숨지고 판잣집 10채가 소실됐다〉.

누구(who)

- 〈북한을 탈출한 주민 25명이 14일 중국의 베이징(北京) 주재 스페인 대사관에 강제로 진입, 난민지위 인정과 한국행을 요구하며 단식 농성에 들어갔다〉.
- 〈세계적인 팝 가수 마이클 잭슨이 약물 과다복용으로 숨졌다고 미국 경찰이 밝혔다〉.

무엇(what)

- 〈보건복지부가 내년부터 농촌 다문화가정을 위한 '한국문화 체험 교실'을 각 시군구에 최소한 1개소씩 개설키로 했다〉.

- 〈정부가 집 없는 서민을 위한 보금자리 주택을 2012년까지 수도권에 2만 채 건립하겠다고 23일 발표했다〉.

왜(why)

- 〈남편이 부인 명의로 보험금을 들어놓고 사고를 위장, 부인을 숨지게 한 교통사고가 일어났다〉.
- 〈유명 연예인, 운동선수 등 20여 명이 병역을 면제 받기위해 의사와 짜고 고의로 어깨뼈를 탈골시킨 것으로 드러났다〉.

어떻게(How)

- 〈서울시 경찰청은 15일 분실된 한국인 주민등록증에 자신의 사진을 교묘히 부착, 위조한 후 한국인 행세를 하며 취업 사기를 벌인 조선족 박00 씨 등 3명을 공문서 위조 및 사기혐의로 구속했다〉.[5]

5) 박종화, 『미디어문장과 취재방법론』, 한울아카데미, p. 136.

6장 리드 작성 실습

1. 리드 문안 작성

다음 기사 본문을 읽고 리드를 써 보시오.

기사본문 1

허참, 정은아 등 장수 MC의 교체 바람 속에 왕종근도 10년간 진행한 KBS 1TV 'TV쇼 진품명품'에서 물러난다. 'TV쇼 진품명품' 측은 21일 "경제 불황에 따른 MC의 내부 인력 교체 일환으로 왕종근 씨도 교체하게 됐다"고 밝혔다. 왕종근은 26일 분까지 진행하며, 후임으로는 윤인구 KBS 아나운서가 나선다. 'TV쇼 진품명품'은 지난달 15일 방송 700회를 맞았으며, 왕종근은 총 14년 중 10년간 이 프로그램을 진행했다. 앞서 프리랜서 MC 정은아도 KBS 2TV '스펀지'에서도 하차했으며 허참은 1984년 26년간 진행해온 KBS 1TV '가족오락관'을 떠났다.

습작 1

(i) KBS는 장수프로그램 MC들의 전면교체에 나섰다.

(ii) KBS 1TV 'TV쇼 진품 명품'에서 더 이상 왕종근 씨를 볼 수 없게 됐다.

(iii) 경제 불황의 여파로 MC들이 잇달아 하차했다.

(iv) 경제 불황에 따른 MC의 내부 인력 교체 일환으로 왕종근이 'TV쇼 진품명품' 서 하차한다.

(v) MC 왕종근 씨가 'TV쇼 진품명품' 에서 하차한다.

리뷰 1

본문이 주어진 상태에서 리드를 잡는 일은 자신의 취재노트에서 정보를 가려내 리드부터 기사를 쓰는 작업보다 어려울 수 있다. 자신의 의도와는 다르게 기사가 이미 전개되어 있을 수 있기 때문이다. 그럼에도 이 같은 훈련은 핵심 정보를 잡아내 한 문장으로 정리하고, 다음 문장과 어떻게 연계되는가를 관찰하는 능력을 키우는데 효과적이다.

(i) '장수프로그램 MC' 라고만 하면 어떤 장수프로그램의 어느 MC를 말하는지 모른다. 이 기사는 MC 왕종근의 하차를 알리고자 쓴 기사이다. '전면교체' 는 과거에 이미 떠난 MC들까지 보면 맞지만 그 당시에 각 MC의 하차 소식은 이미 나갔다고 보아야 한다. 다만 이번 왕종근 MC 하차를 계기로 과거 사실을 상기시켰을 뿐이다.

(ii) 핵심 내용, 구체성에서 좋다. 전체적인 의미는 맞다. 그러나 이 리드와 본문 기사 첫 문장이 자연스럽게 연결되지 않는다. 기사 내용을 해석, 자기 말로 썼기 때문이다. '더 이상 볼 수 없게 됐다.' 는 결국 '하차한다.' 는 의미이지만 자기 식으로 풀어 쓴 것이다. 우리는 지금 스트레이트 기사문을 연습하고 있다.

(iii) (i)에서처럼 구체적이지 않다. 핵심 내용은 'MC들이 잇달아 하차한다.' 는 것이 아니라 '왕종근이 하차한다.' 는 것이다. 수용자들이 '왕종근' 을 모를 수 있으므로 'MC' 'TV쇼 진품명품' 등을 넣어 이해를 돕는다.

(iv) 리드 문이 간단명료하지 않다. 늘어져 메시지가 강렬하지 못하다.
'왕종근의 하차' 배경을 알려주기 위한 의도지만 그것이 이 기사의 주목적은 아니다. 그 배경은 3번째 문장에 나온다.

(v) 잘 정리된 리드 문장이다. 아쉬운 점은 '왕종근 씨가' 에서 조사 '가' 이다. '왕종

근(씨)도'라고 했더라면 손 볼 여지가 없는 리드이다. 〈MC 왕종근(씨)도 KBS 1TV 'TV쇼 진품명품'에서 물러난다〉정도면 좋다. 'KBS 1TV'를 빼도 된다. '왕종근(씨)도'에서 '도'는 '이미 다른 유명 MC들도 하차했다'는 의미를 내포한다. '물러났다' '하차했다'는 어느 것이라도 무난할 것이다.

기사본문 2

서울시교육청은 내신 성적을 둘러싼 비리 가능성을 없애기 위해 올 1학기 중간고사부터 교내 주관시험에서도 감독교사 명단을 시험당일 공개하고 한 교실에 가급적 2명 이상의 감독을 두라고 각 급 학교에 주문했다고 20일 밝혔다. 이는 매 교시 쉬는 시간마다 감독관이 담당 시험장을 통보받는 수능시험에 준하는 감독 체계로 평가된다. 시 교육청은 아울러 1개 학급을 2개 교실로 나누어 시험을 보게 하거나 학부모 보조 감독을 활용하는 방안과 과목별 교과 협의회를 1년에 4차례 이상 열 것을 권고했다.

습작 2

(i) 서울시교육청은 내신 성적을 둘러싼 비리 가능성을 없애기 위해 올 1학기 중간고사부터 감독교사 명단을 시험당일 공개하고, 감독교사를 2명 이상 배치하는 등의 방법을 시작하겠다고 20일 밝혔다.

(ii) 서울시교육청은 각 급 학교 교내주관 시험에 감독교사를 2명 이상 당일 배치, 감독하는 방식을 발표했다.

(iii) 서울시 교육청은 20일 내신 성적 비리 가능성을 없애기 위한 방안을 마련했다.

(iv) 올 1학기 중간고사부터 교내 주관 시험도 수능시험에 준하는 감독체계로 변화된다.

(v) 서울시 교육청은 투명한 내신 성적 관리를 위한 방안을 각 학교에 전달했다.

리뷰 2

(i) 리드가 너무 길다. 기사 본문 첫 문장과 같다. 같은 내용을 2개의 문장으로 반복했기 때문에 대단히 비효율적인 기사가 되었다. 기사 제목과 리드는 같은 내용이 반복되는 경우가 많으나 리드와 리드 다음이, 문장이나 내용에서 대동소이(大同小異)해서는 곤란하다. 또 '감독교사 명단을 당일 공개한다.'는 내용이 가장 중요한 팩트인지, '2명의 감독을 배치한다.'는 것이 더 중요한지를 가려 하나를 선택한다. 두 팩트를 모두 써 넣을 수 있으나 문장이 길어지는 흠이 있다. 날짜(20일)도 본문 첫 문장에 나오므로 반복할 필요가 없다.

(ii) 비교적 잘 정리된 리드다. 날짜도 뒤 문장에 나오므로 안 넣고, 문장도 길지 않다. 그러나 역시 다음 문장의 축약에 그쳐 모범 리드는 되지 못한다. 특히 '발표했다'는 다음 문장에 '밝혔다'가 나오므로 의미의 중복.

(iii) 리드에 구체적 정보가 없다. '방안'의 내용이 안 나와 궁금증만 더했다. 학생들이 흔히 간과(看過)하는 부분이다. '비리 가능성을 없애기 위해'는 뒤 문장에 나오므로 중복된다. 앞에서 언급했듯이 날짜(20일)도 반복된다. 문장은 간결해서 좋다. 같은 길이의 문장이라면 동일한 정보를 반복하는 대신 다른 정보를 주어야 효율적이다.

(iv) 수동형 리드이나 상관없다. 리드에서 빠진 주어, '서울시 교육청'은 바로 다음 문장에 나오므로 리드에 반드시 주어를 써서 능동형으로 만들 필요는 없다. 그 만큼 단어가 줄어, 문장이 짧아지고 실질적 내용이 먼저 나와 메시지가 강화되는 측면이 있다. '올 1학기 중간고사부터'라는 정보가 들어간 것도 좋다. 그러나 결정적인 흠은 구체성이 부족하다는 것이다. 도대체 '수능 시험에 준하는 감독체계'가 무엇을 의미하는가. 또 '서울시교육청'이 빠져 극단적으로는 대학까지도 포함된다는 의미가 되어버렸다.

(v) 역시 구체성 부족이다. '투명한 내신 성적 관리 방안'이란 어떤 방안인가. 만일 "서울시 교육청은 각 급 학교의 투명한 내신 성적 관리를 위해 시험 감독교사를 2명 이상 배치하는 등의 방안을 마련했다." 혹은 "서울시교육청은 각 급 학교가 주관하는 교내시험에 시험 감독교사를 2명 이상 배치하는 등 투명한 내신 성적 관리 방안을 마련했다"라고 한다면 구체성은 살아난다. 그러나 이 경우 문장

이 길어지고 다음 문장과 내용, 표현이 중복되는 흠이 있다.

이 기사의 리드에 '성적 비리 가능성을 없애기 위해' '투명한 내신 성적 관리' 등이라는 말을 넣는것 보다는 '수능에 준하는 감독체계'라는 표현이 훨씬 쉽고 인상적이다. 따라서 리드는 〈서울시교육청은 (올 1학기 중간고사부터) 각 급 학교 교내시험에 감독교사를 2명 이상 배치하는 등 수능시험에 준하는 감독체계를 도입키로 했다〉 정도면 비교적 모범 답안이 될 것 같다.

기사본문 3

고려대 의대와 박물관 관계자 2명은 20일 전남 나주시 다시면 가운리 문화 류씨의 선산에서 묘를 이장하는 과정에서 450년 된 미라를 발견, 수습했다. 고려대와 문중, 나주시 관계자 등 20여 명이 지켜보는 가운데 공개된 미라는 10cm 두께의 석곽(石槨)에 명주옷이 입혀진 상태였다. 키는 150cm로 손톱과 발톱, 머리카락까지 온전히 보존돼 있고 피부의 탄력까지 그대로 살아 있어 불과 수년 전 숨진 사람처럼 보였다. 전문가들은 석곽에 담겨져 있어 적당한 온도와 습기가 시신의 부패를 늦추고, 이중으로 된 대형 석곽의 겉 부분을 석회로 발랐기 때문에 보존상태가 좋은 것으로 분석했다.

습작 3

(i) 20일 전남 나주시 다시면 가운리 문화 류씨의 선산에서 보존상태가 좋은 450년 된 미라가 발견됐다.

(ii) 전남 나주시 문화 류씨 선산에서 묘 이장 작업 중 보존상태가 좋은 450년 된 미라가 발견, 수습됐다.

(iii) 전남 나주시에서 20일 10cm 두께의 석곽에 명주옷이 입혀진 450년 된 미라가 발견됐다.

(iv) 시신의 상태가 온전히 보존된 450년 된 미라가 묘를 이장하는 과정에서

발견됐다.

(v) 고려대학교 의대와 박물관 관계자 2명은 손톱과 발톱, 머리카락까지 온전히 보존된 450년 된 미라를 발견했다.

리뷰 3

(i) 20일은 다음 문장과 중복. 리드와 다음 문장의 내용과 표현이 같다. '보존 상태가 좋은'은 구체적 내용이 미흡하다.

(ii) 역시 다음 문장과 중복. 구체성 부족. 구체성이란 핵심 내용에 대한 구체적 정보를 말하는 것이지 리드가 담고 있는 장소, 시간 등 모든 정보에 대한 구체성을 뜻하는 것은 아니다.

(iii) 날짜 중복. '석곽에 명주옷이 입혀진'에서 '명주옷이 입혀졌다'는 신분을 판독하는 데는 도움이 될지는 몰라도 그 자체가 '450년이나 온전히 보존된 미라의 중요성, 희귀성'을 충분히 나타내 주지는 않는다. '전남 나주' 정도로 장소를 간략하게 표현한 것은 좋다.

(iv) '시신의 상태가 온전히 보존된'도 구체성 미흡. '묘를 이장하는 과정에서'는 핵심 사항은 아닐 듯. 또 간략하게나마 장소가 나와야. 아니면 이집트나 북한에서?

(v) 고려대나 박물관 관계자는 핵심 정보가 아님. 만일 이 뉴스가 '고대학보'에 실린다면 물론 나와도 좋다. 장소가 간단하게 나와야 한다.

이 뉴스의 가치는 발견자가 누구라든가, 묘를 이장하다 발견됐다든가, 또는 석곽에 명주옷이 입혀졌다는 것 때문에 커지는 것이 아니다. 그보다는 450년 된 미라라는 점, 그것도 피부까지 탄탄한 상태로 유지되었다는 사실 때문이다. 따라서 이 같은 내용과 함께 장소가 중요하다. 〈전남 나주에서 피부까지 탄탄하게 보존된 450년 된 미라가 발견됐다〉. 문장이 길어지지 않는다면 〈전남 나주 문화 류씨 선산에서 탄력 있는 피부까지 보존된 450년 된 미라가 발견됐다.〉라고 해도 좋다. 왜 '피부'를 강조하는가. 피부는 손톱, 발톱, 머리카락이나 옷보다 당연히 먼저 썩어야 되는데 이것이 보존되어 있고, 탄력까지 유지되고 있다니 놀라울 수 밖에 없지 않은가. 만일 기사에 성별이 나와 있다면 〈전남 나주에서 피부까지 탄탄하게 보존된 450년 된 여성 미라가 발견됐다〉라고 하면 된다.

기사본문 4

21일 오후 4시를 기준으로 서울 5.0mm를 비롯해 수원 10.0mm, 보령 10.5mm, 문산 8.0mm, 서산 8.0mm, 청주 7.0mm, 인재 7.0mm, 군산 5.0mm, 천안 5.0mm의 비가 내렸다. 이에 따라 지난달부터 경남 내륙 지방을 시작으로 전국으로 확산된 건조특보가 이날 오후부터 일시적으로 해제됐다. 그러나 이번 비는 습기를 포함한 남서류의 영향을 적게 받아 강수량이 적은데다 북서 쪽에 있는 고기압이 빠르게 확장하고 있어 비가 내리는 시간이 짧은 만큼 조만간 건조한 날씨가 이어질 전망이다. 기상청은 비를 머금은 기압골이 남동쪽으로 진행하면서 서울과 경기도 지방부터 비가 그치지만, 동해안 지방은 22일 새벽까지 내릴 것으로 내다봤다.

습작 4

(i) 전국적으로 말라가던 국토에 비가 내려 건조특보가 일시 해제됐다.

(ii) 기상청에 따르면 오늘 전국적으로 5~10mm의 비가 내렸으나 건조한 날씨는 계속될 전망이다.

(iii) 21일 전국에 내린 비로 건조특보는 해제되었지만 건조한 날씨는 계속될 전망이다.

(iv) 전국적으로 확산된 건조특보가 21일 오후 내린 비로 일시적으로 해제되었다.

(v) 적은 양이지만 단비가 내려 전국적으로 확산된 건조특보가 일시적으로 해제 되었다.

리뷰 4

(i) 주요 팩트는 '전국적으로 비가 내렸다.' '건조특보가 일시 해제되었다.' '강수량이 적어 건조한 날씨는 이어질 것이다' 등이다. 이중 가장 확실하고도 중요한 사실은 '비가 내려 건조특보가 해제되었다'는 것이다. 따라서 이를 리드로 잡아 써 내려 간다. '전국적으로 말라가던 국토'는 너무 자의적인 서술이다.

(ii) '건조특보가 일시나마 해제되었다'라는 주요 사실이 빠졌다. '기상청에 따르면'은 리드에 적합한 표현이 아니다. 〈기상청은 ....건조한 날씨는 계속될 전망이라고 말했다〉가 적합. 주어(주체)를 밝히며 능동형으로 쓰는 것이 좋다. 그래야 문장이 간결하고 탄탄해진다.

(iii) 날짜가 뒤에 나오므로 리드에는 필요 없다. 리드에 먼저 넣는다면 뒤에는 쓰지 말아야 중복이 안 된다. '일시'를 넣었더라면 더 좋았을 것이다.

(iv) 역시 날짜가 중복된다. 리드에 '일시'라는 표현이 있어 앞으로 다시 건조해질 것이라는 의미가 내포되어 있다. 그러나 '비로 일시적으로'는 '로'가 반복되어 표현이 매끄럽지 않다.

(v) '적은 양'은 자의적인 표현이며 구체적이지 못하다. '적다' '많다'라고 막연하게 표현하지 말고 5mm, 30mm라고 표현해야 객관적, 구체적 사실이 전달된다. '단비' 역시 주관적인 판단에 의한 것이다.

이 기사의 모범 리드는 (i)에서 지적한 핵심 정보를 넣어, 〈기상청은 전국적으로 비가 내려 그동안 확대되던 건조특보를 일시 해제한다고 발표했다〉. 또 주요 정보로는 '다시 건조한 날씨가 계속될 것'이 있으나 '일시'라는 표현으로 대신하면 된다. 아니면 이를 수동형으로 만들며 '일시'를 넣어 〈전국적으로 비가 내려 그동안 전국적으로 확대되던 건조특보가 일시 해제되었다〉도 좋다. '일시'를 달리 표현하면, 〈전국적으로 비가 내려 건조특보는 해제되었으나 다시 곧 건조한 날씨가 계속될 전망이다〉.

신문 기사 리드 사례

다음은 종합 일간지들이 보도한 남대문 화재사건 등 기사의 리드다.
각 리드의 차이점을 살펴보자. (‘사건·사고 기사 작성’ 리뷰 p. 100~105 참고)

국보 1호 ‘숭례문’ 01시 54분 완전 붕괴

- 〈국보 1호인 숭례문(남대문)이 10일 밤 화재로 무너졌다〉
  불은 저녁 8시50분께 서울 중구 남대문로의 숭례문 2층 누각 천장에서 시작해 2층 지붕을 모두 태웠다.
  (H신문)
- 〈대한민국의 국보 1호인 숭례문이 화재로 붕괴됐다〉
  화강암으로 쌓아 만든 기반을 제외한 누각과 지붕이 모두 탔다.
  (J신문)
- 〈10일 오후 8시 40분 쯤 국보 1호인 숭례문(남대문, 서울 중구 남대문 4가)에 방화로 추정되는 화재가 발생했다〉
  불이 난 직후 소방차 39대와 소방관들이 출동했으나 초기 화재진압 과정에서 소방당국의 오판으로 불길을 제대로 잡지 못해 불이 커졌다는 지적이 제기되고 있다.
  (C신문)
- 〈설 연휴 마지막 날인 10일 밤 국보 1호인 숭례문(남대문)에 큰 불이 발생했다〉
  이날 화재로 숭례문의 누각이 전소돼 붕괴됐다.
  이에 따라 국보 문화재에 대한 정부의 허술한 관리를 놓고 책임문제가 제기될 것으로 전해졌다.
  (D 신문)

CNG 버스 폭발

- 〈9일 오후 4시 54분쯤 서울 성동구 행당동 행당역 인근 도로에서 송모(53) 씨가 운전하던 241번 압축천연가스(CNG) 시내버스가 운행 도중 폭발해 승객 등 17명이 중·경상을 입었다〉
  이 사고로 운전석 뒤에 앉아 있던 승객 이모(28) 씨가 양쪽 발목이 절단되는 중상을 입어 한양대병원에서 응급수술을 받았다. 승객과 운전기사, 주변 차량 운전자 등 16명이 타박상을 입거나 유리 파편에 찔려 병원에서 치료를 받았다.
  (C신문)

- 〈서울 도심에서 천연가스(CNG) 시내버스가 폭발하는 사건이 발생했다〉
  버스에 타고 있던 20대 여성의 발목 아래가 심하게 훼손당하는 등 17명이 중·경상을 입었다. 9일 오후 4시 55분 성동구 행당동에서 무학여중 방향으로 주행하던 시내버스가 행당역 4번 출구 앞에서 신호대기 중 폭발했다. 폭발은 버스 하단에 있는 CNG 연료통에서 발생한 것으로 파악됐다.
  (J신문)

- 〈서울 도심을 달리던 압축천연가스(CNG) 버스가 갑자기 폭발해 차량이 크게 부서지고 20대 여성 승객의 양쪽 발목이 절단되는 등 17명이 다쳤다〉
  서울성동경찰서는 9일 오후 4시 56분 성동구 행당동 지하철 행당역 부근 4차로에서 무학여고 방향으로 진행하던 D여객 소속 241B번 CNG 버스가 폭발했다고 밝혔다.
  (D신문)

이 기사의 리드 및 본문 리뷰도 '사건·사고 기사작성(p. 106~109)'에서 상세히 다룬다.

II 부

기사 작성

1장 사건·사고 기사작성

기사가 되면 처음 사회부에 배속되어 취재·보도의 기초를 익힌다. 그 중에서도 경찰서는 사회의 바닥을 경험하고 이해하는데 적합한 곳이기 때문에 보통 초임 기자들에 맡긴다. 또 경찰서 취재는 새벽 일찍부터 밤늦도록 이어지는 '몸이 따라줘야'하는 곳이어서 젊은 기자들이 배치되는 것이 관례이다. 이곳에서는 경찰 업무의 속성상 교통, 화재, 살인, 사기 등 각종 사건·사고를 다루게 된다.

우리나라의 경우 비트 시스템(beat system, 관할 구역 담당제)이 우세하기 때문에 경찰서 출입 기자는 그 지역의 시장, 기관, 단체를 함께 맡는다. 각종 모임, 시위는 물론 연설, 토론회 기사도 처리하게 된다. 각양각색의 취재원과 다양한 기사를 다루는 훈련장으로 적합하다. 다시 말하면 취재·보도를 배우고 익히면서 임무를 수행하게 된다. 큰 뉴스거리의 경우 선배, 동료들과 합동으로 취재·보도하게 된다. 나날의 일과는 캡틴(captain, 서울시 경찰국 담당 선임 기자)의 철저한 지휘 감독아래 처리하므로 큰 무리없이 임무를 수행할 수 있다.

이들이 처리하는 기사는 속성상 급히 전달해야하는 스트레이트 기사가 많다. 현장은 늘 어수선하거나 흥분으로 가득차기 마련이고 때로는 위험하기도 하다. 잠을 설치거나 식사를 제대로 챙겨 먹지 못할 때도 적지 않다. 동료 기자, 매체들과 경쟁을 해야 하기 때문에 정신적 긴장도 수반된다. 이런 상황 속에서 급히 정확한 취재를 하고 훌륭한 기사를 작성을 한다는 것은 그리 쉽지 않다. 같은 뉴스가 내용, 문장에서 기자마다, 매체마다 차이가 나는 것은 이 같은 여건 때문이기도 하다.

스트레이트 기사의 구성과 표현

기사는 제목, 리드, 분문으로 나누어진다. 제목은 취재·보도 기자와는 별도의 편집 전문 기자들이 담당하고 있음은 앞서 언급했다. 결국 기사는 리드부터인데 리드는 제1부 5장에서 다루었으므로 본문을 살펴본다.

구성

본문은 리드에서 불가피하게 빠진 기본 정보(날짜, 장소 등)를 넣거나 기본 정보와 함께 리드의 핵심 정보에 대한 상세 정보를 넣는다. 또는 기본 정보와 함께 리드에서 빠진 다른 주요 정보를 넣어 문장을 전개시킨다. '기사문은 살아 움직인다.' 라고 말한다. 이는 리드에 어떤 정보가 들어갔느냐에 따라 다음 문장이 달라지는 등 항상 변수가 있음을 의미한다.

간단한 사건 사고의 스트레이트 기사는 대체로 다음과 같은 구조로 전개된다.

(i) 리드(인명 피해, 재산 피해, 원인 등)
(ii) 인명 피해(리드 추가 사항이나 상세정보)
(iii) 재산 피해(리드 추가 사항이나 상세정보)
(iv) 사건·사고 원인(원인이 특이하거나 중요할 때는 리드에 포함)
(v) 생존자(목격자, 구조자) 증언(원인과 관련된 증언은 전진 배치)
(vi) 현장 스케치(많으면 별도 기사로 처리)
(vii) 경찰의 사후 조치

사건·사고에서는 인명, 재산 피해와 함께 원인(배경)이 항상 중요하다. 사람 목숨이 우선이고, 다음이 재산이다. 특이한 원인이 있으면 인명 피해와 함께 리드에 포함시킨다. 왜(why) 일어났는가. 최대 궁금 사항 중 하나다. 사건·사고 현장 스케치는 큰 뉴스일 경우, 별도로 처리한다. 그렇지 않거나 마감시간이 촉박할 경우 스트레이트 기사에 간략하게 붙인다. TV는 화면으로 보여주면 되지만, 신문은 그럴 수가 없어 생생하게 구체적으로 기술해야 한다.

표현

"이날 김00 대통령 후보 유세장에는 각양각색의 인파가 운집했다."라는 문장이 있다고 하자. '각양각색'보다는 남녀노소, 군인, 경찰, 학생, 농부, 상인 등으로 구체화시켜야 한다. '운집'보다는 '3만 인파가 모였다.'라고 하는 것이 더 온전한 정보이다. 다른 예로 '뚱뚱한 몸매'라고 하면 어느 정도를 말하는가. 독자, 시청자에 따라 제각각이다. '키 160cm에 75Kg'이라고 하면 각자의 판단에 따라 달라질 수는 있어도 오해의 여지가 없다.

스트레이트에 붙는 스케치의 경우도 형용사나 부사를 삼가야 한다. 주관적, 감정적인 기술이 되지 않도록 주의한다. '12살 난 딸 김00 양이 어머니 이00 씨(48세)의 시신을 끌어안고 비통하게 울었다.' 여기서 '비통하게' 보다는 그 비통한 모습을 구체적으로 표현하는 것이 바람직하다. 〈시신을 끌어안고 '엄마, 엄마'를 외치다 지쳐 쓰러졌다〉 또는 〈어깨를 들먹이며 울다 지쳐 잠이 들었으나 뺨에는 아직도 눈물 자국이 역력했다〉 등.

발생 기사

실기에 들어가 보자. 학생들에게 다음과 같이 순서가 뒤바뀐 취재 메모를 주고 스트레이트 기사를 써 보도록 했다. 간단한 사건·사고 기사이므로 리드는 기본형을 제시했고 취재자료는 모두 활용토록 했다.

1. 익사

취재메모

- E초등학교 6학년 차경수(12) 군 등 같은 반 어린이 4명이 물에 빠짐
- 조길동(12) 군은 구했지만 차군 등 3명은 숨짐
- 목격자 신모(56, 자영업) 씨의 말; "근처 낚시를 하던 사람과 구조대원이 구조작업을 벌여 허우적거리던 조군은 구했지만 나머지 아이들은 건졌을 때 숨이 끊어진 상태"
- 생존자 조군의 말; "경수가 고수부지에서 놀다 미끄러져 물에 빠진 것을 보고 다른 친구들과 함께 구하려고 물에 뛰어들었다."
- 15일 오후 3시 30분 경
- 서울 용산구 동작대교 북단 한강 고수 부지
- 119구조대원 김00(38) 순경의 말; "사고 지점은 수심이 2m 밖에 안 되는 곳이나 어린이들이 갑자기 찬물에 빠지면서 심장마비를 일으킨 것 같다."
- 현장: 경찰은 현장에 일반인들의 출입을 금지하고 자세한 사고 경위를 조사 중이다.

습작 1

(i) 15일 오후 3시 30분 경 서울 용산구 동작대교 북단 한강고수부지에서 E초등학교 6학년 차모(12) 군 등 어린이 4명이 물에 빠져 조길동(12) 군은 구조되고 차경수(12) 군 등 3명은 익사했다.

(ii) 조군은 "경수가 고수부지에서 놀다 미끄러져 물에 빠진 것을 보고 친구 3명과 함께 구하려고 물에 뛰어들었다" 고 말했다.

(iii) 119구조대원 김00(38) 순경은 "사고 지점은 수심이 2m 밖에 안 되는 곳이나 어린이들이 갑자기 찬물에 빠지면서 심장마비를 일으킨 것 같다." 고 추정했다.

(iv) 목격자 신모(56, 자영업) 씨는 "근처에서 낚시를 하던 사람과 구조대원이 구조작업을 벌여 허우적거리던 조군은 구했지만 나머지 아이들은 건졌을 때 이미 숨이 끊어진 상태였다" 고 설명했다.

(v) 경찰은 현장에 일반인의 출입을 금지하고 자세한 사고 경위를 조사 중이다.

리뷰 1

(i) 습작치고는 비교적 깔끔하게 정리됐다. 그러나 몇 가지 결정적인 잘못이 눈에 띈다. 우선 기사에서는 항상 중요한 팩트가 한 발자국이라도 먼저 배치된다. 이 기사는 인명손실이 있기 때문에 커졌다. 같은 문장에서라도 익사한 차군 등 3명에 대한 소식이 먼저 나와야 한다. 구조된 조군 소식은 그 다음. 따라서 리드는 〈15일 오후 3시 반 경 서울 용산구 동작대교 북단 고수부지에서 E초등학교 6학년 차경수(12) 군 등 같은 반 어린이 4명이 물에 빠져 차군 등 3명은 익사하고 조길동(12) 군은 구조됐다〉.

(ii)(iii) 이 사고에서 눈여겨 볼 사항은 차군이 빠지자 친구들이 그를 구하려고 강에 뛰어들었다는 사실이다. 이는 사고 경위를 말해주면서 동시에 중요한 의미를 지닌다. 어린이들이 친구를 구하려고 물에 뛰어들었기 때문이다. 따라서 다음 문장은 〈조군은 "경수가 고수 부지에서 놀다 미끄러져 물에 빠져 다른 친구들과 함께 구하려고 강물에 뛰어들었다." 고 말했다〉가 나온다. 사건·사고에서는 항상 그 원인, 배경이 중요하므로 다른 사항에 앞서 나오는 것이 보통이다. 기사는 〈리드-생존자의 말-구조대원의 말-목격자 신씨의 말-경찰 조치〉 순으로 펼쳐야 한다.

(iv) 다음은 목격자 신씨와 구조대원의 말을 직접 인용하면서 '설명했다' '추정했다' 라고 쓴 부분이다. 이 보다는 '말했다'가 적합하다. '추정했다'는 이미 발언 내용에 나타나 있지 않은가. 취재원의 말을 기자가 해석하지 말고 담백하게 써주면 된다. 참고로 '말했다'와 같은 단어는 되풀이되어도 무방하다. 이에 대해서는 다음에 자세히 설명할 것이다.

또 짚고 넘어갈 점은 이 기사의 리드를 기본형으로 쓰라고 했지만 달리 쓸 수도 있다. 제시된 팩트 중에는 '어린이들이 친구를 구하려하다가 참변을 당했다'는 '특기할 만한 사항'이 있으므로 이를 강조하는 요약형 리드를 써도 좋다. 〈초등학교 6학년 어린이들이 물에 빠진 한 친구를 구하려고 강물에 뛰어 들었다가 3명이 익사했다〉. 이 경우 정보 수용자에게 전달되는 메시지는 기본형과 크게 달라진다. 숨진 학생들의 신원은 다음 문장에 넣는다.

습작 2

(i) 15일 오후 3시 반쯤, 서울 용산구 동작대교 북단 한강고수부지에서 초등학생 3명이 물에 빠져 숨지는 사고가 발생했다.

(ii) 사망자는 E초등학교 6학년 차경수(12) 군과 같은 반 친구 2명으로 하교 후 한강 둔치에서 장난을 치다 변을 당했다.

(iii) 이들은 차군이 물에 빠지자 나머지 3명이 그를 구하려고 함께 강물에 뛰어들었다가 물살에 밀려 빠져나오지 못한 것으로 알려졌다.

(iv) 근처에서 낚시를 하던 신00(56, 자영업) 씨는 상황을 목격하고 강물에 뛰어들었으나 조00 군만 구하고 나머지 어린이들은 떠내려가 목숨을 잃었다.

(v) 한편, 뒤늦게 도착한 119구조대 김00(38) 순경은 "사고 지점이 2m 정도 밖에 되지 않는데 차가운 물의 온도 때문에 어린이들이 심장마비를 일으킨 것 같다."고 사고 경위를 추측했다.

리뷰 2

(i) 리드, 시간을 나타낼 때 '쯤' '경'은 언론사 마다 다르다. 각각 약속한 표현 방식이 있기때문에 그것을 따르면 된다. 리드에 3명이 숨진 사실만 나왔다. 4번째 문장에서 '나머지 3명'이라고 해서 사고에 연류된 어린이가 4명인 것을 알게 됐다. 자연스럽게, 분명히 이를 알리려면 별도로 써 주거나 다른 정보와 함께 써 줄 필요가 있다. 또 '사고가 발생했다'는 불필요한 말이다. '물에 빠져 숨졌다'는 익사 사고가 발생했다는 뜻 아닌가. 가장 중요한 것은 리드에 핵심사항이 나올 때 구체적 정보를 함께 알려준다는 점이다. 즉 3명이 숨졌다면 거기에서 신원을 바로 적어준다. 그러면 리드가 길어지므로 3명 중 대표 1명만을 밝혀준다. '000 등 3명이 숨졌다라고 하면 된다. 3명은 많지 않은 숫자이기 때문에 신원을 모두 밝혀주어도 좋으나 제시된 자료에는 1명만 이름이 나와 있어 선택의 여지가 없다.

(ii) 리드에 날짜(시간), 장소와 함께 핵심 정보인 3명 사망(인명 피해) 사실이 나왔다. 재산 피해는 없다. 다음 궁금 사항은 어쩌다 물에 빠져 숨졌는가 하는 사고 원인이다. 보통 "이날 사고는... 일어났다" 식으로 사고 배경을 알려준다, 위에서는 차군의 신원과 사고 원인을 알려주었다. 사망자 신원은 앞서 지적했듯이 매우 중요하므로 리드에 넣고, 사고 경위는 독자들이 이해할 수 있도록 표현을 가다듬는다.

(iii) 조군의 사고 배경에 대한 증언이 있음에도 '~알려졌다.'라고 표현한 것은 잘못이다. 메시지가 약해진다. 신원을 밝히고 '~가 말했다.'라고 분명하게 적는다.

(iv) 다음 문장에는 역시 죽음의 이유에 대해 언급한 119구조대원의 말을 적는다. 다음은 목격자 신씨의 말.

(v) 마지막 문장, '사고 경위를 추측했다.'는 불필요한 말이다. '~일으킨 것 같다.'라는 말은 바로 추측했다는 의미의 중복 표현이다. '뒤늦게 도착한'도 자료에 없으므로 함부로 쓰면 안 된다. 만일 구조대가 늦게 도착해 문제가 심각해졌다면 소스를 밝히고 그의 말을 인용해서 써야 스트레이트 기사다운 문장이 된다. 또 경찰의 사후조치 등이 이 자료에는 나와 있지 않으나 취재했다면 맨 끝에 적는다.

모범기사

- 15일 오후 3시 반경 서울 용산구 동작대교 북단 한강고수 부지에서 E초등학교 6학년 (같은 반) 어린이 4명이 한강에 빠져 차경수(12) 군 등 3명이 익사하고, 조길동(12) 군은 구조됐다.
- 구조된 조군은 "경수가 고수 부지에서 놀다가 미끄러져 물에 빠져 친구들과 함께 구하려고 물에 뛰어들었다." 고 말했다.
- 당시 근처에서 낚시를 하던 신00(56, 자영업) 씨는 "낚시꾼들과 구조대원들이 구조작업을 벌여 허우적대던 조군은 구했지만 나머지 어린이들은 건졌을 때 이미 숨이 끊어진 상태였다." 고 말했다.
- 용산경찰서 김00(38) 순경은 "사고지점은 수심이 2m 밖에 안 되는 곳으로 어린이들이 갑자기 찬물에 빠지면서 심장마비를 일으켜 변을 당한 것으로 보인다." 고 말했다.
- 경찰은 사고 현장에 일반인의 출입을 금지하고 자세한 사고 경위를 조사 중이다.

2. 교통 사고

취재메모

- 날씨: 가랑비에 황사 먼지가 뒤섞여 시야가 평소의 3분의 1
- 장소: 서울-일산 간 자유로, 서울서 일산 방면 행주산성 부근
- 고양 경찰: 사고로 오전 2시간 동안 차량들이 3km 길게 늘어서는 교통체증
- 가해자: 일산 킨텍스 국제모터쇼를 관람하러 가던 쏘렌토 승용차(운전자 A씨, 30)
- 인명 피해: 승용차 운전자 사망, 트럭 운전자 목뼈 다쳐 일산 D병원에 입원, 치료 중
- 사고 경위: 가해차가 피해 차량을 추돌
- 재산 피해: 승용차 앞부분 대파, 트럭 뒷부분 약간 파손
- 일시: 13일 오전 10시 경
- 피해자: 일산 방향으로 가던 1.5톤 트럭 (운전자 B씨, 45)
- 고양 경찰: C씨의 증언을 토대로 정확한 사고 원인 조사 중
- 목격자 C(38) 씨; "과속으로 달리던 승용차가 차선을 바꾸다가 미끄러지면서 앞서가던 트럭을 박아"

습작 1

(i) 13일 오전 10시 서울에서 일산 방면 자유로의 행주산성 부근에서 교통사고가 발생해 피해자 목뼈가 뿌러지고 가해자는 숨졌으며 승용차 앞부분이 크게 부서졌다.

(ii) 일산 방향으로 가던 피해자 B(45) 씨의 1.5톤짜리 트럭은 별 피해가 없는 것으로 알려졌다.

(iii) 가해자인 A(30) 씨는 일산 킨텍스 국제모터쇼를 관람하러 가던 중 과속으로 차를 몰았으며 날씨도 가랑비에 황사 먼지가 뒤섞여 시야가 평소

의 3분의 1에 불과해 사고를 낸 것으로 밝혀졌다.

(iv) 목격자 C(38) 씨는 "과속으로 달리던 승용차가 미끄러지면서 앞서가던 트럭을 추돌하였다."고 말했다.

(v) 경찰은 "이 사고로 오전 2시간 동안 차량들이 3Km까지 길게 늘어서는 등 교통체증"이 생겼다고 말했다.

(vi) 피해자 B씨는 목뼈를 다쳐 현재 일산 D병원에 입원 치료 중이다. 고양 경찰은 C씨의 증언을 토대로 정확한 사고원인을 조사 중이다.

리뷰 1

(i) 리드, '교통사고가 발생해'는 교통사고의 내용을 구체적으로 지적해야 한다. 〈쏘렌토 승용차(운전자 A씨, 30)가 앞서가던 1.5톤 트럭(운전자 B씨, 45)과 충돌〉 또는 〈쏘렌토 승용차(운전자 A씨, 30)가 앞서가던 1.5톤 트럭(운전자 B씨, 45세)을 박아〉라고 쓴다. 방송에서는 〈30세의 운전자 A씨가 몰던 쏘렌토 승용차가 앞서가던 45세의 B씨가 몰던 1.5톤 트럭과 충돌〉이라고 ( )를 풀어준다. 그리고 나서 〈A씨가 숨지고 B씨는 목뼈를 다쳤다〉. 인명 피해가 가장 중요하므로 이 내용을 리드에 넣고, 차량 파손 부분은 리드 다음으로 미루는 것이 바람직하다. 리드에 중요 정보를 다 넣을 수는 없다.

(ii) 인명 피해는 인명 피해끼리, 차량 피해는 차량 피해끼리 묶어 별도의 문장을 만들어야 한다. 즉 〈승용차 앞부분이 크게 부서졌고 트럭은 별 피해가 없었다〉. 차량 피해가 유의해야 할 만큼 크다면 적어주지만 별것이 아니라면 아예 빼는 것이 좋다. 따라서 '승용차는 대파되었지만 트럭은 별 피해가 없었다'면 승용차 부분만 써주면 된다. 기사에 안 들어간 사항은 별로 중요치 않은 것이기 때문에 제외되었을 것이라고 생각하게 된다.

(iii) '가해자인 A씨'에서 '가해자'라는 표현은 필요치 않다. 바로 앞에 누가 가해자이고 피해자인지 나와 있기 때문이다. '일산 킨텍스 국제모터쇼를 관람하러 가던 중'은 앞에 나와야 할 만큼 주요 정보가 아니다. 모터쇼를 관람하러가던 길이

든, 비즈니스 업무 때문에 가던 중이던 사건의 본질과는 상관없기 때문이다. '과속으로 차를 몰았으며'는 기자가 너무 단정적으로 썼다. 스트레이트 기사에서는 목격자나 경찰이 그렇게 말했으면 그 소스를 밝혀주면서 "목격자(경찰)가 ~라고 말했다."라고 쓴다. 즉 정보를 객관적으로 전달해야한다.

(iv) 목격자 C(38) 씨는 '과속으로 달리던 승용차가 미끄러지면서 앞서가던 트럭을 추돌하였다.'고 말했다. 올바른 표현이다. 그날의 날씨가 중요 변수가 될 수 있다고 추정하면 〈이날 날씨는 가랑비에 황사 먼지가 뒤섞여 시야가 평소의 3분의 1에 불과했다〉라고 써준다.

왜? 과속으로 달린 차들이라고 다 사고가 나는 것이 아니다. 황사비가 내려 시야가 흐려졌다고 모든 차들이 문제를 일으키지는 않는다. 만일 그렇다면 그 시각 자유로는 온통 사고 차량들로 가득했어야 할 것이다. A씨가 사고를 일으킨 정확한 원인은 아직 아무도 모르기 때문에 사고 원인과 관련해선 조심해서 써야 된다. 그가 술이나 마약에 취해 있었거나, 다른 생각을 하다가 '앗차!' 하는 순간 변을 당했는지 모를 일이다. 따라서 어떤 사람이 교통사고 원인과 관련된 발언을 했다면 그대로 옮겨주면 된다. '000 씨가~ 라고 말했다.'

(v) 기자가 직접 목도한 것이 아니라면 올바르게 표현한 것이다.

(vi) '피해자'는 원칙적으로 불필요한 말. 앞에 그가 피해자임이 나타났기 때문. 그러나 앞에 표기한 것과 뒤의 것이 상당한 간격이 있다면 독자들의 빠른 이해를 위해 다시 써줘도 좋다. 무엇보다도 이 문장에서 지적되어야 할 점은 '일산 D병원에 입원 치료 중'이라는 정보를 써주어야 할 것인가 하는 것이다. 또 써준다 해도 그 자리여야만 하는 가이다. 아니다. 우선 꼭 들어갈 필요가 있는 정보라면 인명피해에 대한 정보를 쓸 때 이어서 써주는 것이 바람직하다. 아니면 빼 버려도 상관없다. 아마도 이 학생은 사망에 관한 정보는 중요하므로 앞에 썼지만, 부상 정도는 그렇게 중요한 것이 아니므로 뒤로 돌린 것 같다. 그러나 덜 중요하다고 판단되면 아예 빼 버리면 몰라도 넣어준다면 인명피해 이야기가 나올 때 이어서 적어주는 것이 보다 합리적이고 효율적이다. 이쯤 되면 학생들은 고개를 갸우뚱하게 될 것이다. 도대체 합리적, 효율적이란 무엇을 말함인가?

목욕탕 이론

어머니가 어린 아들과 목욕탕에 간다고 가정하자. 아들은 겨우 3~4살 밖에 안 돼 혼자서는 목욕을 할 수 없다. 이때 어머니는 여탕에 고추달린 아들을 스스럼없이 데리고 들어간다. 목욕탕 주인이나 여탕의 다른 사람들도 이에 대해 아무런 불평을 하지 않는다. 어머니가 어린 아들을 돌보지 않으면 아들은 목욕을 할 수 없다는 것을 모두 이해하기 때문이다. 즉 남자는 여탕에 들어가면 안 되지만 어린이의 목욕을 효과적으로 시키기 위해서는 함께 들어가는 것이다.

또 하나, 여권 사진의 예. 원래 여권은 여행자가 각자 하나씩 만들어 갖고 가야 한다. 그러나 예외가 있다. 젖먹이 등 어린아이의 경우 보호자와 함께 하나의 여권을 만들어 갈 수 있다. 어머니의 얼굴과 함께 어린이의 얼굴을 하나의 사진에 담아 여권을 만드는 것이다. 여권을 따로 만들어 갖고 갈 경우 어머니가 간수하기가 불편하다. 또 잃어버릴 경우, 재발급 받기 위해서는 시간과 비용이 추가로 들고 절차 또한 복잡해진다. 인명 피해를 묶어 정리하는 것은 이 같은 이치와 같다.

습작 2

(i) 3일 오전 10시, 행주산성 부근 자유로에서 일산 킨텍스 국제모터쇼를 관람하러 일산 방향으로 가던 쏘렌토 승용차(운전자 A씨, 30)가 앞서가던 트럭(운전자 B씨, 45)과 추돌, A씨가 숨지고 B씨가 목뼈를 다치는 교통사고가 발생했다.

(ii) 목격자 C(38) 씨는 "과속으로 달리던 승용차가 미끄러지면서 앞서가던 트럭을 뒤에서 박았다." 고 말했다.

(iii) 경찰은 "이날 사고로 2시간 동안 차량들이 3km까지 길게 늘어서는 등 교통체증이 발생했다." 고 말했다.

(iv) 사고 당일은 가랑비에 황사 먼지가 뒤섞여 시야가 평소의 3분의 1이었다.

(v) 고양경찰은 C씨의 증언을 토대로 정확한 사고 원인을 조사 중이다.

리뷰 2

(i) '행주산성 부근 자유로에서'는 '자유로 행주산성 부근에서'가 올바른 표현. 우리나라는 행정구역이나 소속을 표기할 때 범위가 큰 것을 먼저, 작은 것은 뒤에 적는다. 편지 겉봉의 주소처럼. '일산 킨텍스 국제모터쇼를 관람하러'는 리드에 들어갈 만큼 주요 정보인가? 뒤로 미루든가 아예 빼도 된다. 〈A씨가 숨지고 B씨가 목뼈를 다치는 교통사고가 발생했다〉에서 '교통사고가 발생했다'는 불필요한 표현이다. '승용차와 트럭이 충돌했다'면 그 자체가 교통사고이다. 따라서 이 문장은 〈A씨가 숨지고 B씨가 목뼈를 다쳤다〉하면 된다.

(ii) 잘 정리 되었다.

(iii) 기자가 직접 목도한 것이 아니라면 소스, '경찰'의 말을 인용해서 써주는 것이 원칙이다. 다만, 민감한 사항이 아니라면 소스를 밝히지 않아도 된다. 문장마다 '경찰'의 말을 인용해 쓰는 것은 너무 번거롭다.

(iv) 사고 원인과 연관될 수 있는 정보이다. 따라서 글의 순서에서 (ii)와 (iii)의 중간에 들어가는 것이 논리에 맞다.

모범기사

- 13일 오전 10시 경(쯤) 서울-일산 간 자유로 행주산성 부근에서 일산 방향으로 가던(달리던) 쏘렌토 승용차(운전자 A씨. 30)가 앞서가던 1.5톤 트럭(운전자 B씨, 45)을 추돌, A씨가 숨지고 B씨가 목뼈를 다쳤다.

……………………………………………

- 13일 오전 10시 경(쯤) 서울-일산 간 자유로 행주산성 부근에서 일산 방향으로 가던(달리던) 쏘렌토 승용차(운전자 A, 30)가 앞서가던 1.5톤 트럭(운전자 B씨, 45)을 추돌, A씨가 숨졌다. B씨는 목뼈를 다쳐 일산 D병원에 입원치료 중이다)

……………………………………………

- 이 사고로 승용차 앞부분이 크게 부서졌다.
- 고양경찰은 이 사고로 사고지점에서 서울 쪽으로 차량들이 3Km가량 늘어서 2시간 동안 정체되었다고 말했다.
- 목격자 C(38) 씨는 "과속으로 달리던 승용차가 차선을 바꾸다가 미끄러지면서 트럭을 들이받았다" 고 말했다.
- 사고 당시 현장은 가랑비에 황사 먼지가 뒤섞여 시야가 평소의 3분의 1가량밖에 되지 않았다. (승용차 운전자) A씨는 이날 일산 킨텍스 국제모터쇼를 관람하러 가던 중이었다.
- 고양 경찰은 C씨의 증언을 토대로 정확한 사고 원인을 수사 중이다.

리드작성의 팁

- 리드가 길어지는데 사고 발생 장소 기술에서 '일산 방향으로 가던'이라는 표현을 넣어야 하나?

  넣어야 한다. 자유로는 왕복으로 되어 있기 때문에 위치가 '서울에서 일산으로 가는 쪽'인지 '일산에서 서울로 가던 쪽'인지를 밝혀주는 것이 좋다.

- 그러면 리드가 너무 길지 않는가. KISS 원칙은 도대체 어디로 갔는가?

  기사작성의 KISS 원칙은 매우 중요한 것이나 예외가 적지 않다. 특히 전체 내용 제시형(기본형) 리드는 속성상 길어질 수밖에 없다고 했다. 현재 일간 신문을 살펴보더라도 기사문이 긴 경우가 적지 않다.

  우선, 전체 내용 제시형 리드의 경우 문장이 길어지는 경우가 종종 있다.

  둘째, 많은 정보를 제한된 시간, 지면 내에 넣으려다 보니 자연 문장이 늘어진다.

  셋째, 기자들 사이에 주요 정보 전달이 먼저이지 문장이 최우선이 아니라는 인식이 있기 때문이다. 특히 특종 같은 큰 기사를 쓸 때 '까짓 것 문장쯤이야' 하는 안이한 인식이 있기 때문이다.

- 리드에서 전체 내용 제시형과 요약형만 익혀두면 기초가 마련되었다고 할 수 있는가?

  그렇다. 이 정도면 스트레이트 기사에서는 거의 모든 기사를 다룰 수 있다. 하나 더 추가한다면 복수형 리드 정도다. 처음 이에 대한 활용에 어려움을 겪는다면 이 두세 가지 유형의 간단한 실례를 머릿속에 담아두고 그때 그때 팩트를 대체해서 쓰면 된다.

- 리드에서 추돌과 충돌의 차이는?

  추돌은 같은 방향으로 달리던 차량끼리 부딪침. 충돌은 역방향 또는 다른 방향으로 달리던 차량의 부딪침을 말한다. 따라서 '앞서 가던 차량을 들이박아'라고 하던가, '승용차와 트럭이 추돌'하면 된다. 후자의 경우 어딘가에 '앞서가던 트럭'이라는 표현이 들어가야 한다.

• 리드에서 주요 팩트를 '교통체증'으로 하면?

이 교통사고가 대도시 중심가에서 일어나 교통체증이 심각한 문제가 되었다면 리드에 들어갈 수 있다. 그러나 이날 자유로는 출퇴근과는 직접 연관이 없었기 때문에 주요 팩트 순위 상 뒤로 밀려났다. 이를 뒤로 돌리면서 국제모터쇼를 구경하러 가던 많은 차량(사람들)들이 불편을 겪었다고 쓴다. 그러면 교통체증의 배경을 알 수 있는 다른 정보를 제공한 셈이다.

• 피해자 D씨 병원 입원 사실을 리드나 앞부분에 넣어야 하나?

사망소식은 넣어야 되겠지만 목뼈 부상은 리드에서 빼거나, 넣거나 기자가 판단할 사항. 그러나 이 기사에서 승용차 운전자가 숨졌으므로 트럭 운전자는? 하는 의문이 생긴다. 또 목뼈를 크게 다치는 중상을 입었으므로 리드가 아니라면 다음 문장에 넣는 것이 바람직하다. 그러나 D씨 입원 사실까지 넣을 필요는 없다.

• 리드에 '국제모터쇼 관람하러 가던 승용차'라는 표현을 넣으면?

리드가 길어지는 단점이 있다. 또 '모터쇼 관람'이 중요한 정보가 아니기 때문에 빼거나 기사 뒤에 배치한다. 기사는 간단 명료해야하고 특히 스트레이트 기사에서는 더욱 그렇다. 이는 마치 육군사관학교 학생들이 연병장에서 행진이나 예식행사를 할 때는 위로 뻗친 모자 위에 깃털까지 꽂아 장식을 하지만, 훈련을 하거나 전투를 할 때는 운동모자나 철모를 써야 하는 것과 같은 이치이다. 스트레이트 기사는 기사 중에서도 가장 능률적이고 경제적인 문장이어야 한다. 장식이나 멋을 뽐내는 문장이 아니다.

• 기자가 사고 현장을 뒤늦게라도 찾아갔다면?

'이날 사고 현장이 ~시야가 좁았다'는 것까지 꼭 목격자를 인용해 쓸 필요가 없음은 앞에서 언급했다. 취재 메모는 경찰 조서를 보거나 목격자의 말을 들어서 입수한 정보이다. 모두 소스를 밝혀야한다면 기사는 한없이 번잡스러워질 것이다. 그러나 사고 당시의 상황 같은 경우 목격자 외에는 본 사람이 없을 것이므로 말한 사람의 신원을 분명히 밝힌다. 특히 그것이 민감하거나 중요한 사항일 경우는 소스의 신원을 밝혀가며 인용해야 한다. (직, 간접 인용 모두 가능. 직, 간접 인용의 실제와 장단점은 '보도자료 기사작성'에서 자세히 설명한다.)

3. 화재

취재메모

- 입시 공부 중이던 고교생 2명 질식사. (이철수 군, D고 3, 18 · 김영희 양, K여고 3, 18)
- 한순희(K여고 3, 18) 양 등 3명 중화상, 인근 A병원에 입원 치료 중
- 20일 새벽 2시 서울 동대문구 회기동 45번지 5층짜리 퍼시픽빌딩 3층 B공부방
- 불은 빌딩 3, 4, 5층 내부를 모두 태워 약 1억 원 재산피해.
- 긴급 출동한 소방대(5개 차량)에 의해 3시간 만인 새벽 5시에 진화
- 화재 당시 20여 명의 학생들이 공부하거나 자고 있었음. 대부분 무사히 탈출
- 목격자 홍길동(D고교 3, 18) 군; "공부를 하다가 잠시 책상에 엎드려 잠이 들었는 데 '불이야' 하는 소리에 깨어보니 천장 전기선에서 불꽃이 튀어 창문 커튼으로 옮겨 붙고 있었다."
- 소방 당국; 전기누전으로 화재가 발생한 것으로 보고 있으나 정확한 원인은 계속 조사 중
- 건물 1층 거주 박00(여, 식당업, 38) 씨는 "소란스러워 깨어보니 불길이 3층 유리창 밖으로 번져 119에 신고"

습작 1

(i) 20일 새벽 2시 서울 동대문구 회기동 45번지에 위치한 퍼시픽빌딩 3층 B공부방에서 시작된 화재로 입시 준비 중이던 고교생 2명(이철수 군, D고 3, 18 · 김영희 양, K여고 3, 18)이 질식사 하고, 한순희(K여고 3, 18) 양 등 3명이 중화상을 입었다.

(ii) 이날 화재는 건물 3, 4, 5층 내부를 모두 태워 약 1억 원 상당의 재산피해를 냈다.

(iii) 목격자 홍길동(D고 3, 18) 군은 "공부를 하다가 잠시 책상에 엎드려 잠이 들었는데 '불이야' 하는 소리에 깨어보니 불길이 천장 전기선에서 창문 커튼으로 옮겨 붙고 있었다."고 당시 상황을 증언했다.

(iv) 소방 당국은 전기누전으로 화재가 발생한 것으로 보고 있으나 정확한 원인은 계속 조사 중이라고 전했다.

(v) 이날 불은 건물 1층 거주자 박00(여, 식당업, 38) 씨의 신고로 긴급 출동한 소방대(5개 차량)에 의해 3시간 만인 오전 5시에 꺼졌다.

(vi) 박씨는 "소란스러워 깨어보니 불이 3층 유리창 밖으로 번져 119에 신고했다."고 말했다.

(vii) 화재 당시 20여 명의 학생들이 공부하거나 자고 있었으나 대부분 무사히 탈출했다.

리뷰 1

(i) 리드, '45번지에 위치한'에서 '~에 위치한'은 생략하는 것이 보통. '시작한 화재'는 '일어난 화재로' 또는 '일어난 불로'. '고교생 2명(이철수 군, D고 3, 18. 김영희 양, K여고 3, 18)'은 '이철수(D고 3, 18) 군과 김영희(K여고 3, 18)' 양으로 풀어 별도로 써 주어야 한다. '질식사'는 '질식해 숨지고'가 쉬워서 좋다. 앞서 언급했듯이 같은 문장에서라도 사망자가 먼저, 부상자는 뒤에 적는다.

(ii) 인명 피해까지만 리드에 넣고 재산 피해는 다음 문장에 넣어 좋았다. 〈'약 1억 원 상당'〉에서 '약'과 '상당'은 중복된 표현. 〈약 1억 원의 재산 피해를 냈다〉. 또는 〈1억 원 상당의 재산 피해를 냈다〉로 한다. 리드에서 인명 피해가 나오고 그 다음에 재산피해가 나와 좋다. 그러나 '재산 피해'라는 말을 안 넣을 수도 있다. 〈1억 원 상당의 피해를 냈다〉면 충분하다. 물론 '1억 원 상당의 피해'가 재산 이외의 다른 피해액까지 포함된 것이라면 '재산 피해'라고 분명히 한다.

(iii) '목격자'라는 말은 안 넣어도 된다. 그의 말은 그가 목격자이며 생존자, 즉 당시 공부방에 있었음을 여실히 나타내 준다. 끝 부분에 '당시 상황을 증언했

다' 도 불필요한 말. 내용으로 보아 당시 상황임이 틀림없기 때문. 따라서 '~라고 말했다'면 충분하다.

(iv) '전했다' 는 잘못된 표현. 자기 자신이 관여된 사항을 '전했다' 라고 표현하지는 않는다. '전하다' 의 1차적인 의미는 A가 B의 것을 C에게 전달한다는 것. 즉 남의 말을 전한다는 것이 원칙. 자기나 자기 소속 단체의 일을 대변할 때는 역시 '말했다' 가 적합한 표현이다.

(v) '건물 1층 거주자' 보다는 '건물 1층에 사는', '소방대(5개 차량)' 는 '5대의 소방차' 로 하는 것이 좋다. ( )는 내용 설명을 간략히 정리하기 위해 자주 이용되나, 독자 시선의 흐름을 방해하기 때문에 남용해서는 안 된다. 특히 방송에서는 풀어줄 수밖에 없다. 이 습작에서 가장 문제가 되는 것은 문장 순서이다. 리드(인명 피해)-재산 피해-목격자(생존자)의 증언(화재 원인과 관련된 발언)까지는 좋았다. 그러나 그 다음에 '소방 당국의 말' 을 배치한 것이 잘못. 화재 원인과 관련된 것이기는 하지만 문장 후반부 '정확한 원인은 계속 조사 중' 은 현재이며 미래의 일이다. 이미 일어난 정보를 알려주기도 바쁜 상황이 아닌가. 따라서 '경찰 수사 중'은 항상 끝에 놓인다. 만일 경찰이 사고 원인을 추정하거나 단정한 발언이 나왔다면 앞에 배치하는 것이 옳다. 즉, 이 기사에서 〈소방 당국은 전기누전으로 화재가 발생했다고 보고 있다〉로 끝났다면 지금 배치한 순서가 옳다. 또 하나, 기사 구조의 문제점은 마지막 두 문장에도 해당된다. 〈박씨는 "소란스러워 깨보니 불길이 3층 유리창 밖으로 번져 119에 신고했다." 고 말했다.〉 〈화재 당시 20여 명의 학생들이 공부하거나 자고 있었으나 대부분 무사히 탈출했다〉. 화재 원인이나 인명, 재산 피해와는 관련없는 목격담이지만 사고 당시의 현장 이야기이므로 '홍길동 군의 목격담' 뒤에 나와야 한다. '대부분 학생들은 무사 탈출' 역시 인명에 관한 것인데다 화재 당시의 상황이므로 전진 배치하는 것이 옳다.

습작 2

(i) 20일 새벽 2시 서울 동대문구 회기동 45번지에 있는 5층짜리 퍼시픽빌딩 3층 B공부방에서 불이나 입시 준비 중이던 이철수(D고 3, 18) 군과 김영희(K여고 3, 18) 양이 질식으로 숨지고, 한순희(K여고 3, 18) 양 등 3명이 중화상을 입었다.

(ii) 또한 이날 불은 빌딩 3, 4, 5층 내부를 모두 태워 약 1억 원 상당의 재산 피해를 냈으며 긴급 출동한 소방대(5개 차량)에 의해 3시간 만인 오전 5시에 진화되었다.

(iii) 화재가 난 20일 새벽 20여 명의 학생들이 공부하거나 자고 있었으나 대부분 무사히 탈출한 것으로 밝혀졌다.

(iv) 건물 1층에 거주하고 있는 박00(여, 식당업, 38) 씨는 소란스러워 깨어보니 불이 3층 유리창 밖으로 번져 즉시 119에 신고했다고 말했다.

(v) 또한 목격자 홍길동(D고 3, 18) 군은 "시험 준비를 하다가 잠시 책상에 엎드려 잠이 들었는데 '불이야' 하는 소리에 깨어보니 불길이 천장 전기선에서 창문 커튼으로 옮겨 붙고 있었다." 고 기자에게 진술했다.

(vi) 소방 당국은 화재 원인을 일단 전기누전으로 보고 있으나 정확한 원인을 계속 수사 중이라고 말했다.

리뷰 2

(i) 리드, '~에 있는' 은 생략해도 무방. '약 1억원 상당' 은 '약' 과 '상당' 이 의미의 중복. '질식으로 숨지고' 는 '질식해 숨지고'

(ii) 소방대(5개 차량)' 는 '5대의 차량을 동원한 소방대에 의해' 라고 해도 좋다.

(iii) '화재가 난 20일 새벽' 은 리드 내용과 중복. 따라서 '이날 공부방에는' 이라고 고쳐야. 아니면 '화재 당시 공부방에는' '불이 났을 당시 공부방에는' 으로 고치면 좋다. '밝혀졌다' 는 그대로도 무방하고, 아니면 '확인됐다'

(iv) '건물 1층에 거주하는' 은 '건물 1층에 살고 있는' 으로 쉽게 표현할 수 있다.

(v) 〈박00(여, 식당업, 38) 씨는 소란스러워 깨어보니 불이 3층 유리창 밖으로 번져 즉시 119에 신고했다고 말했다.〉 에서는 박씨의 말을 직접 인용하는 것이 좋다. 즉 〈박00(여, 식당업, 38) 씨는 "소란스러워 깨어보니 불이 3층 유리창 밖으로 번져 즉시 119에 신고했다." 라고 말했다〉.

(v) 또한 '목격자 홍길동(D고 3, 18) 군'은 '무사히 현장을 탈출한 홍길동(D고 3, 18) 군' 으로 고치면 보다 분명한 정보가 된다. '기자에게 진술했다' 는 '말했다' 가 맞다. 습작은 비교적 잘 정리되었으나 역시 문장 배치 순서에 흠이 있다. 목격자 홍군의 진술 내용이 화재 원인을 짐작케 하므로 박씨의 발언보다 앞에 가야 한다.

모범기사

- 20일 새벽 2시 서울 동대문구 회기동 45번지 5층짜리 퍼시픽빌딩 3층 B공부방에서 불이나 입시 준비 중이던 이철수(D고 3, 18) 군과 김영희(K여고 3, 18) 양이 연기에 질식해 숨지고 한순희(K여고 3, 18) 양 등 3명이 중화상을 입었다.
- 이날 불은 또 건물 3, 4, 5층 내부를 모두 태워 1억 원 상당의 재산피해를 냈다.
- 당시 공부방에는 20여 명의 학생들이 공부하거나 자고 있었으나 대부분 무사히 탈출한 것으로 확인됐다. (탈출했다).
- 불길을 헤치고 뛰쳐나온 홍길동(D고 3, 18) 군은 "시험 준비를 하다가 잠시 책상에 엎드려 잠이 들었는데 '불이야' 하는 소리에 깨어보니 천장 전기선에서 불꽃이 튀어 창문 커튼으로 옮겨 붙고 있었다."고 말했다.
- 건물 1층에 살고 있는 박00(여, 식당업, 38) 씨는 "소란스러워 깨어보니 불이 3층 유리창 밖으로 번져 즉시 119에 신고했다"고 말했다.
- 이날 불은 긴급 출동한 5대의 소방차에 의해 3시간 만인 새벽 5시에 진화됐다. 소방 당국은 전기누전으로 화재가 발생한 것으로 보고 있으나 정확한 원인은 계속 수사 중이다.
- (이 기사 끝에서 2번째 문장 〈이날 불은 긴급 출동한 5대의 소방차에 의해 3시간 만인 새벽 5시에 진화됐다.〉는 앞에서 3번째 문장 다음으로 가져갈 수도 있다.)

4. 강도

다음은 같은 날, 같은 시각, 같은 장소에서 발생한 농협 권총강도 사건을 A신문과 B신문이 보도한 기사이다.

신문보도 사례 1

(i) 6일 오후 4시 40분 경 경북 경산시 하양읍 하양농협 강남지소에 강도 1명이 침입해 현금 3,139만 원과 수표 850만 원 등 3,989만 원을 빼앗아 달아났다.

(ii) 강도는 키 175cm 가량에 검은색 복면 차림으로 창구 여직원을 공기총으로 위협한 뒤 미리 준비한 자루에 현금을 담도록 했다.

(iii) 베이지색 바지와 노란색 상의를 입은 강도는 남자직원 2명이 비상벨을 눌러 소리가 나자 천장을 향해 공기총 1발을 쏜 뒤 돈이 든 자루를 챙겼다.

(iv) 이 강도는 농협 입구 도로에 세워둔 연한 하늘색 EF쏘나타 승용차(63다 58XX)를 타고 경산시내 방향으로 달아났다.

(v) 당시 농협에는 여직원 1명과 남자직원 2명이 근무하고 있었다.

(vi) 다른 남자직원 2명은 지소 안의 작은 슈퍼마켓에 있었다.

(vii) 농협에서 3Km 쯤 떨어진 곳에 있는 경찰지구대는 신고를 받고 5~6분 뒤 도착했으나 강도가 2분 만에 범행을 끝내고 달아난 뒤였다.

(viii) 경찰은 범행 차량을 수배하는 한편 영천과 청도 등 경북 도내 전역에서 검문검색을 강화하고 있다.

(A신문)

기사 구조분석 1

(i) 리드, 강도사건이나 인명 피해가 없으므로 현금 강탈 내역(액수)이 구체적으로 나왔다.

(ii) 범인에 초점이 모아지므로 그의 인상착의에 대한 정보가 나오고 범행 과정이 뒤 따랐다.
(iii) 앞에서 다 못 쓴 범인 인상착의와 범행 과정에 대해 보다 자세히 썼다.
(iv) 범행 과정 중, 도주할 당시의 모습과 범행에 대한 추가 정보가 나왔다.
(v) 범인에 대한 정보를 끝낸 후 현장(은행 내부) 상황이 나온다.
(vi) 당시의 경찰 움직임 (현장 스케치)
(vii) 사건 후 경찰의 조치를 마지막으로 다루었다.

리뷰 1

인상착의는 인상착의대로 모아주고, 범행 과정은 범행 과정대로 묶어 각각의 문장으로 한다. 즉 (ii)의 '키 175cm'와 '복면' 그리고 (iii) '베이지 색 바지와 노란 상의' 를 한 문장으로 처리한다. (ii) '창구 여직원을 공기총으로 위협' 과 (iii) '천장을 향해 공기총을 1발 쐈다' 도 같은 문장에 담는다. 그래야 깔끔한 기사가 된다.

신문보도 사례 2

(i) 대낮에 공기총을 든 괴한이 농협에 침입해 40초 만에 3,850만 원을 털어 달아났다.

(ii) 6일 오후 4시 30분 쯤 경북 경산시 하양읍 하양농협 강남지소에 복면을 쓴 괴한 1명이 공기총을 들고 들어와 직원들을 향해 1발을 쏘며 위협, 수표 850만 원과 현금 3,000만 원을 빼앗은 뒤 밖에 세워둔 흰색 EF쏘나타를 타고 도주했다.
현장에는 창구 여직원 2명과 남자직원 3명이 있었으나 다친 사람은 없다.

(iii)직원들은 여직원이 비상벨을 누르자 공기총을 쏘았고, 마대자루를 던져주며 '돈을 담으라' 고 위협했다고 말했다.

(iv) 괴한의 키는 175Cm 가량이며 타고 달아난 차량은 도난 차량이다.

(B신문)

리뷰 2

(i) 요약형 리드. 금융기관이 얼마나 경비가 허술했으면 대낮 40초 만에 현금을 강탈당했는가라는 문제의식을 갖고 쓴 기사이다. 또 우리나라에서는 흔치 않은 총기 강도가 일어났다는 점을 부각시켰다. 요약형 리드는 기자가 강조하고자 하는 점을 부각시켜 메시지를 강화시키는 효과가 있다. 앞으로 이런 일이 다시 일어 나지 않도록 경각심을 주자는 의도를 내포하고 있다. 요약형 리드이므로 다음 문장에서 구체적 정보를 담았다 (A신문의 리드와 같다). 이처럼 요약형 리드는 기자가 전달하려는 메시지가 강해지는 장점이 있으나 전체적인 기사양은 길어진다고 했다. 리드에서 빠진 정보를 2번째 문장에서 범행 과정, 강탈당한 액수까지 상세히 전해 문장이 늘어졌다. 이에 비해 A신문의 리드는 전체 내용 제시형(기본형)이 사건을 중요 뉴스로 다루었으나 각별한 의미를 두지는 않았다. 기사를 결코 잘못 정리한 것은 아니다. 어느 리드를 쓰더라도 그 자체만으로 잘잘못을 가릴 수는 없다고 했다. 선택과 기호의 문제라고 보는 것이 옳다. 순간적으로 서로 다른 판단을 한 것에 불과하다.

(ii) 문장이 너무 길므로 팩트를 나누어 2문장으로 만든다. 첫 문장은 "현금 3,000만원을 빼앗았다"로 끝내고 이어서 "범인은 밖에 세워둔 흰색 EF쏘나타를 타고 도주했다."라고 쓴다. 돈을 강탈한 후의 범인 행적이 궁금한 사항이기 때문에 같은 문장에 썼다고 할지 모르나 도주한 사실은 이미 리드에 나와 있다.

(iii) 문장이 잘못됐다. 마치 직원들이 총을 쏜 것처럼 오해할 소지가 있다. '공기총을 쏘았고' 앞에 '괴한'이라는 주어를 넣어야 한다. 〈직원들은 여직원이 비상벨을 누르자 괴한은 공기총을 쏘며 미리 준비해온 마대자루에 '돈을 담으라'고 소리쳤다고 말했다.〉 문장의 주어를 뒤로 돌리는 방식도 있다. 〈여직원이 비상벨을 누르자 괴한은 공기총을 쏘며 미리 준비해온 마대자루에 '돈을 담으라'고 소리쳤다."고 직원들은 말했다.〉

(iv) 기사 구조에서도 (iii)과 (iv)의 순서를 바꾸는 것이 바람직하다.
특이한 것은 범인의 인상착의에 대한 정보를 맨 뒤에 달았다는 점이다. 기사 마감 시간에 쫓겨서인지 중요 팩트가 빠진 것은 물론 문장도 제대로 정리하지 못했다.

사례 1, 2의 팩트가 서로 다르다

A신문 기사와 B신문 기사의 팩트가 서로 다른 것이 여러 개 있다. 발생 시간, 범행에 걸린 시간이 다르다. 또 강탈당한 돈의 액수도 다르다. 범행 차량의 색깔도 흰색, 연한 하늘색으로 다르다. 현장에 있던 직원의 수도 다르다. 일부 팩트에서는 A신문이, 다른 팩트에서는 B신문이 보다 구체적으로 묘사되어 있다. 범인의 옷차림(베이지색 바지와 노란색 상의), 복면 색깔(검정), 자루(마대), 쏘나타(차량번호, 도난차량) 등 기사를 자세히 살펴보면 이렇듯 팩트가 서로 틀린 것이 적지 않다. 취재원(목격자, 경찰) 등이 다르기 때문이다.

따라서 기자는 어느 제보자의 말이 보다 신빙성이 있는가를 즉각 판단, 선택해야 하고 그래서 반복적으로 확인해야 한다. 또 가장 믿을 만한 제보자를 찾도록 부단히 노력해야 한다. 팩트의 오류나 정보 부족은 독자들에게는 기사, 해당 언론사에 대한 신뢰를 떨어트리고 회사 내에서는 기자에 대한 능력을 의심받게 한다. 물론 중요하고, 민감한 팩트가 있는가 하면 그렇지 않은 것도 있다. 어쨌든 기자는 현장에서 반복해서 사실 확인, 크로스 체크(cross check)를 해야 한다.그럼에도 불구하고 항상 시간에 쫓기면서 하는 일이기 때문에 어렵고, 그래서 오보가 적지 않은 것이 현실이다.

모범기사

- 6일 오후 4시 40분 경 경북 경산시 하양읍 하양농협 강남지소에 공기총을 든 강도 1명이 침입해 현금 3,139만 원과 수표 850만 원 등 3,989만 원을 빼앗아 달아났다.
- 범인은 창구 여직원을 위협한 뒤 천장을 향해 공기총을 1발 쏘며 (여직원에게) 미리 준비한 자루에 현금을 담도록 했다.
- 범인은 키 175cm 가량에 검은색 복면차림으로 베이지색 바지와 노란색 상의를 입었다.
- 범인은 농협 입구 도로에 세워둔 연한 하늘색 EF쏘나타 승용차(63다 58XX)를 타고 경산시내 방향으로 달아났다.
- 당시 농협에는 여직원 1명과 남자직원 2명이 근무하고 있었으나 다치지는 않았다. 다른 남자직원 2명은 지소 안의 작은 슈퍼마켓에 있었다.
- 농협에서 3Km 쯤 떨어진 경찰지구대는 신고를 받고 5~6분 뒤 도착했으나 강도가 2분 만에 범행을 끝내고 달아난 뒤였다.
- 경찰은 범행 차량을 수배하는 한편, 영천과 청도 등 경북 도내 전역에서 검문검색을 강화하고 있다.

5. 비행기 추락

취재메모

- 대한항공 (KAL)747 보잉기(조종사 이영조. 51)
- 4월 2일 오전 10시 김포공항 이륙
- 충남 태안군 안면읍 안면도 야산에 추락
- 김포공항을 이륙한지 20분 만에 추락
- 경찰: "사고기 2년 전에도 엔진 고장 일으켜 불시착했다" 며 '엔진 고장 후 화재' 추정
- 목격자(1): 안면도 주민 김갑식(어부, 46) 씨 "갑자기 머리 위에서 '윙' 하더니 비행기 1대가 흰 연기를 뿜으며 공중제비를 하듯 한 바퀴 돌다가 마을 북쪽 야산에 '쾅' 하며 추락"
- 목격자(2); 안면도 주민 정경호(농민, 56), 씨 "야산 중턱 '우당탕 쾅' 소리와 함께 검은 연기와 불꽃이 하늘로 치솟았다."
- 생존자: 장XX(공무원, 32) 씨 어깨 쇠골 부러져. "날개에서 불꽃이 튀기더니 갑자기 비행기가 기우뚱하면서 회전하다가 순식간에 쾅, 정신을 차리고 보니 병원"
- 비행기 탑승자: 216명, 승무원 12명. 모두 228명 탑승. 이중 2명의 미국인 등 외국인 4명 포함, 생사 확인 안됨.
- 비행 목적지: 제주도 제주공항
- 현장: 산허리가 깊이 6m, 길이 20m로 파인 채 기체 산산 조각. 날개 파편은 120m를 날아 야산 밑에 처박혀. 시체 여기저기에 나뒹굴어. 승객들의 소지품 추락지점 반경 200m에 걸쳐 흩어져 있고 옷가지 등은 나뭇가지에 걸려 바람에 나부기기도.
- 인명피해: 사고 후 8시간이 지난 오후 6시 현재 80명 사망 확인. 생존자 20명(중상자 18명, 경상자 2명) 확인, 나머지 확인 안 돼, 부상자들 긴급 출동한 119구조대에 의해 태안군 A, B병원에 이송돼 가료 중. 시신 역시 A, B병원에 안치. 사고 소식 듣고 달려온 유가족, 친지들로 아수라장.

- 사망자 중에는 결혼시즌 "신혼여행 부부 11쌍 탑승" 신혼부부 오XX(회사원, 29) 씨, 한XX(회사원, 28) 씨 1일 결혼식 올리고 제주도로 신혼여행 길. 한씨 여동생 한00(D대학 2, 22) 씨 언니 한씨가 "부모 없이 고학으로 대학 졸업 후 회사입사 2년 만에 좋은 사람만나 결혼했다"며 "그동안 2명의 동생들 뒷바라지하다가 이제 고생 끝내고 자기 인생 살아가나 했더니 참변"이라며 통곡.
- 경찰당국; "엔진고장에 무게 두고 전문가들과 함께 수사 진행 중"
- KAL 측; "매년 2차례 실시하는 안전 점검 때 아무런 이상 징후 없었다."

습작 1

(i) 4월 2일 오전 10시 김포공항을 이륙한 대한항공 비행기에 20여 분 만에 불이 나서 충남 태안군 안면도 야산에 추락, 80여 명이 숨지고 20여 명이 다쳤다.

(ii) 긴급 출동한 119 구조대에 의해 탑승자들은 태안군 A, B병원에 이송됐으나 8시간이 지난 오후 6시 현재 80여 명이 숨지고 생존자 20여 명 중 18명이 크게 다친 것으로 드러났다.

(iii) 이날 비행기에는 승무원 12명을 포함해 총 228명이 탑승했고 이 중 4명이 외국인인 것으로 밝혀졌다.

(iv) 김포공항을 이륙한 대한항공 747보잉기(조종사 이영조, 51)는 제주공항으로 가는 중이었으나 이륙한지 20분 만에 기체에 불이나 충남 태안군 안면읍 안면도 야산에 추락했다.

(v) 어깨 쇄골이 부러진 생존자 장OO(공무원, 32) 씨는 "날개에서 불꽃이 튀기더니 갑자기 비행기가 기우뚱하면서 회전하다가 순식간에 쾅, 정신차리고 보니 병원이었다"고 말했다.

(vi) 안면도 주민인 목격자 김갑식(어부, 46) 씨는 "갑자기 머리 위에서 '윙'

하더니 비행기 1대가 흰 연기를 뿜으며 공중제비 한 바퀴를 돌더니 마을 북쪽 야산에 '쾅' 하며 추락했다"고 전했다. 또 다른 목격자 정경호(농민, 56) 씨도 야산 중턱에서 우당탕 '쾅' 하는 소리와 함께 연기와 불꽃이 하늘로 치솟았다고 설명했다.

(vii) 안면도 야산의 사고 현장은 깊이 6m, 길이 20m의 땅이 파였고 산산조각 난 기체파편들과 시체들이 여기저기 나뒹굴었다. 승객들의 소지품은 추락 지점 반경 200m에 걸쳐 흩어졌고 옷가지들이 바람에 나부꼈다.

(viii) A, B병원에는 사고 소식을 듣고 달려온 유가족과 친지들로 붐볐고 사망자 중에는 신혼여행을 가던 부부 11쌍이 탑승했던 것으로 밝혀졌다.

(ix) 오OO(회사원, 29) 씨와 결혼한 한OO(회사원, 26) 씨의 여동생 한모(대학생, 22) 씨는 "언니는 부모 없이 어렵게 대학을 졸업 하고 회사를 입사한지 2년 만에 좋은 사람을 만나 결혼해 이제야 자기 인생을 살아가나 했더니 이런 참변을 당했다"며 통곡했다.

(x) KAL 측은 "매년 2차례 실시하는 비행기 안전 점검 때 사고기는 아무런 이상 징후가 없었다" 고 말했다.

리뷰 1

(i) '대한항공 비행기' 보다는 '대한항공 여객기' 가 더 구체적인 정보를 준다. 〈대한항공 여객기가 2일 오전 10시 김포공항을 이륙한지 20분 만에 충남 태안군 안면도 야산에 추락〉으로 정리하는 것이 낫다.

(ii) '긴급 출동한 119 구조대에 의해 탑승자들' 은 〈탑승자들은 긴급 출동한 119 구조대에 의해〉라고 고쳐야. (i)에서와 마찬가지로 스트레이트 기사는 주어를 앞세우는 것이 원칙이다. 〈119 구조대에 의해 탑승자들은 태안군 A, B병원에 이송됐으나〉는 의미상 맞지 않는다. 탑승자들이 모두 이송된 것이 아니기 때문. '드러났다' 는 '확인되었다' 가 보다 적절한 표현.

(iii) '이날 비행기에는' '이 여객기에는' 으로, '총' 은 '모두' 로 쉽게 고친다. '이중 4

명이 외국인' 도 특이 정보 중에 하나이기 때문에 기사 앞머리에 내놓은 것은 이해된다. 하지만 이 보다 주목할 만한 정보는 '신혼여행 부부 11쌍 탑승' 이다. 따라서 이것이 먼저 나와야 한다.

(iv) '김포공항을 이륙한' 이나 '이륙한지 20분 만에 기체에 불이나 충남 태안군 안면읍 안면도 야산에 추락했다"는 첫 문장에 나온 정보가 다시 반복되었다. '대한항공 747보잉기(조종사 이영조, 51)' 에서 '대한항공' 도 역시 첫 문장에 나온 것이다. 따라서 처음 이 정보가 나올 때 바로 '조종사 이영조, 51' 이 따라 붙는 것이 좋다. 즉, 〈2일 오전 10시 대한항공 여객기(조종사 이영조, 51)가 김포공항을 이륙한지 20분 만에 충남 태안군 안면도 야산에 추락〉.

(v)(vi) 목격자가 3명이 나오지만 생존자의 증언을 먼저 인용했다. 당연하다. 어느 것이 더 중요한 목격담인가를 생각해야한다. 김갑식 씨의 목격담은 여객기가 추락하는 과정에 대한 것이고, 정경호 씨의 목격담은 여객기가 지상에 떨어지는 순간을 포착한 것이다. 그렇다면 여객기에 탑승, 사고 발생 순간을 목격한 장씨의 목격담이 가장 중요할 수밖에 없다. 장씨의 발언은 사고 단서를 파악하는데도 도움을 줄 수 있기 때문에 더욱 관심이 간다.

(vii) 현장 상황이다. 현장은 사고 순간의 기내 상황이나 공중 상황, 추락 지점 그리고 사망자 부상자들이 이송된 병원이다. 그러나 사고 순간이나 공중 상황은 잘 나타나지 않는 것이 보통이다. 다행이 이번 사고처럼 목격자가 있으면 이를 인용해 전달할 수 있다 (위에서 장, 김, 정씨의 목격담). 그러나 보통은 추락지점의 처참한 광경이 가장 확실하고도 생생한 사고 현장이 된다. 따라서 카메라 같으면 현장 상황을 담아 보여줄 것이고, 신문은 이를 구체적으로 묘사한다. 이 경우 추락 현장 스케치이므로 간단하게 처리할 경우 스트레이트 기사에 포함시키는 것이 보통이다. 사건·사고 기사의 경우 특히 마감시간이 촉박하므로 스트레이트 기사에 스케치를 기사 후반부에 간단하게 붙인다. 스케치에 담을 내용이 많으면, '추락현장 스케치' 로 별도의 스페이스에 정리한다. 이때 앞서 언급한 'Vivid scene' 을 다시 한 번 상기할 필요가 있다. 그 예로 '추락 현장은 처참하기 그지 없었다.' 라고 막연하게 표현하는 것이 아니고 '처참한 광경' 의 실제적인 내용을 기술한다. 〈기체파편들과 시체들이 여기저기 나뒹굴었다〉. 〈승객들의 소지품은 추락지점 반경 200m에 걸쳐 흩어졌고 옷가지들이 바람에 나부꼈다〉.

(viii)(ix) 병원 상황 'A, B병원에는 사고 소식을 듣고 달려온 유가족과 친지들로 붐볐고'는 스케치성 기사. 앞의 'A, B 병원에 이송됐다'는 사실은 스트레이트 기사의 정보이나 병원에서의 이모저모는 스케치 대상이다. 기사는 마감시간에 쫓기기 때문에 우선 스트레이트 기사를 쓰고 스케치 중 주요 부분만 스트레이트 기사에 붙여 제1보를 써주는 것이 일반적이다. 그러나 〈사망자 중에는 신혼여행을 가던 부부 11쌍이 탑승했던 것으로 밝혀졌다〉. 이는 중요한 스트레이트 기사 정보이다. 전진 배치하는 것이 바람직하다. 만일 탑승자 중에 VIP가 있다면 리드에 이 사실을 포함시킬 수도 있다. 〈000 국무총리 등 승객과 승무원 228명을 태운 대한항공 747 보잉기(조종사 000)가 0일 0시 김포공항을 떠나 제주로 향하다····〉.

(x) 스트레이트 기사에 들어가야 할 정보이므로 병원 스케치나 추락현장 스케치 보다 앞에 나간다.

습작 2

(i) 2일 오전 10시, 김포공항에서 제주공항으로 향하던 대한항공 747보잉기(조종사 이영조, 51)가 이륙한 지 20분 만에 충남 태안군 안면읍 안면도 야산에 추락, 오후 6시 현재 80명이 사망, 20명 부상했고 구조대가 계속해서 구조작업을 진행 중이다.

(ii) 이 비행기에는 승무원 12명을 포함, 총 228명이 탑승했다.

(iii) 사고 현장은 그야말로 아비규환이었다. 안면도 야산 산허리가 기체와 충돌하면서 깊이 6m, 길이 20m로 파였다. 기체는 산산 조각났고, 날개 파편은 120m를 날아 야산 밑에 처 박혔다. 아직 수습되지 않은 시체가 여기저기 뒹굴고 있고 승객들의 소지품이 추락지점 반경 200m까지 흩어져있었다.

(iv) 탑승객 중 생존자 장모(공무원, 32) 씨는 사고 당시에 "날개에서 불꽃이 튀기더니 갑자기 비행기가 기우뚱거리며 회전하다가 순식간에 '쾅' 소리가 났다."고 말했다. 구조 후 긴급히 태안 A병원에 후송된 장씨는 어깨 쇄골이 부러지는 부상을 입었다.

(v) 사고 현장을 목격한 김갑식(어부, 46) 씨는 "갑자기 비행기 한 대가 연기를

뿜으며 공중제비를 돌더니 마을 북쪽 야산에 부딪히며 추락했다." 고 말했다.

(vi) 다른 목격자 정경호(농민, 56) 씨는 "야산 중턱에 '쾅' 소리와 함께 검은 연기와 불꽃이 하늘로 치솟았다" 고 말했다.

(vii) 경찰 당국은 사고기가 2년 전에도 엔진고장을 일으켜 불시착했던 것에 주목하며 이번 사고가 '엔진 고장' 으로 일어났을 가능성에 무게를 두고 수사하겠다고 밝혔다.

(viii) 그러나 KAL 측은 "매년 2차례 실시하는 안전점검 때 아무런 이상 징후가 없었다." 며 경찰의 '엔진 이상설' 을 부인했다.

(ix) 한편 탑승자 중에는 제주도로 향하던 신혼부부 11쌍이 포함됐다. 탑승객 중 한모(여, 회사원, 26) 씨는 부모 없이 고학으로 대학을 졸업해, 회사 입사 후 2년 만에 오모(회사원, 29) 씨와 결혼해 신혼여행 가던 중 화를 당했다. 한씨의 동생은 "언니가 그동안 두 동생 뒷라지만 하다 이제 고생 끝내고 자기 인생을 사나 했는데 이게 웬일인가" 하며 오열했다.

리뷰 2

(i) '구조대가 계속해서 구조작업을 진행 중이다' 는 리드에 들어가야 할 만큼 주요한 정보가 아니다. 당연한 조치이기 때문이다.

(ii) '비행기' 보다는 '여객기' 가 더 구체적인 정보. '총' 은 '모두'. '탑승 중이었다.' 는 '탑승했다'

(iii) 추락현장 스케치. 이 보다 중요한 정보는 여객기에 탑승한 승객 중 저명인사 또는 특기할 만한 인물이 있는가 여부이다. 또 추락 원인이라든가, 사고 순간, 추락할 당시의 목격담 등도 앞서 나와야 한다. 즉 (iv), (v), (vi) (vii) (viii) 뒤에 배치하는 것이 바람직하다.

(viii) 이 문장은 〈그러나 KAL 측은 "매년 2차례 실시하는 안전점검 때 아무런 이상 징후가 없었다." 고 말했다〉로 끝나야 한다. 뒤에 붙은 〈경찰의 '엔진 이상설'

을 부인했다〉는 KAL 측이 경찰의 말에 분명히 '아니다'라고 말했다면 괜찮다. 그렇지 않으면 KAL 측의 발언 그대로 전해야 객관적인 기사가 된다. 경찰과 KAL이 갈등을 일으키고 있는 것처럼 기자 멋대로 해석해서는 안된다. 아직 어느 누구도 정확한 원인을 모르는 상황이 아닌가.

(ix) 〈탑승자 중에는 제주도로 향하던 신혼부부 11쌍이 포함됐다〉는 중요한, 특기할만한 정보이므로 기사 앞부분에 들어가야 한다. 특히 이들이 사망했음을 앞에서 알려주어야 스케치에서 동생이 언니의 죽음에 오열했다는 말과 상응한다. 또 '화를 당했다' 는 말이 바로 죽음을 의미하지는 않는다. 이름 뒤의 ( ) 속 신원에서 '여' 는 여자의 경우 표시해주고 남자의 경우는 생략한다. 따라서 없으면 남자. 만일 앞에 '신부 한모 씨' 라고 성을 식별할 수 있는 단어가 나왔다면 ( )속에 '여' 라고 적을 필요가 없음은 물론이다.

모범기사

- 2일 오전 10시 승객, 승무원 228명을 태우고 김포공항을 출발, 제주(공항)로 가던 대한항공 747보잉여객기(조종사 이영조, 51)가 이륙한 지 20분 만에 충남 태안군 안면읍 안면도 야산에 떨어져 (추락), 80명이 사망하고 128명이 실종되었다.
- 오후 6시 현재 탑승자 중 20명은 (긴급 출동한) 경찰에 의해 구조됐으나 이중 18명은 중태여서 사상자는 계속 늘어날 것 같다.(~18명은 중태로 태안군 A, B 병원에 입원 치료 중이다).
- 사망자 중에는 (제주도로) 신혼여행을 가던 오00(회사원, 29) 씨와 한00(회사원, 26) 씨 부부 등 11쌍의 (신혼)부부가 포함되어 있다. (포함되어 있음이 확인되었다)
- 또 미국인 2명 등 외국인 4명도 (이 여객기에) 탑승했으나 생사가 확인되지 않고 있다.
- 이날 사고로 어깨뼈가 부러진 승객 장00(공무원, 32) 씨는 "날개에서 불꽃이 튀기더니 갑자기 비행기가 기우뚱 하면서 회전하다가 순식간에 쾅했다" 며 정신을 차리고 보니 병원이었다고 말했다.
- 안면도에 사는 김갑식(어부, 46) 씨는 "갑자기 머리 위에서 윙하더니 비행기 한대가 연기를 뿜으며 공중제비 하듯 한 바퀴 돌며 떨어졌다."고 말했다.
- 다른 안면도 주민 정경호(농민, 56) 씨는 "야산 중턱에서 우당탕 쾅하는 소리와 함께 검은 연기와 불꽃이 하늘로 치솟았다."고 말했다.
- 경찰은 사고 여객기가 "2년 전에도 엔진 고장을 일으켜 불시착했다" 며 "엔진 고장 후 화재가 나 추락 한 것" 으로 추정하고 있다.
- 그러나 KAL 측은 "매년 2차례 실시하는 안전 점검 때 아무런 이상 징후 없었다." 고 말했다.
- 사고현장인 야산은 산허리가 깊이 6m, 길이 20m로 파인 채 조각난 기체 조각이 여기저기 널려 있었다. 날개파편은 120m를 날아가 야산 밑에 쳐박혀 있었으며 곳곳에 시체가 나뒹굴었다. 승객의 소지품은 추락지점에서 반

경 200m까지 흩어졌고 일부는 나뭇가지에 걸려 바람에 나붙기기도 했다.

- 사망자와 부상자들이 이송된 태안군 A, B병원에는 사고 소식을 듣고 달려온 가족, 친지 친구들로 아수라장이었다(붐볐다). 사망이 확인된 신부 한 00(회사원, 28) 씨의 여동생 00(D대학 2년, 22) 씨는 언니가 “부모 없이 고학으로 대학을 졸업 후 회사입사 3년 만에 좋은 남자를 만나 결혼했다"며 “그동안 동생들 뒷바라지 하다가 이제 는 자기 인생을 살아가나 했더니 참변을 당했다.” 고 통곡했다.

△ 사망자 및 부상자 명단

* 사망자
  이름 000 (나이 00세, 주소 000)
* 부상자
  이름 000 (나이 00세, 주소 000)

기본형 리드의 사례

유명인사가 탑승했을 때는 이 사실을 리드에 포함시키거나 리드 맨 앞에 거명할 수도 있다.

- 〈박00 xx부장관, 김00 국회의원 및 신혼부부 11쌍 등 승객 228명을 태우고 2일 오전 10시 김포공항을 출발, 제주도로 가던 대한항공 747 보잉기(조종사 이영조. 51)가 이륙 20분 만에 충남 태안군 안면도 야산에 추락했다.
- 이 사고로 오후 6시 현재 80명이 사망하고 128명이 실종되었으며 20명은 구조되었으나 이중 18명은 중태다.(~중태여서 사상자는 늘어날 전망이다.)
- 박 장관과 김 의원의 생사여부는 아직 확인되지 않고 있으나 신혼부부 11쌍은 모두 숨진 것으로 알려졌다. 또 미국인 2명 등 외국인 4명의 생사여부도 즉각 전해지지 않고 있다〉 등.

여객기 추락은 큰 사고이므로 요약형, 기본형 리드 모두 가능하다. 앞 기사는 기본형 리드이나 다음은 요약형 리드의 예이다.

요약형 리드의 사례

- 〈2일 오전 10시 김포에서 제주로 향하던 대한항공(KAL) 여객기 1대가 충남 태안군 안면도 야산에 떨어져 승객 80명이 사망하고 20명이 부상했으며 128명이 실종됐다.
- 〈오늘 오전 대한항공 국내선 여객기 1대가 충남의 한 야산에 떨어져 승객 80명이 사망하고, 20명이 부상했으며 128명이 실종됐다〉.

그러나 만일 다음과 같이 리드를 썼다면 잘못된 것인다.

- 〈오늘 오전 대한항공 국내선 여객기 1대가 충남의 한 야산에 떨어져 탑승객을 포함, 많은 사상자가 발생했다〉.
- 〈오늘 오전 대한항공 국내선 여객기 1대가 충남의 한 야산에 떨어져 탑승객 등 200여 명이 숨지거나 부상했다〉.

여객기 사고는 대형사고로 가장 궁금한 정보는 무슨 비행기가 떨어져, 어느 정도의 인명 손실이 있었는가 하는 것이다. 취재결과 '대한항공 국내선 여객기'가 추락했다는 것과 이로 인해 '80명 사망, 128명 실종, 20명이 부상'이라는 사실이 확인되었으면 다른 것은 몰라도 이 정보는 리드에서 구체적으로 알려주어야 한다. 요약형 리드라도 가장 중요한 정보는 구체적으로 적고, 상대적으로 비중이 낮은 기본 정보(이 기사에서는 시간, 장소, 목적지 등)는 요약한다. 그런 의미에서 위 2개의 리드는 명백히 잘못되었다. 그러나 만일 여객기가 추락했다는 사실만 확인하고 인명 피해 등 다른 정보는 아직 구체적으로 입수하지 못했다면, 위 2개의 리드도 물론 무방하다.

6. 남대문 화재

다음은 종합 일간신문들이 보도한 남대문 화재 기사이다.

신문보도 사례 1

국보 1호 '숭례문' 01시 54분 완전 붕괴

〈국보 1호인 숭례문(남대문)이 10일 밤 화재로 무너졌다〉

불은 저녁 8시50분께 서울 중구 남대문로의 숭례문 2층 누각 천장에서 시작해 2층 지붕을 모두 태웠다. 이날 화재는 출동한 소방당국이 조기 진압에 실패하면서 최악의 사태로 이어졌다. 화재 초반 소방당국이 물을 계속 뿌리며 진압에 나서 불길이 잡히는 듯 했다. 하지만 이날 밤 자정께 불길이 2층 기왓장 사이를 뚫고 나오며 순식간에 2층 누각이 완전히 불길에 휩싸였다. 소방당국은 문화재청의 자문을 거쳐 처음 불길이 일어난 2층 누각 지붕의 기와 일부를 뜯어내려 했으나 이미 많은 물이 뿌려진 기와지붕이 붕괴될 위험이 높아 포기했다.

(H신문)

신문보도 사례 2

국보 1호도 못 지킨 대한민국-610년 된 숭례문 5시간 불타다 무너져

〈대한민국의 국보 1호인 숭례문이 화재로 붕괴됐다〉

화강암으로 쌓아 만든 기반을 제외한 누각과 지붕이 모두 탔다. 숭례문은 조선시대인 1398년에 창건됐다. 서울에 있는 목조건물 중 가장 오래 됐다. 10일 오후 8시 40분 쯤 숭례문 현판 좌측 부분에서 방화로 추정되는 화재가 발생했다. 수도 한 복판에서 일어난 이 불은 11일 새벽까지 이어졌다. 초기 화재 진압에 실패해서다. 소방당국과 문화재청의 안이한 대응 때문에 국보 1호가 사라져 버린 것이다. 한때 불길이 잡히는 듯 했다. 그러나 11일 0시부터 불길이 더욱 거세졌다.

(J신문)

신문보도 사례 3

남대문 전소 붕괴 위기

〈10일 오후 8시 40분 쯤 국보 1호인 숭례문(남대문, 서울 중구 남대문 4가)에 방화로 추정되는 화재가 발생했다〉

불이 난 직후 소방차 39대와 소방관들이 출동했으나 초기 화재진압 과정에서 소방당국의 오판으로 불길을 제대로 잡지 못해 불이 커졌다는 지적이 제기 되고 있다. 당국이 화재를 진압했다고 추정한 2시간이 지난 오후 10시 40분 쯤 숭례문 2층 현판 5m 안쪽 지점에서 다시 불이 일어나기 시작, 목조로 지어진 문화재가 치명적인 손상을 입었고 붕괴위험까지 제기되고 있다. 화재를 처음 목격한 택시기사 이상곤(44) 씨는 "차를 세우고 손님을 기다리고 있는데 한 남자가 쇼핑백을 들고 숭례문 옆 계단을 통해 들어가는 것을 봤다"며 이 남자가 들어가고서 몇 분 뒤 불꽃놀이하는 것처럼 빨간 불꽃이 튀더니 불이 붙기 시작해 경찰에 신고했다고 말했다. (C신문)

신문보도 사례 4

숭례문 전소 붕괴… 국보 1호를 잃었다

〈설 연휴 마지막 날인 10일 밤 국보 1호인 숭례문(남대문)에 큰 불이 발생했다〉

이날 화재로 숭례문의 누각이 전소돼 붕괴됐다. 이에 따라 국보 문화재에 대한 정부의 허술한 관리를 놓고 책임문제가 제기될 것으로 전망된다. 이날 오후 8시 45분 경 서울 중구 남대문로 서쪽 2층 현판 아래 누각에서 처음으로 불길이 솟았다. 50여 대의 소방차들이 이날 밤 늦게까지 진화작업을 벌였으나 불길을 잡지 못해 밤 12시 40분 경부터 기와가 무너져 내리기 시작했다. 소방 당국은 마지막 불길을 잡기위해 문화재청과 협의해 누각 일부의 지붕을 뜯어냈다. 처음 불길이 오른 곳으로 목격된 2층 누각에서 수상한 사람을 봤다는 목격자의 제보와 진술이 나오고 있어 경찰은 누군가 고의로 불을 저질렀을 가능성에 무게를 두고 조사를 벌이고 있다. (D신문)

모범기사

- 10일 밤 국보 1호 남대문(숭례문, 서울 중구 남대문 4가)에 방화로 보이는 화재가 발생, 2층 누각과 지붕이 불타 무너져 내렸다.
- 불길은 이날 오후 8시 45분 경 남대문 서쪽 2층 현판 아래 누각에서 솟기 시작, 누각을 태우고 지붕까지 번졌다.
- 화재를 처음 목격한 택시기사 이상곤(44) 씨는 차를 세우고 손님을 기다리다 "한 남자가 쇼핑백을 들고 숭례문 옆 계단을 통해 들어가는 것을 봤다." 며 "이 남자가 들어가고 몇 분 뒤 불꽃놀이 하는 것처럼 불꽃이 튀더니 (불이) 번지기 시작했다."고 말했다.
- 이씨는 즉각 경찰에 신고 했다고 덧붙였다.
- 신고를 받은 소방 당국은 50대의 소방차를 출동, 불길을 잡으려 했으나 계속 번져 이른 새벽까지 계속됐다.
- 소방 당국은 불이 난지 2시간 쯤 일단 진화했다고 판단했으나, 미처 꺼지지 않은 불길이 오후 10시 쯤 다시 타오르기 시작, 피해가 커졌다.
- 소방대원 000 씨 (또는 직급)는 "처음 2시간 만에 불을 껐다고 생각했으나 눈에 보이지 않는 누각, 지붕 속에 불씨가 남아 계속 번진 것 같다." 고 말했다.
- 소방당국은 마지막 불길을 잡기위해 문화재청과 협의, 누각 일부의 지붕을 뜯어내고 진화작업을 벌이기도 했다.
- 현장에서 이를 지켜 본 시민 000 씨는 "초기 진화에 성공했더라면 피해를 줄일 수 있었다." 며 소방당국과 문화재청의 늦장 대응에 안타까움을 표시했다.
- 이에 대해 문화재청의 000 씨는 "조기에 지붕을 뜯어내고 불을 끄려고도 했으나 이미 물이 많이 뿌려져 무너져 내릴 것을 염려했다." 라고 말했다.
- 경찰은 (목격자) 이씨의 진술에 따라 방화 가능성에 무게를 두고 수사를 벌이고 있다.

리뷰

- 큰 기사이므로 요약형(summary lead).
- 남대문의 화재 자체가 큰 기사인데다 방화일지 모른다는 정보는 핵심 사항. 따라서 리드에서부터 '방화 가능성'을 적시했다.
- 리드에 '불이 났다' 외에 '누각, 지붕이 소실됐다'는 정보가 들어가는 것이 좋다. 불이 난 사실도 중요하지만 얼마나 피해가 났느냐에 따라 기사의 경중이 달라질 수밖에 없다. 불이 났으나 일부 누각 바닥이 그을린 정도라면 국민들이 깜짝 놀라기는 했겠지만 가슴 아파하지는 않았을 것이다. 따라서 기사 비중도 작아질 수밖에 없다.
- 남대문(숭례문)은 '남대문'이 일반 시민에게 더 잘 알려진 명칭이라서 적었다.
- 날짜 앞에 〈설 연휴 마지막 날인~〉(D신문)이라는 말은 특기할 정보라고 판단되거나 독자, 시청자의 이해를 돕기 위한 것이라면 적어도 무방하다. 그러나 꼭 필요한 정보는 아니다.
- 리드에 방화 가능성을 언급했으므로 택시기사의 말은 이에 대한 상세정보로, 방화 가능성의 단서를 보여주기 위해 전진 배치했다.
- 한 문장에 직접 인용을 여러 번 하는 것은 바람직하지 않다. 그러나 이 목격담은 대단히 중요하고 민감한 것, 그리고 화재 초기 증인이므로 두 문장으로 나눠 모두 직접 인용했다.
- 완전 진화되었다면 그 시각을 적어주면 되지만, 기사 마감 때까지 그렇지 않았다면 당시 상황까지만 알려 준다.
- 기자가 '이것은 큰 문제다'라는 판단이 서면 목격자, 전문가, 소방당국자의 말을 빌려 지적한다. 기자의 자기 판단, 의견, 평가를 적으면 스트레이트 원칙에 맞지 않는다. 주관적 견해는 '스케치' '해설' 기사에서는 허용된다.
- 앞의 기사 끝에서 3번째 문장 가운데 〈현장에서 이를 지켜 본 시민 000( ) 씨는 "초기 진화에 성공했더라면 피해를 줄일 수 있었다."라며 소방당국과 문화재청의 늦장 대응에 안타까움을 표시했다.〉에서 〈늦장 대응에 안타까움을 표시했다.〉는 뒷부분은 기자의 해석이다. 따라서 이 문장은 앞부분에서 끝나야한다. 〈현장에서 이를 지켜 본 시민 000( ) 씨는 "초기 진화에 성공했더라면 피해를 줄일 수 있었다"고 말했다.〉
- 만일 시민(목격자)이나 어떤 사람이 문제점을 지적했다면 소스를 밝혀가며 인용(직간접) 하고 그 비난 대상자의 말(comment)도 들어보는 것이 원칙이다. 한 쪽의 말만

을 듣고 쓰면 허위, 과장의 가능성이 있어 공정한 보도가 아니다. 따라서 기자는 가능하다면 재빨리, 여기서는 문화재청 또는 소방당국의 해명을 들어주어야 한다. 비난 자체가 잘못되었거나 의도적인 경우가 적지 않다. 시간이 급박해 상대방의 말을 들어볼 여유가 없거나 접촉하려고 노력했어도 안 될 경우 '전화를 했으나 받지를 안았다.(연결이 되지 않았다.)' 라고 적어주는 것이 바람직하다. 기자가 공정한 보도를 위해 노력했음을 보여준다.

스트레이트 기사와 해설성 정보

스트레이트 기사와는 별도로 '시민들의 반응' '남대문의 역사' '남대문 화재 진압의 문제점' '문화재보호의 문제점' '방화범죄에 대한 대책과 관리' 등의 내용으로 관련 스케치, 해설 기사를 실을 수 있다. 스트레이트 기사에서 J신문처럼 '언제 지어졌고 목조건물이 어떻다' 는 등은 해설로 알려야 한다. 독자, 시청자는 촌각을 다투는 현장 이야기를 원하는데 이미 역사책, 교과서에 나온 사실을 그 시각에 알려줄 필요는 없다.

이해하자면 (i) 별도 해설 박스로 처리할 여유가 없어 스트레이트 기사에 녹여 쓴 것이거나 (ii) 큰 기사여서, 면이 넓게 잡힐 것이 분명한데 현장에서 취재한 정보가 적어 다급한 마음에서 차선책으로 관련 정보를 제공한 것이다.

해설성 정보를 스트레이트 기사에 녹여 쓸 경우 (i) 기자 개인의 주관적 판단이나 의견이 아닌 기사 자체에 근거가 나와 있는 정보여야 하며 (ii) 보고서나 논문, 다른 기사 등 이미 그 정보의 정통성을 앞서 인정받은 경우, 독자 시청자의 이해를 돕기 위해 간간이 끼워넣기도 한다. 그러나 (iii) 그같은 정보를 담은 문장은 간단해야 한다. (1~2 문장 정도)

현대사회는 복잡하고 정보가 넘쳐나 스트레이트 기사만으로는 그 뉴스의 영향성, 심대성, 다른 주제와의 관련성을 폭넓게 이해하는 것이 어렵다. 따라서 정보 소비자의 이해를 돕기위해 스트레이트 기사에 해설성, 스케치성 정보를 포함하는 것이 허용된다. 그래도 사건·사고 기사는 비교적 적은 것이 일반적이다. 미국 '뉴욕 타임스(NYT)' 영국의 '파이낸셜 타임스(FT)' 같은 경우, 별도의 해설박스를 설치하는 경우가 적고 스트레이트 기사에 해설성 정보를 상당히 포함시키고 있다. 그래서 스트레이트 기사가 비교적 장문이다. 1면 기사의 경우 거기서 끝나지 않기 때문에 끝에 '0면에 기사 계속(continue to 0면)' 이라는 표기를 흔히 볼 수 있다. 우리의 경우도 간혹 '0면에 기사 계속' 또는

‘0면에 관련기사’ 라는 표기를 볼 수 있다. ‘기사 계속’ 은 스트레이트 기사든 피처기사든 같은 기사가 계속된다는 의미이고, ‘관련 기사’ 는 스트레이트 기사 외에 스케치 기사나 해설 기사가 별도로 마련되어 있다는 뜻이다.

7. 버스 폭발

다음은 압축천연가스(CNG) 버스 폭발 사고를 보도한 종합 일간신문 기사들이다.

신문보도 사례 1

9일 오후 4시 54분 쯤 서울 성동구 행당동 행당역 인근 도로에서 송모(53) 씨가 운전하던 241번 압축천연가스(CNG) 시내버스가 운행 도중 폭발해 승객 등 17명이 중·경상을 입었다. 이 사고로 운전석 뒤에 앉아 있던 승객 이모(28) 씨가 양쪽 발목이 절단되는 중상을 입어 한양대병원에서 응급수술을 받았다. 승객과 운전기사, 주변 차량 운전자 등 16명이 타박상을 입거나 유리 파편에 찔려 병원에서 치료를 받았다. 폭발 사고는 버스가 행당동 행당역 부근에서 무학여중·고 방향으로 가다 행당역 4번 출구를 앞두고 신호대기 중 버스가 막 출발하려는 순간 일어났다.

목격자 손모(44) 씨는 "버스 중앙에서 '펑' 소리가 크게 들렸고 5초 정도 연기가 솟았다."고 말했다. 경찰과 소방 당국 관계자는 "폭발은 있었지만 화재는 일어나지 않았다."며 "버스 가운데 바닥에 있는 연료통 8개 중 한 개가 터진 것으로 보인다."고 말했다.

버스 밑부분과 천장은 폭탄이 터진 것처럼 부서지고 찢어졌다. 연료통 윗부분 의자 3~4개는 떨어져 나갔고, 버스 안쪽은 연기로 시꺼멓게 그을렸다.
주변 상가 유리창과 간판도 부서졌다. 폭발 후 소방대원과 경찰관 80여 명이 긴급 출동해 부상자들을 응급처치하고 한양대병원 등 인근 4개 병원으로 옮겼다.

(C신문)

리뷰 1

(i) 리드, '천연가스 버스에 처음으로 사고가 났다' 는 사실도 중요하나 이로 인해 부상자가 발생했기 때문에 이 뉴스가 커졌다. 따라서 '사고가 나 부상자가 발생했다' 까지를 리드에 넣었다. 부상자 중에는 양 발목이 절단되는 중환자가 포함되어 있음을 리드 다음 문장에 구체적 정보로 전달했다. 그리고 부상자의 입원, 수술

사실까지 덧붙였다. 중상자에 대한 정보까지 리드에 포함시키면 리드가 너무 길어지기 때문에 이 사실을 다음 문장에 넣은 것이다. '발목 절단' 정보를 담은 문장이 충분히 짧기 때문에 '한양대병원에서 응급수술을 받았다'는 부차적인 정보를 덧붙였다. 만일 발목 절단 정보를 담은 문장이 길거나 한 문장으로서 적당한 길이라면 부차적인 정보는 붙이지 않았을 것이다.

신문보도 사례 2

(i) 서울 도심에서 천연가스(CNG) 시내버스가 폭발하는 사건이 발생했다. 버스에 타고 있던 20대 여성의 발목 아래가 심하게 훼손당하는 등 17명이 중경상을 입었다.

9일 오후 4시 55분 성동구 행당동에서 무학여중 방향으로 주행하던 시내버스가 행당역 4번 출구 앞에서 신호대기 중 폭발했다. 폭발은 버스 하단에 있는 CNG 연료통에서 발생한 것으로 파악됐다.

경찰과 소방당국에 따르면 버스 폭발의 충격으로 길가 상점 10여 곳의 유리창과 간판이 깨졌다. 버스 근처에 있던 차 6대의 유리창도 부서졌다.

(ii) 승객 12명과 행인 5명 등 17명의 부상자는 인근 병원으로 이송됐다.

경찰은 버스에 장착된 8개의 CNG 용기 중 운전석 바로 밑의 1번 용기가 폭발해 사고가 발생한 것으로 보고 소방당국 등과 합동조사반을 꾸려 원인 조사에 들어갔다.

(J신문)

리뷰 2

(i) 전형적인 요약형 리드. '서울 도심에 천연가스로 운행되는 버스가 폭발했다'는 메시지를 강화하기 위해 다른 정보를 생략했다. 구체적인 주요 정보는 다음 문장에 담았다. 문장이 간단명료해서 좋다. 그러나 전체 내용 제시형(기본형)같으면 리드 한 문장에 나올 시간, 장소 등이 두 문장으로도 커버되지 못해 3번째 문장으로 넘어갔다. 이 요약형 리드가 메시지 강화에 성공했는가, 그리고 그 후 기사를 효율적으로 전개시켰는가 여부에 따라 평가는 달라진다.

(ii) '버스 승객 뿐만 아니라 행인들도 다쳤다'는 새 정보가 있고, 또 인명 피해에 관한 것이므로 리드 다음이나 그 다음에 들어가는 것이 합리적이다.

신문보도 사례 3

(i) 서울 도심을 달리던 압축천연가스(CNG) 버스가 갑자기 폭발해 차량이 크게 부서지고 20대 여성 승객의 양쪽 발목이 절단되는 등 17명이 다쳤다. 서울 성동경찰서는 9일 오후 4시 56분 성동구 행당동 지하철 행당역 부근 4차로에서 무학여고 방향으로 진행하던 D여객 소속 241B번 CNG 버스가 폭발했다고 밝혔다. 경찰과 목격자 등에 따르면 이날 승객 12명을 태운 채 신호를 기다리던 버스에서 갑자기 가스 새는 소리가 나기 시작했고, 5초 뒤 '펑' 하는 소리와 함께 폭발했다.

(ii) 이 폭발로 차량 유리창이 완전히 부서졌다. 차량 내부도 심하게 파손되면서 뿌연 연기가 솟아올랐다. 또 버스 폭발 현장 주변에 있던 차량 5대와 인근 상가 유리창 등이 크게 부서졌다. 사고 버스 운전사 송재수(51) 씨는 "행당역 방향으로 가는 도중에 브레이크를 잡는 순간 '펑' 하는 소리와 함께 폭발했다."며 "운행 중 이상 징후는 없었으나 갑자기 가스 새는 소리가 나더니 폭발했다."고 말했다. 목격자 김주진(56) 씨는 "버스에서 갑자기 '펑' 하는 소리와 함께 뿌연 연기가 솟아올랐고 젊은 남자들이 창문 쪽으로 뛰어내렸다."고 말했다.

(iii) 이 사고로 이효정(여, 28) 씨가 양쪽 발목이 절단되는 중상을 입고 한양대 병원으로 옮겨졌다. 또 버스에 타고 있던 승객 11명과 버스 부근에 있던 시민 5명이 다쳐 인근 병원으로 이송됐다. 경찰과 소방당국은 "천연가스 연료통이 폭발해 사고가 난 것으로 보고 있으며 인근 사거리 신호등의 폐쇄회로(CC)TV와 버스 CCTV를 수거해 자세한 사고 원인을 조사 중이다.

(D신문)

리뷰 3

(i) 앞서 보여준 두 기사의 중간 형태의 리드를 작성했다. 〈서울 도심을 달리던 압축천연가스(CNG) 버스가 갑자기 폭발했다〉는 사실은 요약해서 쓰고 〈차량이 크게 부서지고 20대 여성 승객의 양쪽 발목이 절단되는 등 17명이 다쳤다〉는 사고 피해(인명, 재산)에 대해서는 구체적으로 적시했다. 실제로 기사 리드는 이처럼 요약형과 전체 내용 제시형의 혼합 형태를 띠는 것이 많다. 이 경우 앞서 언급한 대로 핵심 사항을 구체적으로 제시, 독자나 시청자의 이목을 끄는 것이 좋다. 리드 문장이 길어졌으므로 '한양대 병원에서 응급 수술을 받았다' 는 부차적인 정보는 뒤에 배치했다(아예 뺄 수도 있다). 또 엄밀히 지적하자면 〈차량이 크게 부서지고〉와 〈20대 여성 승객의 양쪽 발목이 절단되는 등 17명이 다쳤다〉는 같은 문장에서라도 앞뒤가 바뀌어야 한다. 인명이 무엇보다도 중요하다.

(ii) 리드에 인명 피해가 나오므로 다음 문장에 물적 피해를 이어서 써주는 것이 바람직하다. 따라서 순서는 (i), (iii), (ii)로 배치한다. 순서를 바꾸는데서 오는 정보의 중복이나 매끄럽지 문장은 다시 다듬어야 한다. 예로 (iii)의 문장은 〈양쪽 발목이 절단되는 중상을 입은 이효정(여, 28) 씨는 한양대병원으로 옮겨졌다. 또 버스에 타고 있던 승객 11명과 버스 부근에 있던 시민 5명이 다쳐 인근 병원으로 이송됐다〉.

(iii) 〈이 사고로 이효정(여, 28) 씨가 양쪽 발목이 절단되는 중상을 입고〉는 주요 정보이다. 또 〈버스에 타고 있던 승객 11명과 버스 부근에 있던 시민 5명이 다쳐〉도 역시 인명 피해로 중요한 정보이다. 그럼에도 뒤에 배치했다는 것은 이 기사가 제대로 정리되지 못했음을 보여준다. 이 두 문장은 리드 다음에 들어가야 한다.

검거, 구속 기사

검거, 구속(검속) 기사는 경찰, 검찰 기사이다. 발생 기사와는 달리 경찰, 검찰 수사결과를 기사화하는 것이다. 발생 기사는 정보에 따라서 현장으로 뛰어가기도 하지만 검거, 구속 기사는 출입처를 뒤져서 사람을 만나고 서류를 통해 취재하는 것이 일반적이다.

발생 기사와는 달리 검속 기사는 신변처리가 매우 중요하기 때문에 이것이 리드로 나오기 마련이다. 다음은 종합 일간지에 게재된 검속 기사의 한 예이다. 이를 통해 리드 작성법, 기사 구조 등을 살펴본다.

1. 대학가 상습 절도

신문보도 사례 1

(i) 서울 동대문경찰서는 대학가를 돌며 학생들의 노트북, 지갑, 자전거 등을 훔친 김00(무직, 전과 2범, 25) 씨와 박00(무직, 22) 씨를 상습절도혐의로 25일 구속했다.

(ii) 경찰은 이들의 자취방에서 노트북 6대와 지갑 8개(현금 80만 원), 자전거 2대 등을 압수했다.

(iii) 경찰에 따르면 박씨는 24일 저녁 H대학 도서관에서 잠시 자리를 비운 이 대학 홍00(여, 언론정보학과 3, 22) 씨의 지갑을 훔치다 옆자리의 정00(사회학과 4, 25) 씨에 들켜 현장에서 붙잡혔다.

(iv) 학생들의 신고를 받은 경찰은 박씨의 신변을 인수하고, 현장에서 달아나 자취방에 숨어 있던 김씨를 이날 밤 검거했다.

(v) 경찰은 이들이 지난 봄부터 한 자취방에 기거하며 성북구 K대, 동대문구 K, H대, 마포구 Y, E대학 등을 떠돌며 도서관 등에서 학생들의 노트북과 지갑, 자전거 등을 20여 차례나 훔쳤다고 말했다.

(vi) 이들은 학생 신분으로 위장, 도서관, 휴게실, 운동장 등을 드나들며 훔칠 물건을 눈여겨 두었다가 김씨가 망을 보고 박씨가 물건 등을 빼돌렸다는 것이다.

리뷰

(i) 사건, 사고의 결과, 그 중에서도 주로 관련자의 신변처리에 대해 쓰는 것이므로 기사의 틀이 발생 기사와는 전혀 다르다. '누가, 언제, 누구를, 무슨 혐의로 검거(구속)했다'라고 쓴다. 위의 예에서 단순히 '상습절도 혐의로 구속했다'라고만 하면 범행의 내용이 어떤 것인지 막연하다. 간단히, 그러나 구체적으로 범행의 내용을 요약해 주는 것이 보통이다.

(ii) 발생 기사에서 인명 피해, 재산 피해를 써주었듯이 범행의 결정적 증거가 되는 압수품이 있다면 이를 앞으로 끌어낸다. 범행의 물적 증거가 된다.

(iii) 검거, 구속 기사 속성상 모든 정보는 경찰, 검찰로부터 나오는 것이 상례이다. 그 다음 문장은 보통 '경찰(검찰)에 따르면(의하면)'이라고 쓰면서 범죄 내용, 수법을 적는다. 범행은 아직 재판을 받아 확정된 것이 아니므로 섣불리 속단할 수 없다. 따라서 경찰(검찰)의 발표 내용에 의존하는 것임을 분명히 밝혀야 한다. 즉 정보의 소스를 밝혀야 한다.

(iv) 체포과정이 특기할 만하면 적어준다. 또 범인이나 범행 수법에 관련된 상세 정보가 있으면 이어 써준다. 신상에 관한 정보를 쓸 때 추측하거나, 이미지를 결정짓는 형용사, 부사를 남발해서 인권, 명예를 훼손해서는 안 된다. 또 잔인한 범행 수법을 밝히거나 사생활(privacy)을 침해하는 것도 금기 사항이다.

2. 주민등록증 위조

다음은 경찰이 배포한 검거, 구속 기사 자료이다. 이를 바탕으로 스트레이트 기사를 작성해 보자.

기사 자료

주민등록증, 운전면허증 위조 브로커 등 검거, 구속

– 중국에서 정교하게 위조, 신발창 밑 등에 숨겨 택배 통해 공급 –

운전면허가 취소되거나 불법 대출을 받기위해 타인 명의의 신분증을 필요로 하는 내국인, 불법체류 중인 중국인 등에게 중국에서 정교하게 위조한 주민등록증, 운전면허증 등을 국제택배를 통해 공급하고 1인당 400~500만 원씩 교부받은 브로커 등 30명 검거.

- 검거 일시 및 장소: 2010년 5월 25일~8월 31일 인천 연수구 청학동 54번지 등 5개소
- 피의자: 총 30명(구속 2명, 영장신청 1명, 불구속 27명)
  - i) 구00(남, 인천 연수구, 구속, 41) 등 5명, 위조브로커
  - ii) 민00(남, 경기 광명시, 불구속, 38) 등 6명 내국인 의뢰자
  - iii) 강00(여, 중국 동포, 불구속, 38) 등 19명 중국인 의뢰자
- 압수품: 위조 주민등록증 9매, 운전면허증 2매, 외국인 등록증 8매, 고교 졸업장 1매
- 서울지방 경찰청 외사과에서는 중국 현지의 위조업자와 공모하여, 위조된 주민등록증을 이용해 대출을 받거나 운전면허가 취소된 운전자 중 단속에 대비하려는 내국인, 불법체류 중으로 정상취업을 하고자 하는 중국인 등에게 중국에서 정교하게 위조한 주민등록증, 운전면허증, 외국인 등록증 등을 운동화 깔창 밑 등에 숨겨 국제택배를 통해 공급하고, 1인당 400~500만 원씩에 교부받아 부당이득을 취한 브로커 등 30명을 검거하여, 0일 이중 2명을 구속하고 1명에 구속 영장을 신청했다.
- 브로커 구모(남, 41) 씨 등 5명은 내국인 신분증을 필요로 하는 불법체류 중국인, 귀화한 것처럼 행세하여 내국인과 같은 임금이나 처우를 원하는 중

국인 등을 인터넷을 통해 모집하였으며, 이들로부터 사진을 받아 중국 현지 위조업자에게 전달, 도용한 내국인의 명의로 주민등록증, 운전면허증, 외국인 등록증을 정교하게 위조하여, 이를 국제택배를 통해 공급받아 전달하고 1인당 400~500만 원을 교부받았으며, 이들은 국제배송 시에 적발되는 것을 피하기 위해, 운동화 깔창 밑, 책, 벽시계 안 등에 숨겨서 공급 받은 것으로 드러났다.

한편, 같은 브로커를 통해 주민등록증 및 운전면허증의 위조를 의뢰한 내국인들은 본인의 은행 한도를 초과하자 타인의 명의로 대출을 받은 후 변제치 않을 것을 목적으로 한 국내 대기업 회사원 등이 있다. 음주 운전으로 운전면허가 취소되자 타인 명의의 운전면허증을 위조하여 공급받았으며, 졸업장 등 공문서를 위조하여 학력을 속이려 한 내국인 회사원 등도 있는 것으로 드러났다.

습작 1

(i) 지난 5월 25일부터 8월 31일까지 인천 연수구 청학동에서 운전면허가 취소됐거나 불법대출을 받기 위한 내국인, 불법 체류 중인 중국인에게 위조 신분증을 전달해 준 브로커 등 30여 명이 검거됐다.

(ii) 서울 지방경찰청 외사과는 인천 연수구 청학동 54번지 등 5개소에서 위조 신분증이 필요한 내국인과 외국인에게 중국에서 정교하게 위조한 주민등록증, 운전면허증 등을 국제택배를 통해 공급하고 1인당 400만 원에서 500만 원씩 교부받은 브로커 총 30명을 검거했다.

(iii) 위조브로커 구OO(인천 연수구, 41) 씨 등 5명과 내국인 의뢰자 민OO(경기 광명시, 38) 씨 등 6명, 중국인 의뢰자 강OO(여, 중국 동포, 38) 씨 등 19명에 대해 2명은 구속하고 1명은 영장신청, 나머지 27명은 불구속했다.

(iv) 이에 의뢰자들이 실제 존재하는 내국인의 명의를 도용한 위조신분증을 이용해 국내 금융질서를 교란시킬 우려가 있다고 경찰은 전했다.

(v) 브로커 구모 씨 등 5명은 내국인 신분증을 필요로 하는 중국인 등을 인터넷을 통해 모집했으며, 이들로부터 사진을 받아 중국 현지 위조업자에게 전달, 육안으로 진위를 판단하기 어려울 만큼 정교히 위조해 국제배송 시에는 운동화 깔창 밑, 책, 벽시계 안 등에 숨겨서 공급한 것으로 드러났다.

(vi) 내국인들은 주로 국내 대기업 회사원, 음주운전으로 인해 운전면허가 취소된 자영업자, 신용불량자 등으로 밝혀졌다.

(vii) 경찰은 중국 현지 위조업자 및 도피한 국내 브로커에 대해 수사를 지속하는 한편, 위조를 의뢰한 중국인 및 내국인에 대해서도 수사를 진행할 계획이다.

리뷰 1

(i) 이 사건의 핵심 사항을 뽑아내지 못했다는 점에서 결코 좋은 리드라 할 수 없다. '30여' 명이 검거되었다고 했는데 경찰 자료에는 '30명' 이다. 한 가지 팩트만 틀려도 기사 전체가 신뢰를 잃는다. 또 문제가 되는 것은 범인들이 검거된 후 구속까지 되었는데 '검거'로 끝낸 점이다. 보다 최신의 진전된 중요 소식은 구속이다. '검거' 사실을 꼭 넣고 싶다면 〈~검거, 이 중 2명을 구속하고 1명에 대해서는 영장신청을 했다〉라고 쓴다. '27명은 불구속 입건했다' 는 사실까지 넣고 싶다면 〈~검거, 이 중 2명을 구속하고 1명에 대해서는 영장신청, 27명은 불구속 입건했다〉라고 쓴다. 영장신청을 하면 구속이 될 수도 있고 안 될 수도 있다. 어쨌든 주요 법적 조치이므로 문장이 너무 길어지지 않는 한 알려주는 것이 좋다. VIP 신변 처리, 민감한 사항일 경우 당연히 써준다. 문장의 의미가 통하지 않는 것도 문제다. '지난 5월 25일부터 8월 31일까지'가 범행 기간인지 검거 기간인지 분명치 않다. '운전면허가 취소됐거나 불법대출을 받기 위한 내국인'은 〈운전면허가 취소됐거나 불법대출을 받으려는 내국인〉으로 고친다.

(ii)(iii) 리드 문장과 (ii)의 내용, 형식이 겹친다. (iii) 리드에 나와야 할 핵심 사항이 3번째 문장에 나타났다.

(iv) 주어 '경찰' 을 앞에 내세우는 것이 좋다. '전한다' 는 앞서 언급했듯이 학생들이

자주 사용하는 단어지만 여기서는 적합하지 않다. 경찰이 다른 사람이나 기관의 말을 전하는 것이 아니므로 '말했다'가 맞다.

(v) 문장이 너무 길다. 두 문장으로 나눌 필요가 있다.

습작 2

(i) 중국에서 위조한 주민등록증, 운전면허증 등을 국제택배를 통해 공급하고 부당이득을 챙긴 브로커와 의뢰인 등 30명이 경찰에 붙잡혔다.

(ii) 서울지방경찰청 외사과에 따르면 위조브로커 구모(남, 41) 씨 등 2명을 구속하고 1명에 대해 구속영장을 신청한 상태다.

(iii) 구모(남, 41) 씨 등 브로커 5명은 중국 현지의 위조업자와 공모해 위조 신분증을 원하는 의뢰인을 인터넷을 통해 모집했으며, 이들의 사진을 중국 현지 위조업자에게 전달해 위조한 신분증을 국제 택배를 통해 공급받는 수법으로 1건당 400~500만 원을 챙긴 혐의다.

(iv) 이들은 국제배송 시 적발을 피하기 위해 운동화 깔창 밑, 벽시계 안, 책 속 등에 위조 신분증을 숨기는 치밀함을 보이기도 했다.

(v) 경찰 수사 결과 불법체류자 신분을 감추려는 중국인과 운전면허가 취소된 자영업자, 신용불량자로 대출을 받지 못하는 회사원 등이 신분증 위조를 의뢰한 것으로 밝혀졌다.

(vi) 경찰은 중국 현지 위조업자, 도피한 국내 브로커, 신분증 위조를 의뢰한 국내체류 중국인 및 내국인에 대한 수사를 계속할 방침이다.

리뷰 2

(i) 요약형 리드이며 수동형으로 작성했다. 핵심 내용을 잘 파악했으나 정보가 분명치 않다. 중국에서 위조, 어디로 공급했는가? 누구(한국인)의 주민등록증을 위조했는가? 언제 붙잡혔는가? 리드나 그 다음 문장에 날짜가 나오지 않는다. 특히 '체포(검거)'보다 진전된 주요 정보는 구속과 영장신청이다. 이 사실을 간과했다.

(ii) 문장이 잘못됐다. 〈서울지방경찰청 외사과에 따르면... 신청한 상태다〉. 주어가 없다. 〈서울지방경찰청 외사과는 위조브로커 구모(남, 41) 씨 등 2명을 구속하고 1명에 대해서는 구속영장을 신청했다〉. 아니면 〈서울지방경찰청 외사과에 따르면 위조브로커 구모(남, 41) 씨 등 2명은 구속되고 1명은 (구속)영장이 신청됐다〉라고 해야 된다. '외사과'가 너무 세부 사항이라고 생각하면 안 써줘도 된다. (iv) '배송 시 적발을 피하기 위해'는 '국제배송을 할 때 적발되지 않도록'이라고 고치면 부드럽고 쉬어진다.

모범기사

- 서울(지방)경찰청은 중국에서 주민등록증 운전면허증 등을 위조, 국내로 들여와 팔아온 중국인 및 내국인 일당 30명을 지난달 31일 검거, 이중 구00(41) 씨 등 2명은 구속하고 다른 1명에 대해서는 구속영장을 신청했다.
- 경찰은 이들로부터 위조 주민등록증 9매, 운전면허증 2매, 외국인 등록증 8매, 고교 졸업장 1매 등을 압수했다.
- 경찰청에 따르면 이들 일당은 중국에서 각종 증명서를 정교하게 위조, 신발 깔창 등에 숨겨 국제택배로 들여와 1건에 400~500만 원씩을 받고 팔아왔다. 이들은 중국 현지 위조업자와 공모, 주민등록증 외에도 외국인 등록증, 졸업장을 위조, 취업을 위해 불법체류 중인 중국인이나 음주 운전 등으로 면허가 취소된 내국인에게 팔아왔다는 것이다.
- 내국인 브로커 구씨 등 5명은 인터넷을 통해 구매자를 모집, 사진을 건네받은 후 중국 현지로 이를 전달했으며 위조된 증명서는 신발 외에도 책 속, 벽시계 안 등에 숨겨 들여왔다. 내국인 구매자들은 주로 신용불량자로 가짜 주민등록증을 이용해 은행대출을 받았으며, 위조 졸업장으로는 취업을 하기도 했다는 것이다. 경찰은 "위조 증명서가 육안으로는 식별할 수 없을 정도로 정교하다"고 말했다.
- 경찰은 현지 위조범 및 도피중인 국내 브로커들에 대한 수사를 확대하는 한편, 위조된 각종 증명서를 구매한 내국인에 대해서도 수사를 계속키로 했다.

리뷰

검거, 구속기사의 경우 보통 리드는 아래와 같이 시작한다.

〈경찰은 00를 ( )혐의로 0일 검거, 구속했다〉 또는 〈경찰은 (~짓을 한) 000를 00혐의로 검거, 0일 구속했다〉 〈경찰은 (~짓을 한) 000를 ( )혐의로 검거, 0일 이중 000를 구속하고 000에 대해서는 구속 영장을 신청했다〉.

그 다음에는 대개 〈경찰에 따르면 000등은 ~ · ~~ · ~~~ · ~~~~했다(는 것이다)〉 경찰은 또 〈~~~~~~~~~~~~~~~〉라고 말했다.

3. 사이버 범죄

다음 역시 경찰이 배포한 자료이다. 이를 바탕으로 기사를 작성해 보자.

기사 자료

서울지방경찰청 사이버범죄 수사대에서는 X-Scan 해킹프로그램 등을 이용, 폰팅 업체 67개 서버를 해킹하여 842만 명의 회원정보를 빼낸 후, 대포 폰을 이용하여 1억 통의 스팸문자를 발송, 회원 10만여 명을 모집하여 55억 원 상당의 부당이득을 취한 폰팅업체 대표, 해커 7명을 검거(구속 2명, 영장신청 1명, 불구속 4명)했다.

- 검거일시 및 장소
  09년 9월 19일~9월 22일, 서울 노원구 공릉 3동 757 등 3개소

  - 대상자 총 8명(폰팅업자 2명, 해커 1명, 대포폰 공급자 1명, 폰팅바지사장 3명, 직원 1명)

- 사건 개요
  - 피의자 A00 등은 08년 8월~09년 8월까지 서울 강북구 00 PC방 등에서 중국 사이트에서 다운받은 X-Scan 해킹프로그램을 이용하여 060 폰팅 Y 업체 등 67개 사이버에 12,000여 회에 걸쳐 침입하여 842만 명의 폰팅 회원정보(주민 번호, 휴대전화 번호, 통화시간)를 해킹하고
  - B00 등은 A00을 해커로 고용, 회원정보를 해킹하여, 스팸 발송프로그램으로 H00가 제공한 대포폰 수십 대를 이용하여 약 1억 통의 스팸문장 메시지를 발송하고 문자 메시지 발송요금 약 30억 원을 지급하지 않은 방법으로 편취
  - B00 등은 08년 8월~09년 8월까지 당국에 신고 없이 보이스채팅 3개 업체를 운영하여 10만 명의 회원으로 부터 25억여 원 상당의 부당이득을 취함

- 사건의 특성 및 문제점
  - 67개 서버를 실시간으로 동시다발 해킹한 범죄 첫 적발

X-Scan 해킹프로그램을 이용하여 서버에 침입 후, SQL 인젝션 공격 방법 등으로 수십 대의 서버를 동시다발 해킹하여 회원정보를 빼냄 (SQL 인젝션 공격방법; 정상적인 서버 운영자의 요청에 대한 사용자 인증을 우회하여 비정상적으로 통과하는 해킹 방법)

- 중국 사이트에서 다운 받은 X-Scan 프로그램 이용
  - 중국 사이트 www.xfocus.net에서 해당 해킹프로그램을 다운 받은 뒤 060 폰팅 업체 서버 관리자의 ID, PW를 알아내기 위해 범죄에 이용
  - 경쟁사 난립으로 수익이 줄자 해커를 고용, 동종 폰팅업체를 해킹하여 우량 고객 확보, 단기간에 고수익을 챙김
  - 대포폰 이용, 1억 통의 스팸 문자를 발송하여 이용료 약 30억 원의 부당 이득 취함. 휴대폰 문자 메시지는 건당 30원이므로 스팸 문자 이용료 지출을 줄이기 위해 대포폰을 구입하여 발송

- 이동통신사는 대포폰 근절에 미온적 대처
  - 대포폰 특성상 과다 요금이 발생하므로 이동통신사에서 사전 확인이 가능하여 집중 관리 등 조치를 취할 수 있음에도 방치
  - 별정 통신사(회선 임대업자)의 스팸 메시지 근절에 미온적 대처
    스팸문자 발송업체에 대한 피해자 신고가 있더라도 해당 번호만 정지하고 다른 번호를 부여하므로 스팸이 근절되지 않고 있음

- 향후 계획
  - 미검거 대포폰 임대업자 소재 파악 및 검거
  - 이동 통신사에 다른 대포폰 피해사례 확인하여 추가 범죄 여부 확인
  - 정보통신부 스팸대응 센터와 협력하여 060 스팸문자 발송업체 추가확인 수사

습작 1

(i) 서울경찰청 사이버범죄 수사대는 22일 842만 명에 이르는 개인 정보를 해킹해 1억 건의 스팸 문자메시지를 발송한 혐의(정보통신망 이용촉진 및 정보보호 등에 관한 법률 위반)로 폰팅업체 대표, 해커 등 7명을 검거(구속 2명, 영장신청 1명, 불구속 4명)했다.

(ii) 경찰에 따르면 피의자 A00 등은 08년 8월~09년 8월까지 서울 강북구 00 PC방 등에서 중국 사이트에서 다운받은 X-scan 해킹프로그램을 이용하여 060 폰팅 Y업체 등 67개 서버에 12,000여 회에 걸쳐 침입하여 842만 명의 폰팅 회원정보(주민번호, 휴대 전화번호, 통화시간)를 해킹하고 1억 차례에 걸쳐 폰팅 스팸문자메시지를 발송한 혐의를 받고 있다.

(iii) 조사결과 B00 등은 08년 8월~09년 8월까지 당국의 신고 없이 보이스채팅 3개 업체를 운영하여 약 10만 명의 회원으로부터 25억여 원 상당의 부당이익을 취한 것으로 드러났다.

(iv) 이들은 경찰의 추적을 피하기 위해 수십대의 '대포폰'을 이용하여 약 1억 통의 스팸문자 메시지를 발송하고 문자메시지 발송비용(1건당 30원) 약30억원을 지급하지 않은 것으로 확인됐다.

(v) 경찰은 경쟁사의 난립으로 수익이 줄자 해커를 고용, 동종 폰팅업체를 해킹하여 우량 고객을 확보하여 단기간에 고수익을 내려고 범행을 저지른 것으로 밝혔다.

(vi) 경찰은 미검 대포폰 임대업자의 소재를 파악하여 검거할 예정이고 이동통신사에 다른 대포폰 피해사례를 확인하여 추가범죄 여부에 대해서 확인하고 있다. 또 정보통신부 스팸대응센터와 협력하여 060 스팸문자 발송업체를 추가 확인 수사할 예정이라고 밝혔다.

(vii) 수사관계자는 이동통신사의 경우 대포폰의 특성상 과다 요금이 발생하므로 사전 확인이 가능하여 집중관리 등 조치를 취할 수 있음에도 방치하였고 별정 통신사(회선망 임대업자)의 경우 스팸문자 발송업체에 대한 피해자 신

고가 있더라도 해당번호만 정지를 하고 다른 번호를 부여하므로 스팸이 근절되지 않고 있는 것을 문제점으로 지적했다.

리뷰 1

(i) 리드에 ( )가 두 번이나 나와 시선의 흐름에 지장을 준다. '00법률 위반'이라는 범죄명이 짧으면 ( )를 풀어서 써주고, 아니면 뒤의 문장에서 밝혀준다. 범죄의 내용을 알려주었다면 범죄명을 적지 않아도 된다. 또 리드에서는 보다 진전된 최신 정보를 주어야 한다. 검거보다도 그 후 구속된 것이 진전된 내용이고 중요하다. 따라서 '구속되었다'는 팩트가 나와야 한다. 또 내용을 구체적으로 밝혀야 한다고 했다. '7명을 검거했다' 또는 '구속 2명, 영장신청 1명' 등은 구체성이 부족하다.

(ii) 리드에 나온 정보는 가급적 반복하지 말고 다른 정보를 주어야 효과적인 기사가 된다. '842만 명' '1억 건' 등이 되풀이 되었다. 문장이 길어졌으므로 두 문장으로 정리한다. '12,000여 회'는 '1만 2,000여 회'가 보다 쉽게 이해된다.

(v) 주어가 빠져 마치 경찰이 범죄를 저지른 것처럼 되었다. '~저지른 것으로 밝혔다'는 '저질렀다고 말했다'

(vi) '파악하여 검거할 예정이고'는 '파악, 검거에 나서는 한편'. 〈다른 대포폰 피해사례를 확인하여 추가범죄 여부에 대해서 확인하고 있다〉는 '확인'이 반복되는 등 어설픈 표현. 〈다른 대포폰 피해사례 등 추가범죄 여부를 조사하고 있다〉. '발송업체를 추가 확인 수사할 예정'은 〈발송업체도 추가로 수사할 예정〉

(vii) 문장이 너무 길다. 두 문장으로 나누어야. '스팸이 근절되지 않고 있는 것을 문제점으로 지적했다'는 〈스팸이 근절되지 않고 있다고 말했다〉. '스펨이 근절되지 않고 있다'면 이 내용 자체가 문제점을 나타낸 것이므로 이를 다시 '문제'라고 중복 표현 할 필요가 없다.

습작 2

(i) 경찰이 842만여 명의 개인정보를 해킹하여 1억 통의 스팸 광고를 발송한 '폰팅' 업체의 업주를 붙잡았다.

(ii) 서울지방경찰청 사이버범죄 수사대는 해커를 고용해 2008년 8월 경부터 1년여 간 경쟁업체로부터 고객의 주민번호와 휴대전화 번호 등을 몰래 빼낸 혐의로 B00 씨 등 업주 2명과 해커 A00 씨를 구속하고 4명을 불구속 입건했다.

(iii) 경찰에 따르면 B00 씨와 업주 2명은 그동안 해커로 활동해 온 A00 씨를 고용하여 67개의 경쟁업체의 서버를 해킹 하여 842만 명의 개인정보를 빼냈다.

(iv) A00 씨는 대포폰 수 십대를 이용하여 약 1억 통의 스팸문자를 발송했으며 이에 따라 약 30억 원 상당의 문자 메시지 발송요금을 지불하지 않았다.

(v) 특히 이들은 경쟁사가 난립하여 수익이 줄자 1년여 동안 불법으로 3개의 '폰팅' 업체를 운영하며 경쟁 업체를 해킹, 10만여 명의 우량 고객을 확보해 약 25억 원의 부당이득을 취득했다.

(vi) 피의자 A00 씨는 중국 사이트에서 다운받은 'X-Scan'이라는 프로그램을 통해 동종업계 서버에 1만 2,000여 차례 침입했으며 동시다발적인 해킹을 통해 회원의 개인정보를 알아냈다.

(vii) 그러나 각 이동통신사는 요금이 과다하게 부과되는 대포폰의 특성에 따라 사전확인이 가능했음에도 불구하고 미온적인 대처를 한 것으로 드러났다.

(viii) 경찰은 검거되지 않은 대포폰 임대업자가 더 있을 것으로 판단, 업자의 소재파악과 검거에 주력하기로 했으며 추가 피해사례를 조사하여 정보통신부와 함께 수사를 확대할 것임을 밝혔다.

리뷰 2

(i) 요약형 리드. 요약형이라도 진전된 중요 사항이 있으면 당연히 먼저 나와야 한다. 즉 '검거' 보다는 '구속'이 나와야 한다.

(ii) 리드 또는 (ii)에 날짜가 나와야 한다. '불구속'이 나왔는데 보다 중요한 신변 처리 사항인 '영장신청'이 빠진 것은 잘못이다.

(iii) 이하 (vii)까지 정보가 '경찰'에서 나왔다는 사실을 적지 않았다. 중간에 1, 2회 정도는 더 소스를 밝혀주어야 한다. 문장은 간단명료해서 좋다.

모범기사

- 서울지방경찰청 사이버범죄 수사대는 3일 67개 폰팅업체 서버를 해킹, 842만 명의 회원정보를 빼내 55억여 원의 부당이득을 취한 일당 7명을 검거, 이중 폰팅업체 대표 BOO 씨, 해커 AOO 씨 등 2명을 구속하고 1명엔 구속영장을 신청했다.
  (~부당이득을 취한 7명을 검거, 이중 2명을 구속하고 1명엔 영장 신청, 나머지 4명은 불구속 입건했다)
- 경찰에 따르면 B씨 등은 2008년 8월부터 1년간 서울 강북구 000 PC방 등에서 중국 사이트에서 다운 받은 X-Scan 등을 이용, 회원 정보를 빼낸 후 대포 폰을 통해 자신들이 모집한 회원 10만 명에게 1억 통의 스팸광고를 발송했다는 것.
- 경찰은 이들이 국내 Y 폰팅 업체 등 67개 사에 (1년간) 1만 2,000여 회에걸쳐 침입, 800여만 명의 주민등록번호, 휴대폰 번호 등 정보를 해킹했다고 말했다.
- B씨 등은 A씨를 해커로 고용, 정보를 해킹하고 스팸 발송 프로그램을 통해 박씨(박000 씨) 등이 제공한 대포폰 수십대로 문자메시지를 발송하고 그 대금 약 30억 원을 지급하지 않았다고 경찰은 말했다. (휴대폰 문자메시지 발송은 건당 30원인데 이를 대포폰을 사용, 이용료를 내지 않았다는 것이다)

- B씨 등은 2008년 8월부터 1년여 동안 당국에 신고 없이 보이스 채팅 3개소를 운영하며 약 10만 명으로부터 25억 원의 부당이득을 취했다는 것이다.
- 경찰에 따르면 이 사건은 67개 서버를 실시간 동시다발로 해킹한 범죄에 대한 첫 적발. X-Scan 프로그램을 이용, 서버에 침입한 후 SQL 인젝션 공격 방법 등으로 공격하는 수법을 썼다는 것이다.
- SQL 인젝션 공격 방법은 정상적인 서버 운영자의 요청에 대한 사용자 인증을 우회하며 비정상적으로 통과하는 해킹 방법을 말한다.
- 한편 경찰은 폰팅업체들이 경쟁사 난립으로 수익이 줄자 해커를 고용, 동종 폰팅업체를 해킹하여 단기간에 고수익을 챙겼다고 말했다.
- 경찰은 이동통신사도 대포폰 근절에 미온적이며, 대포폰을 사용할 경우 "과다 요금이 발생하기 때문에 사전 확인이 가능한데도 이를 방치했다" 고 말했다.
- 경찰은 도주 중인 대포론 임대업자에 대한 검거에 나서는 한편, 이동 통신사의 다른 대포폰 피해사례를 점검하는 등 사이버 범죄 예방에 나서기로 했다.

2장 보도자료 기사작성

'기사는 발에서 나온다.'라는 말이 있다. '기사는 발로 쓴다.'라고도 한다. 부지런히 돌아다녀야 기삿거리가 눈에 띄고 좋은 기사를 발굴해 낼 수 있다는 의미이다. 고전적이지만 지금도 통용되고 있음엔 틀림없다. 근면성과 성실성은 기자들에게도 가장 필요한 덕목이다. 그러나 현실은 보다 복잡, 전문, 다기화 되어있다. 발로 뛰는 것만으로는 부족한, 그럴 수도 없는 한계와 제약이 있다. 기자와 언론사의 이런 고민을 어느 정도 풀어주는 것이 보도자료(press release)이다. 취재원이 기자들에게 기삿거리를 스스로 제공하는 것이다.

보도자료 제공 방식에는 여러 가지가 있다. 기자실, 언론사, 현장에 직접 전달되기도 하고 메일, 팩스, 심지어 우편으로 배달되기도 한다. 정부나 기관, 회사, 단체, 개인 등 누구든 제공할 수 있다. 또 공신력이 있든 없든, 보도자료 라는 이름으로 기자들에게 전해지는 물건은 내용과 형식이 다양하다. 시도 때도 없이 날아들어 혼란스럽기 조차하다. 기자들은 점차 이에 대한 선별력이 생겨 어떤 것이 기삿거리가 되는지를 어렵지 않게 구별한다. 의심쩍으면 확인 취재를 통해 판별한다.

확인 취재는 우선 기사로서의 가치를 따져보는 것이다. 기사를 쓸만한 것인가, 아닌가. 또 쓰게 되면 어느 정도의 비중을 두고 쓸 것인가. 무엇을 보충 취재해야 하는가. 특히 그 과정에서 주어진 보도자료의 정보는 모두 사실인가 여부를 면밀히 살펴보게 된다. 앞서 언급 했듯이 기본적으로 보도자료는 정보원이 기자들에게 스스로 가져온 자료이다. 기사로서의 가치가 없으면 안 쓰면 그만이지만, 때로는 여기에서 아이디를 얻어 기획 기사, 탐방 기사를 쓸 수도 있다.

보도자료에 의한 기사 작성은 사실 확인과 함께 비판적 시각으로 꼼꼼히 점검하는 일이 무엇보다 중요하다. 일방적인 내용을 담을 소지가 적지 않다. 내용이 틀린 것, 과장된 것은 없는지. 홍보, 광고 효과를 노린 적절치 표현은 없는지, 독자 시청자들이 착각을 불러일으킬 수 있는 교묘한 문장 구성은 없는지를 따져보아야 한다. 국내는 물론 해외에서도 취재원을 밝히지 않거나 엉터리 기관을 내세운 보도자료가 기자들에게 전달되는 예가 있다.

보도자료는 그 문장 구성이 기사와 유사한 경우가 많다. 그대로 옮겨 써도 기사가 될 성 싶은 것도 적지 않다. 홍보 광고 전문가들이 작성해서 배포하는 경우가 많기 때문이다. 이런 것일수록 교묘한 함정이 있을 수 있다. 홍보 효과를 극대화하기 위한 술책이 숨을 수 있다. 만일 어느 매체가 이를 그대로, 또는 유사하게 기사를 써서 보도한다면 그 기자, 그 매체는 취재원의 광고를 해주는 셈이다.

객관성 부족으로 정보수용자들로부터 신뢰를 잃을 수밖에 없다.

다음은 정부 각 부처에서 기자들에게 제공한 보도자료이다. 이를 바탕으로 스트레이트 기사를 작성해 보자.

1. 겨울철 도로 공사

보도자료

정부는 5일(화) 한00 국무총리 주재로 국무회의를 열고 그동안 언론 및 국민들로부터 대표적인 예산 낭비로 지적되어온 '낭비성 보도블럭 교체 공사 및 잦은 도로 굴착 공사'에 대한 종합 개선 대책을 확정하고 추진키로 했다.

종합개선 대책의 주요 내용은 다음과 같다.

동절기 굴착 금지, 굴착 예고제 등을 내용으로 하는 '도로 및 보도 굴착, 복구 표준규칙 (안)'을 마련, 전 지자체에 확산, 보급

- 2010년 12월 표준규칙(안) 마련, '11년 1월 의견수렴 후 각 지자체에 권고 보도 신설 개축, 후 굴착 금지기간을 현행 1년에서 2년으로 연장하여 잦은 굴착을 줄이고 (단 긴급 또는 소규모 공사는 예외)
- 공무원과 유관기관 관계자 위주로 구성된 도로관리심의회에 지역 주민이나 시민단체 관계자를 참여시켜 굴착 공사의 투명성 확보
- '11년 1/4 분기 중 도로법 시행령 개정 추진
  보도블럭 교체기준에 대한 매뉴얼 제정, 지자체에 보급
- 보도블럭 교체주기 설정, 주기 내 교체의 원칙적 금지 및 보도블럭 안정성, 노후화 정도 등 교체에 대한 판단 기준 포함
- 현재 행정안전부 주관으로 '보도설치 및 관리 지침' 개정 추진 중
  동(同) 지침에 관련 기준을 반영하여 '11년 하반기 각 지자체로 확산
  도로 및 보도의 굴착 신청, 허가, 준공 등 민원 전 과정을 인터넷으로 처리할 수 있는 '도로 굴착, 복구 온라인 시스템'을 구축
- 굴착공사에 대한 실시간 정보 공유를 통해 병행 굴착을 촉진함으로써 불필요한 도로 및 보도 굴착을 사전 예방
- 관계 부처와 협의를 거쳐 '11년부터 전자 정부 지원 사업으로 추진
  잦은 굴착 문제를 근본적으로 해결할 수 있는 공동구 활성화를 위한 법령 제정, 개정을 추진할 계획

• 현재 행안부 주관으로 추진 중인 연구용역 결과를 참고, '11년 중 공동구 활성화 방안 마련

@ 공동구란; 전기, 가스, 상하수도 시설 등 지하 매설물을 공동 수용하기 위해 지하에 설치하는 시설물

정부는 금번 종합대책을 통해 지자체 굴착 행정의 투명성이 향상되고 불요불급한 보도블럭 교체공사가 줄어들어 국민의 불편이 감소되고 예산절약 효과도 도모할 수 있어 재정에 대한 국민의 신뢰도가 높아질 것으로 기대하고 있다.

습작 1

(i) 2011년부터 보도블럭 교체 및 도로 굴착공사에 대한 개선 대책안이 실행된다. 이 새로운 안건에 따르면 동절기에는 도로 굴착을 할 수 없으며, 굴착을 하기 전에 반드시 예고를 해야 한다.

(ii) 정부는 5일 한00 국무총리 주재로 국무회의를 열고, '낭비성 보도블럭 교체공사 및 잦은 도로굴착 공사'에 대한 종합 개선 대책을 확정, 추진하기로 했다.

(iii) 정부는 보도 신설 개축 후 굴착 금지기간을 현행 1년에서 2년으로 연장하고 (단, 긴급 또는 소규모 공사는 예외) 주민이나 시민단체 관계자를 참여시켜 굴착공사의 투명성을 확보할 것이라고 말했다.

(iv) 또한 정부는 보도블럭의 교체 주기 및 보도블럭의 안정성, 노후화 정도 등 교체에 대한 판단 기준을 포함한 매뉴얼을 전 지자체에 보급할 예정이다. 이 밖에도 도로공사에 관한 모든 민원과정을 인터넷으로 처리할 수 있는 '도로, 굴착 복구 온라인 시스템'을 구축해 불필요한 공사를 사전에 예방할 계획이다.

(v) 이밖에도 잦은 굴착 문제를 근본적으로 해결 할 수 있는 공동구 활성화를 위한 법령을 추진할 예정이다.

(vi) 공동구란 전기, 가스, 상하수도 시설 등 지하 매설물을 공동수용하기 위해 지하에 설치하는 시설물이다.

리뷰 1

(i) 첫 문장의 내용이 리드로서 적합지 않다. '개선 대책안이 나왔다'는 포장만을 보여준 것이지 그 안의 실질적이고 구체적인 정보를 보여주지 못했다. 메시지가 매력적이지 못하고 그래서 눈과 귀를 모으는 힘이 부족하다. 대신 2번째 문장에서 아쉬움을 달랬다. 결국 효율적인 미디어 문장이 못되었다. 두 문장의 내용을 합하여 한 문장으로 만들되 길지 않게 해야 한다.

(ii) 이 문장을 보면 앞의 두 문장이 복수형(병열, 나열형) 리드를 시도한 것으로 보여진다. 그러나 복수형 리드는 둘이 등가(等價)의 정보일 때 사용하는 것이지 주종의 관계나 하나는 형식, 다른 하나는 그 내용이어서 안 된다. 즉 첫 문장은 전체 윤곽을 말해주고, 두 번째 문장은 그 안의 내용을 구체적으로 말해주는 것은 복수형 리드가 아니다. 또 이 문장의 '종합 개선 대책을 확정, 추진하기로 했다'는 리드의 '개선 대책안이 실행된다'는 것과 다르지 않다. 이 것 역시 비효율적이다.

(iii) 이 문장은 달리 표현할 수 있다. 기자는 보도자료를 기반으로 기사를 쓰는 것이므로 〈이 종합개선 대책에 따르면 정부는~계획이다.〉 또는 〈이 종합대책은 ~~하는 내용을 담고 있다.〉라고 한다. 물론 기자는 보도자료만 갖고 쓰는 것이 아니라 보충취재를 통해 기사를 쓴다. 그러나 여기서는 보도자료를 보고 쓴 것이다.

(iv) 2번째 문장의 동사 '계획이다'의 주체(주어)가 없다. 원칙적으로 스트레이트 기사에서는 삼가야 할 표현 방법이지만, 같은 단락 바로 앞 문장에 '정부'가 나왔으므로 오해의 소지가 없다. 이럴 경우는 허용된다.

(v) 단락을 달리 했으므로 주어 '정부'가 다시 들어가야 한다.

(vi) 새로운 정보가 전혀 아니다. 다만 '공동구'라는 전문 용어를 모르는 사람이 많기 때문에 이를 알려주는 것이다. 정보 수용자의 편의를 위해 간단하게 붙여주는 것인데 그 표현 방법에는 몇 가지가 있다고 했다. (i) '공동구' 앞에서 이를 수식하는 구, 절로 설명해준다. 〈전기, 가스, 상하수도 시설 등 지하 매설물을 공동 수용하기 위해 지하에 설치하는 시설물인 '공동구'를 활성화할 계획이다〉. 이 때 주의해야 할 점은 수식하는 구나 절이 너무 길면 안 된다는 것이다. 전체 문장이 길어지고 그래서 전하고자 하는 '공동구 활성화'라는 메시지가 약화되기

때문이다. (ii) 용어가 나올 때 바로 뒤에 ( )를 쳐서 설명해 준다. 역시 설명이 간단해야 좋다. (iii) 습작에서처럼 바로 다음 문장에서 간단히 설명해 준다. (iv) 별도로 난을 만들어 설명해준다. '용어풀이' 가 그 예이다.

습작 2

(i) 국민들로부터 대표적인 예산 낭비로 지적되어 온 보도블럭 교체 공사와 도로 굴착 공사에 대한 개선책이 마련됐다.

(ii) 정부는 5일 한00 국무총리 주재로 열린 국무회의에서, 동절기 굴착 금지와 굴착 예고제 등을 내용으로 하는 '도로 및 보도 굴착, 복구 표준 규칙안' 을 마련해 내년 1월 각 지자체에 권고하기로 결정했다.

(iii) 새 표준 규칙에 따르면 보도를 신설 개축한 후 굴착이 금지되는 기간은 현행 1년에서 2년으로 늘어난다. 공무원과 유관기관 관계자 위주로 구성돼 온 도로관리심의회에는 지역 주민이나 시민단체 관계자도 참여할 수 있게 된다.

(iv) 또한 보도블록 교체 주기를 설정하고, 주기 내 교체는 원칙적으로 금지하는 등의 내용을 담은 매뉴얼을 제정해 내년 하반기에 전 지자체에 보급할 예정이다. 정부는 이를 위해 '보도 설치 및 관리 지침' 개정을 추진 중에 있다.

(v) 정부는 이번 대책이 실행되면 지자체 굴착 행정의 투명성이 향상되고 불필요한 보도블럭 교체 공사가 줄어들어 예산을 절감하는 효과를 얻을 수 있을 것이라고 밝혔다.

리뷰 2

(i) 요약형 리드라는 점에서는 수용될 수 있다. 그러나 요약형이라도 이목을 집중시킬수 있는 정보를 담는 것이 바람직하다. 기본적으로는 이 자료 내용이 매우 중요하거나 특별한 것이 아니라고 판단될 때는 요약형으로 쓸 필요가 없다. 그렇다면 이 리드는 두 가지 점에서 지적되어야 한다. 첫째, '국민들로부터 예산 낭비로 지적되어 온'은 새로운 정보가 아닌데 리드, 그것도 맨 앞에 나왔다. 둘째, '보도블

럭 교체 공사와 도로 굴착 공사에 대한 개선책이 나왔다' 역시 앞 습작에서 지적했듯이 정보의 포장이지 구체적 내용이 아니다.

(ii) 개선책이 마련된 절차, 구체적 내용, 그 내용이 담긴 용기(타이틀)을 전했다. 문장이 너무 길지 않다면 리드문장으로 손색이 없다. 좀 길다 싶으면 〈내년 1월 각 지자체에 권고하기로 결정했다.〉는 뒤로 돌리고 〈'도로 및 보도 굴착, 복구 표준 규칙안' 을 마련했다.〉라고 끝내면 된다.

(iii) 앞 습작의 예와 마찬가지로 한 단락에서 첫 번째 문장에는 출처 '새 표준 규칙에 따르면'을 밝혔지만 두 번째 문장에서는 생략했다.

(iv) 잘 정리된 문장이나 주요 정보가 빠졌다. 이쯤해서 〈'11년 1/4 분기 중 도로법 시행령 개정을 추진할 계획이다.〉를 넣어주는 것이 좋다. 이 모든 계획이 법과 예산의 뒷받침이 없으면 공염불에 불과하다.

(v) 이 정보를 담은 문장을 맨 뒤로 가져간 것은 바람직하다. 기자는 발표된 내용을 정확하고도 객관적으로 전달해야한다. 자칫 보도자료만을 보고 그대로 쓸 경우 홍보성 기사를 쓰는 과오를 범할 수 있다. 때문에 기사는 우선 발표된 내용 중 중요한 것을 먼저 전하고 이번 계획이 실현된 후 나타날 효과는 후반부 내지 끝으로 가져가야 한다. 아직 중요한 구체적 내용을 전하기도 전에 효과부터 말하는 것은 이치에 맞지 않는다. 마지막 '밝혔다' 도 적절한 표현이 아니다. 아직 시행도 안 된 개선안을 놓고 '효과를 얻을 수 있을 것이라고 밝혔다' 라고 말하는 것은 올바른 표현이 아니다. 〈예산을 절감하는 효과를 얻을 수 있을 것으로 기대했다〉라고 적는다. 또 하나, 이런 미래의 효과를 쓸 경우 아예 주어 '정부' 대신 정부 책임자의 이름과 직책을 달아 주는 것이 바람직하다. 〈총리실 000 정책국장은 이번 대책이 실행되면 "지자체 굴착 행정의 투명성이 향상되고 불필요한 보도블럭 교체 공사가 줄어들어 예산을 절감하는 효과를 얻을 수 있을 것으로 기대된다." 고 말했다.〉

모범기사

- 정부는 내년(2011년)부터 보도블럭의 교체주기를 정하고, 겨울철에는 도로공사를 금지하기로 했다.
- 정부는 5일 한00 국무총리 주재로 국무회의를 열어 이 같은 내용을 담은 '낭비성 보도 블럭 교체 공사 및 잦은 도로 굴착 공사'에 대한 종합개선대책을 확정, 추진키로 했다.
- 정부의 이 종합 개선대책에 따르면 정부는 앞으로 (내년 1월부터) 겨울철에는 도로의 굴착을 금지하고 겨울철이 아니라도 굴착을 할 경우 미리 예고제를 실시하는 등을 골자로 한 '도로 및 보도 굴착, 복구 표준규칙(안)'을 마련, 전 지자체에 보급시킨다.
- 또 이 대책에는 보도 신설, 개축 후 굴착에 대한 금지기간을 현행 1년에서 2년으로 연장한다는 내용이 포함되어 있다. 단, 재난이 발생하여 긴급히 공사를 해야 할 경우, 또는 소규모 공사는 예외로 할 예정이다.
- 정부의 '표준규칙 매뉴얼'에는 보도블록 교체주기 설정, 보도블록 안정성, 노후화 정도 등 교체에 대한 판단 기준도 포함될 예정이다.
- 정부는 도로 및 보도의 굴착 신청, 허가, 준공 등 민원은 전 과정을 인터넷으로 처리 할 수 있는 '도로 굴착, 복구 온라인 시스템'도 구축키로 했다. 굴착 공사에 대한 실시간 정보를 공유함으로써 여러 종류의 공사를 동시에 실시하도록 유도함으로써 낭비 공사를 막아보자는 것이다.
- 정부는 또 잦은 굴착 문제를 근본적으로 해결할 수 있는 '공동구' 활성화를 위한 법령을 제정, 또는 개정 하는 작업도 추진할 예정이다. 공동구란 전기, 가스, 상하수도 시설 등 지하매설물을 공동으로 수용할 수 있는 하나의 시설을 말한다.
- 총리실 000 정책국장은 이번 대책이 실행되면 "지자체 굴착 행정의 투명성이 향상되고 불필요한 보도블럭 교체 공사가 줄어들어 예산을 절감하는 효과를 얻을 수 있을 것으로 기대된다."고 말했다.

2. 중요 무형문화재

보도자료

문화재청은 3일 문화재위원회(무형문화재 분과)의 심의를 거쳐 정봉섭(鄭鳳燮, 여, 1938년생, 경기 성남시)을 중요무형문화재 제22호 매듭장 보유자로 인정하고 금박장(金箔匠)을 중요무형문화재 제119호로 지정하였으며, 김덕환(金德煥, 남, 1935년생, 경기 성남시)을 금박장 보유자로 인정하였다.

매듭장 보유자로 인정된 정봉섭은 중요무형문화재 매듭장 1세대 보유자이자 부친인 고(故) 정연수('68년 인정)와 모친인 최은순('76년 인정, '05년 명예보유자 인정)으로부터 매듭일을 배웠다. 정봉섭은 노리개에서부터 장엄구인 유소(流蘇)에 이르기까지 다양한 매듭기술을 보유하고 있으며 특히 봉술(술 머리에 금실을 감아 글자모양을 표현하는 기능) 감는 기능을 복원하여 전통 매듭의 원형 복원과 보전, 전승에 힘써온 것으로 평가되었다.

한편 금박장이란 지물 위에 얇은 금박을 이용해 다양한 문양을 찍어내는 기술로, 오늘날에는 여성의 혼례복 등에서 흔히 볼 수 있다.이러한 금박 장식 기술은 우리나라의 독특한 직물 공예기술로 지난 1973년 무형문화재로 지정하고 김경용을 보유자로 인정했으나 그의 사망으로 해제된 바 있다.

금박장 보유자로 인정된 김덕환은 고 김경용의 아들로 증조부 이래 4대째 가업으로 계승하고 있으며, 배나무에 문양을 조각하는 목공예 기술과 함께 바탕옷과 날씨에 따른 풀의 변화 등을 예측하여 금박 문양을 완성하는 기술이 뛰어난 것으로 평가되었다. 금박장식은 접착지에 금박지를 올린 후 손가락으로 적당한 탄력을 주면서 두드리게 되는데 힘이 너무 들어가면 풀이 금박지 위로 배어나와 광채가 사라지고, 너무 약하게 두드리면 금박이 잘 붙지 않아 장인의 숙련된 솜씨와 함께 오랜 제작 경험이 중요한 기술이다.

매듭장과 금박장은 우리나라 복식류와 생활 용구들을 화려하고 품격있게 장식하는 공예기술로 중요무형문화재 지정으로 전승의 맥을 되살릴 수 있게 되었다는 점에서 그 의미가 크다 하겠다. 앞으로도 문화재청은 전승단절의 우려가 있는 전통공예기술의 지속적인 발굴을 통해 우리나라 문화의 맥이 끊이지 않고 계승될 수 있는 여건을 마련할 계획이며, 전통공예기술의 수요창출을 통한 전승기반 확충을 위해 다각적인 노력을 기울이고자 한다.

습작 1

(i) 문화재청은 3일 문화재위원회의 심의를 거쳐 매듭장 보유자와 금박장 보유자 각각 한 명씩을 중요무형문화재로 새롭게 지정했다. 정봉섭(여, 1938년생) 씨를 중요무형문화재 제22호 매듭장 보유자로 인정하고, 해제됐던 금박장을 중요무형문화재 제119호로 다시 지정하면서 동시에 김덕환(남, 1935년생) 씨를 금박장 보유자로 인정했다.

(ii) 정씨는 그와 마찬가지로 매듭장 보유자였던 자신의 부친 故 정연수('68년 인정) 씨와 모친 최은순('76년 인정) 씨로부터 매듭일을 배웠다. 정씨는 노리개에서부터 의식용 장엄구인 유소에 이르기까지 다양한 매듭기술을 보유하고 있다. 특히 술 머리에 금실을 감아 글자문양을 표현하는 기술인 봉술감는 기능을 복원하여 전통매듭의 원형복원과 보전 및 전승에 힘써온 것으로 평가받았다.

(iii) 금박장 보유자로 인정된 김씨는 4대째 가업을 계승하고 있으며, 특히 김씨의 부친 故 김경용 씨는 지난 1973년 중요무형문화재 금박장 보유자로 인정되었다가 사망으로 인해 해제되었었다. 이번에 김씨가 금박장 보유자가 되면서 다시 금박장이 중요무형문화재로 지정되었다. 김씨는 배나무에 문양을 조각하는 목공예 기술과 함께 바탕옷감과 날씨에 따른 풀의 변화 등을 예측하여 금박문양을 완성하는 기술이 뛰어난 것으로 평가받았다. 특히 금박장식은 접착제 위에 금박지를 올린 후 손가락의 탄력을 이용해 두드리는 것으로 그 과정이 정교함을 요구하기 때문에 장인의 숙련된 솜씨와 함께 오랜 제작경험이 중요한 기술이다.

(iv) 매듭장과 금박장은 우리나라 복식류와 생활용구들을 화려하고 품격있게 장식하는 공예기술이다. 문화재청은 이번 중요무형문화재 지정으로 전승의

맥을 되살릴 수 있게 되었다는 점에서 의미가 크다고 하며 전승단절의 우려가 있는 전통공예기술의 지속적인 발굴을 통해 우리 문화의 맥이 끊어지지 않고 계승될 수 있는 여건을 마련하고, 아울러 전통공예기술의 수요창출을 통한 전승기반 확충을 위해 다각적인 노력을 기울이겠다고 밝혔다.
금박장: 직물 위에 얇은 금박을 이용해 다양한 문양을 찍어내는 기술로, 오늘날에는 여성의 혼례복 등에서 흔히 볼 수 있다. 이러한 금박 장식기술은 우리나라의 독특한 직물 공예기술이다.

리뷰 1

(i) 리드에 구체성이 부족하다. '매듭장 보유자와 금박장 보유자 각각 한 명'은 핵심 사항에 대한 구체적 정보가 못된다. 누가 매듭장 보유자가 되고 누가 금박장 보유자가 되었는가가 가장 궁금하지 않겠는가. 또 정봉섭(여, 1938년생) 씨, 김덕환(남, 1935년생) 씨의 출생연도를 그대로 적으면 몇 살인가에 대한 궁금증은 독자들이 계산을 해봐야 풀어진다. 친절하지 않다. 계산을 해서 적어주되, 기사 등 공식 기록에는 만(滿)나이로 하며 ( )속에 들어갈 때는 '살', '세'를 빼고 숫자만 써준다. 김길동(23) 씨.

정봉섭(여). 김덕환(남)에서 여자는 성별 '여'를 넣지만 남자는 '남'을 넣지 않는다. 성별도 관심사이므로 써주되 일일이 구분하는 것보다는 여자만 표시해주면 나머지는 모두 남자로 이해되어 효율적이다. '문화재위원회의 심의를 거쳐'는 리드 문장이 짧다면 넣어 주어도 좋으나 길어지면 아니다. 절차에 불과하다. 보도자료에 나와 있는 거주지 '경기 성남시' 역시 반드시 리드에 포함시켜야 할 주요 정보는 아니다.

많은 학생들이 다음과 같은 형식으로 리드를 작성하려고 했다. 〈전승단절의 우려가 있는 전통공예기술의 지속적인 발굴을 위해 문화재청은 3일 ~~~ 지정했다.〉 '문화재청' 앞에 이번 지정의 의미를 나타내는 구절을 넣는 것이다. 효율적이거나 능률적인 문장이 아니다. 리드가 길어지면 독자에게 전달하려는 주요 핵심 메시지가 약화된다 함은 이미 여러 차례 강조했다.

(ii) 우선 문제가 되는 것은 보도자료의 내용, 문장, 단어까지 옮겨왔으면서도 그 출처를 밝히지 않았다는 점이다. 기사의 객관성을 보여주어야 하는데 그렇지 못하다. 논문 같으면 표절이다. 스트레이트 기사에서는 문장 앞에 '보도자료에 따르면(의하면)' 혹은 직접 〈문화재청은 ~라고 말했다〉라고 써야한다. 그렇지 않으면 해설 또는 칼럼 문장이 된다.

'그와 마찬가지로'는 의미는 맞지만 더 좋은 표현이 없나 찾아본다. '역시' 라고 하면 간단해 진다, '故 정연수'는 앞에서 정씨임이 밝혀져 '연수' 씨라고만 해도 되지만 문화재이고 부친이기 때문에 풀네임을 써줬다. 보도자료나 기사에서 ( ) 에 넣는 것은 종종 있는 일이다. 문장의 효율성 때문이다. 문제는 방송의 경우 ( ) 를 칠 수 없으므로 이를 ( )에서 꺼내준다. '故 정연수('68년 인정)'는 '68년 매듭장 보유자로 인정받았던 고 정연수'

(iii) '금박장 보유자로 인정된 김씨'는 생략해도 좋고 다시 써줘도 좋다. 만일 독자들이 '김씨가 누구였더라.'하고 기사의 앞을 살펴 봐야할 만큼 간격이 떨어졌다면 다시 써주는 것이 바람직하다. 그러나 바로 앞 문장, 단락에 나오는 것이라면 중복되는 감이 있다.

(iv) (ii)(iii)에서와 마찬가지로 인용을 하지 않았다. 간접 인용을 할 경우 출처가 자연 밝혀지는데 (ii)(iii)에서는 이 마저도 없고, (iv)에서는 간접인용은 있으나 직접인용이 없다. 기사문이 외형상 밋밋해서 눈에 띄는 부분이 없다. 가끔 기사의 모양을 위해서라도 " "를 사용, 메시지를 전달하는 것이 좋다. 물론 직접인용은 기사문의 모양새를 위해서만 쓰는 것은 절대 아니다. '눈에 띄게 하기' '중요 내용을 강조하기' '생생하게 전달하기' 등 여러 기능이 있다. 2번째 문장이 너무 길다. 〈문화재청은‥‥노력을 기울이겠다고 밝혔다〉. 이 내용을 다 보도하려면 한 문장이 아닌 2~3 문장으로 나누어야 한다. 정보의 출처를 밝힌 것은 좋다. 또 출처를 밝히되 '문화재청' '문화재청의 한 관리' 라고 막연히 적는 것 보다는 '문화재청의 박00(51) 국장' 이라고 이름과 직책을 꼭 집어서 써주는 것이 좋다. 보도자료에 없으면 더 좋은 정보를 얻기 위해서라도 보충 취재를 통해 이름, 직함을 모두 넣는 것이 바람직하다.

(vi) '용어풀이'는 이처럼 별도로 처리할 수도 있고 앞서 언급한 것처럼 기사 중간에 포함시킬 수도 있다.

기사의 객관화와 신뢰도

취재 기자가 기사를 쓰면 자기 소속 부서의 데스크가 이를 다시 정리하고, 그 후 별도의 부서인 편집부로 넘어가 편집, 장식된다. 즉 데스크 선에서 기사가 보충되거나 잘려 독자에게 전달될지 모른다. 따라서 일선 기자는 이를 염두에 두고 기사를 써야 하는데 그 중 하나는 정보의 출처(소스)를 분명하게 밝히는 것이다. 이름 뿐만 아니라 성별, 나이, 직함, 심지어는 주소까지 알려준다, 바로 이 사람이 말한 것임을 독자에게 분명히 전달한다. 기사의 내용이 기자의 판단, 의견, 주장으로 이루어진 것이 아니라, 그 분야의 전문가 또는 가장 정통한 사람(사건·사고 같으면 목격자, 경찰 등)과의 인터뷰, 그들의 보고서, 그들의 발표에 의해 작성된 것임을 나타낸다. 기자의 이 같은 노력은 바로 기사의 객관화를 위한 과정이며 이를 통해 독자들의 신뢰를 얻는다.

소스 밝히기와 샌드위치론

정보마다, 문장마다 그 출처를 밝혀야 하는가? 아니다. 원칙적으로는 문장마다 이를 밝혀 정보 소비자의 오해, 곡해의 소지가 없도록 하는 것이 맞다. 그러나 이에 너무 치중하다 보면 번거롭고 문장이 길어진다. 능률적인 문장이 못된다. 따라서 오해의 소지가 없는 한도에서 출처를 적당히 생략하는데 현재 기자들은 지나치게 생략해 문제가 될 소지가 다분히 있다. 그 예로 위 습작 (ii) (iii)에 정보 출처가 없다. 기자들이 흔히 이런 식으로 처리한다. 〈특히 술 머리에 금실을 감아 글자문양을 표현하는 기술인 봉술 감는 기능을 복원하여 전통매듭의 원형복원과 보전 및 전승에 힘써온 것으로 평가받았다〉. 만일 이 내용이 사실과 다르다는 이의 제기가 있을 때 기자는 무어라고 말할 수 있는가. "내가 그렇게 판단해서 쓴 것이 아니라 보도자료에 그렇게 나와 있다."고 할 것인가. 이런 구차한 변명을 하기 전에 미리 밝혀두자는 것이다. '보도자료에 따르면' 또는 '문화재위원 000(K대 교수, 56) 씨에 따르면'이라고 해주어야 한다. 무형문화재에 관해 권위와 신뢰를 인정받을 만한 사람을 선택해 코멘트를 받는 것이다.

그렇다면 소스는 어느 정도 밝혀야 하나. 이미 언급한 대로 오해의 소지가 없도록 한 문단에서 최소한 한번 정도는 밝혀야 한다. 기사 전체에서 1~2번만 밝히면 데스킹, 편집 과정에서 어느 부분이 날라 가 버릴지 모르고 그래서 정보의 소스가 없어질 수 있다. 실제적인 요령은 한 단락의 경우 첫 문장에서 밝히고, 마지막 문장에서 다시 확인하는 것이 가장 바람직하다. 스트레이트 기사는 1문장이 1단락이 되기도 하나 스페이스의 제약 때문에 몇 개의 문장이 모여 한 단락을 이루는 것이 보통이다. 예를 들어 보자. 위 (ii)의 경우 〈문화재청은 정씨가 매듭장 보유자였던 자신의 부친~매듭일을 배웠다고 말했다〉. 혹은 〈문화재청에 따르면 정씨는 매듭장 보유자였던 자신의 부친~매듭일을 배웠다〉고 써준다. 그리고 2번 째 문장에서는 생략하고 마지막 문장은 다음과 같이 매듭을 짓는다. 〈특히 술 머리에 금실을 감아 글자문양을 표현하는 기술인 봉술 감는 기능을 복원하여 전통매듭의 원형복원과 보전 및 전승에 힘써온 것으로 평가받았다고 문화재청은 말했다(문화재 위원 000는 말했다)〉.

물론 마지막 문장이라고 해서 소스를 문장 뒤에 써주어야 한다는 말은 아니다. 마지막 문장에서도 앞에 소스를 밝혀도 좋다, 〈문화재청은 특히 술 머리에 금실을 감아 글자문양을 표현하는 기술인 봉술 감는 기능을~~ 평가받았다고 말했다〉. 이렇듯 한 단락에서 앞뒤에 정보의 출처를 밝혀주면 오해의 소지나 문장의 번거로움이 많이 줄어든다. 나는 이를 이해하기 쉽게 '소스 밝히기의 샌드위치론'이라고 작명했다. 샌드위치처럼 앞뒤를 빵으로 싸면(소스를 밝히면) 속을 흘리지 않고(오해의 여지없이) 먹을 수 있다(정보가 전달된다)는 의미다.

습작 2

(i) 문화재청은 3일 문화재위원회(무형문화재분과)의 심의를 거쳐 정봉섭(72, 여, 경기 성남시) 씨를 중요무형문화재 제22호 매듭장 보유자로, 김덕환(75, 남, 경기 성남시) 씨를 금박장 보유자로 인정했다. 이와 함께 보유자(고 김경용) 사망으로 해제됐던 금박장은 중요무형문화재 제119호로 다시 지정됐다.

(ii) 정봉섭 씨는 노리개에서부터 의식용 장엄구인 유소에 이르기까지 다양한 매듭기술을 보유하고 있다. 특히 술 머리에 금실을 감아 글자 문양을 표현하는 기능인 봉술 감는 기능을 복원하여 전통매듭의 원형복원과 보존·전승에 힘써온 것으로 문화재청은 평가했다. 정씨의 부친인 고 정연수 씨는 매듭장 1세대 보유자('68년 인정)이며, 모친인 최은순 씨는 매듭장 명예 보유자('76년 인정)다. 정씨는 "부모님으로부터 매듭일을 배웠다."라고 말했다.

(iii) 금박장이란 오늘날 여성의 혼례복 등에서 볼 수 있는 것으로 직물 위에 얇

은 금박을 이용해 다양한 문양을 찍어내는 기술이다. 우리나라의 독특한 직물 공예기술로 보존하고자 1973년 중요무형문화재로 지정했으나, 보유자 김경용 씨의 사망으로 해제된 바 있다.

(iv) 금박장 보유자로 인정된 김덕환 씨는 고 김경용 씨의 아들로 증조부 이래 4대째 가업을 계승하고 있다. 문화재청은 김씨가 "배나무에 문양을 조각하는 목공예 기술과 함께 바탕옷감과 날씨에 따른 풀의 변화 등을 예측하여 금박문양을 완성하는 기술이 뛰어나다."라고 평가했다. 금박장식은 접착제 위에 금박지를 올린 후 손가락으로 적당한 탄력을 주면서 두드려야 한다. 이 때 힘이 너무 들어가면 풀이 금박지 위로 배어나와 광채가 사라지고, 너무 약하게 두드리면 금박이 잘 붙지 않는다. 무형문화재 전문가 박00(58) 씨는 "금박장식은 장인의 숙련된 솜씨와 함께 오랜 제작경험이 중요한 기술"이라고 말했다.

(v) 매듭장과 금박장은 우리나라 복식류와 생활용구들을 화려하고 품격 있게 장식하는 공예기술이다. 문화재청의 중요무형문화재 지정은 이러한 전통공예기술 전승의 기반을 확충했다는 점에서 의의가 있다. 문화재청 관계자 김00 씨는 "앞으로도 전승단절의 우려가 있는 전통공예기술의 지속적인 발굴을 통해 우리 문화의 맥이 끊어지지 않고 계승될 수 있는 여건을 마련할 계획"이라고 말했다.

리뷰 2

(i) 핵심 사항이 셋이나 되어 리드가 길어질 것 같으면 복수형(나열, 병열) 리드로 한다. 위와 같이 써도 되고 〈문화재청은 3일 정봉섭(여,72) 씨를 중요무형문화재 제22호 매듭장 보유자로 인정했다. 문화재청은 또 이날 금박장을 중요무형문화재 제 119호로 지정하고 김덕환(75) 씨를 금박장 보유자로 인정했다〉. 판단에 따라서는 제1리드, 제2리드의 순서를 바꾸어도 된다. 어느 것이든 문장을 간명하게 해서 단숨에 읽을 수 있도록 하기 위한 것이다. 그러나 위 실습작의 2번째 문장은 잘 못됐다. 제1리드가 능동형으로 주어가 '문화재청'이 되었으면 제2리

드 역시 '문화재청'이 주어가 되어야 매끄럽게 정리된다. 〈문화재청은 이와 함께 보유자(고 김경용) 사망으로 해제됐던 금박장을 중요무형문화제 제119호로 다시 지정했다〉. 주어를 생략할 수도 있다. 〈또 (이와 함께) 보유자(고 김경용) 사망으로 해제됐던 금박장을 중요무형문화제 제119호로 다시 지정했다〉.

(ii) 잘 정리했다. 2번째 문장에서 소스를 밝혔다. 3번째 문장에서는 보충취재를 통해 당사자의 말을 직접 인용했다.

(iii) 새로운 정보가 아니다. 독자의 편이를 위해 기사 중간에 넣었다. 그러나 이때도 정보가 보도자료에 의한 것이므로 그 출처를 밝혀주는 것이 원칙이다. 이 경우 마지막 문장에 넣어주면 된다.〈우리나라의 독특한 직물 공예기술로 보존하고자 1973년 중요무형문화재로 지정했으나, 보유자 김경용 씨의 사망으로 해제된 바 있다고 '문화재청은 말했다'〉. 만일 기자가 이 사실을 익히 아는 것이라면 소스를 밝히지 않고도 쓸 수 있다. 그러나 스트레이트 기사에서는 새로운 정보가 우선이므로 해설 문장은 간단해야 한다. 쓸 것이 많다면 별도로 '해설 기사'로 써야 한다고 했다.

(iv) 2번 째 문장에 '평가했다'가 나온다. 이외에도 '비난했다' '찬사를 보냈다' '칭찬했다' '강조했다' '역설했다' 등이 신문 스트레이트 기사에서 흔히 발견된다. 모두 적절한 표현이 아니다. 이들 단어에는 기자의 가치관, 주관이 들어갔다. 위에서도 이미 인용부호 안에 '기술이 뛰어나다'라고 평가했다. 이미 평가한 것을 다시 기자가 반복할 필요가 없다. "기술이 뛰어나다고 말했다"하면 된다. 다른 예, 〈A가 B를 '아둔한 사람이다.'라고 비난했다〉에서 '비난했다'는 '말했다'면 충분하다.

(v) 첫 두 문장은 해설. 따라서 다음 '문화재청 관계자 김00 씨~는' 뒤로 가는 것이 맞다. 두 문장의 내용이 새로운 것이 아니기 때문이다. '문화재청관계자'만 가지고는 모호하다. '문화재청 000 국장(과장)은'.

가치 중립적인 단어

객관적인, 담백한 용어를 써야 한다. 이를 가치중립적인 단어라고도 한다. '말하다' '덧붙였다' 등이 그 대표적인 예이다. 그러나 '평가했다' '강조했다' '역설했다' 정도는 우리 언론에 너무 흔해 '절대로 안 된다'고 말하기가 민망할 정도다. 우선 데스크를 보는 일선 간부들이 이에 민감하지 않다. 또 기자들은 그들대로 똑같은 말을 반복하면 문장이 너무 단순해지고 맛이 없다고 생각, 이들 단어를 번갈아 쓰고 있다. 그러나 역시 '말했다'가 올바른 것으로 이 동사는 계속 되풀이해도 좋다.

모범기사

- 문화재청은 3일 정봉섭(여. 72) 씨를 중요문화재 제22호 매듭장 보유자로, 김덕환(72) 씨를 금박장 보유자로 인정했다. 문화재청은 또 금박장을 중요무형문화재 제119호로 지정했다고 이날 발표했다.
- 문화재청에 따르면 정봉섭 씨는 매듭장 1세대였던 아버지, 고(故) 정연수('68년 인정) 씨와 매듭장 명예보유자로 인정받았던 어머니, 최은순 씨('76년 인정)의 아들로, 정씨는 수십 년 동안 부모로부터 매듭일을 전수 받아왔다. 정씨는 노리개로 부터 의식용 장엄구인 유소(流蘇)에 이르기까지 다양한 매듭기술을 보유하고 있다. 특히 정씨는 술 머리에 금실을 감아 글자모양을 표현하는 봉술 기능을 복원하여 전통 매듭의 원형 보전과 전승에 힘써왔다고 문화재청은 말했다.
- 김(덕환) 씨는 고 김경용 씨의 아들로 증조부 이래 4대째 가업을 계승하고 있다. 문화재청에 따르면 김씨는 배나무에 문양을 조각하는 목공예 기술과 함께 바탕옷감과, 날씨에 따른 풀의 변화를 예측하여 금박문양을 완성하는 기술이 뛰어나다(뛰어난 것으로 평가받고 있다). 문화재청 홍00(52) 과장은 금박장식은 접착제위에 금박지를 올린 후 손가락으로 두드려 붙히는데 "힘이 너무 들어가면 풀이 금박지 위로 배어나와 광채가 사라지고, 힘이 약하면 잘 붙지 않아 장인의 숙련된 솜씨가 중요한 기술"이라고 말했다.
- 한편 금박장은 직물위에 얇은 금박을 이용해 다양한 문양을 찍어내는 기술로, 오늘날에는 여성의 혼례복 등에서 흔히 볼 수 있다. 문화재청은 금박장식기술이 우리나라의 독특한 직물 공예기술로 1973년 김경용 씨를 보유자

로 인정했으나 그가 사망, 그동안 금박장 문화재 지정이 해제되었었다고 말했다.

- 000 무형문화재 심사위원은 매듭장과 금박장은 우리나라 복식류와 생활용구를 화려하고 품격 있게 장식하는 공예기술로 이번 중요무형문화재 지정으로 전승의 맥을 다시 되살릴 수 있게 되었다는 점에서 그 의미가 크다고 말했다.
- 문화재청 박00(56) 국장은 앞으로도 "전승이 끊길 우려가 있는 전통공예기술을 계속 발굴, 우리 문화의 맥이 계승되도록 하겠다."고 말했다. 박 국장은 또 "전통 공예기술의 수요창출을 통해 전승의 기반을 넓히는 등 다각적인 노력을 기울이겠다."고 덧붙였다.

리뷰 3

(i) 리드는 앞의 예에서 설명했다. 2번째 리드의 '이날'은 왜 넣는가. 제1리드의 내용이 발표된 날과 제2리드의 내용이 발표된 날이 같다는 것을 분명히 해준 것이다. 연속되는 이벤트의 경우 그날 결정되어 당일 발표되는 것이 있는가 하면, 결정된 날과 발표하는 날이 다를 수도 있다. 또 외신에서 흔한 일로 3일 발생한 뉴스를 어떤 매체가 4일 보도했다면 날짜를 구분해서 적는다. 〈이란이 3일 핵실험을 했다고 뉴욕타임스가 4일 보도했다.〉 정확성을 기하는 것이다. 아니면 보도날짜를 먼저 써주고 뒤에서 핵실험한 날짜를 언급하는 방식도 있다.

(ii) 리드 다음에는 문화재청이 왜 이들 또는 이 분야를 문화재로 지정했는가 하는 배경을 알려주는 것이 순서. 이때도 리드에 쓴 차례대로 해주는 것이 이치에 맞다. 즉 정봉섭, 김덕환, 금박장 순으로 설명해준다. 이 경우 관련된 설명이라든가, 공로, 기술 등은 같은 소주제에 따라 묶는다. 그 중에는 새로운 뉴스가 아니고 앞에 배치될 만큼 중요한 정보가 아닐지라도 '어린 남자 아이는 어머니를 따라 여탕에 들어간다.'는 목욕탕이론을 상기하기 바란다.

(iii) 이번 문화재 지정의 의미를 써준다. 기자가 능히 알고 있다면(전문가라면) 기자의 평가로 써주어도 된다. 그러나 기사의 객관화, 신뢰도를 높이기 위해서는 많은

독자, 시청자들이 인정할 만한 그 분야 전문가의 말을 빌리는 것이 바람직하다.

(iv) 앞으로의 계획, 기대되는 효과 등을 적어준다. 이때는 반드시 문화재청 관리의 말을 인용해서 적는다. 보도자료나 문화재청 관리들의 말을 출처나 신분도 밝히지 않고 그대로 써주면 광고해 주는 격이다. 즉 기자가 문화재청 홍보맨으로 전락하는 것이다. 이 부분에 해당하는 보도자료의 마지막 문장은 너무나 길고 딱딱하다. 간명하고 쉽게 다듬어 준다.

소스의 표현 방식

〈문화재청에 따르면- - - -〉이라는 표현을 쓸 때 잘못 사용하는 경우가 적지 않다.

〈문화재청에 따르면, 김씨는-- -- -- --뛰어나다고 말했다.〉.

〈문화재청에 따르면, 김씨는------ ---- 뛰어나다고 전했다.〉

〈문화재청에 따르면, 김씨는--- --- 뛰어나다고 평가했다.〉.

이는 잘못된 표현이다. 주어와 동사가 상응하지 않기 때문이다.

반면에 다음과 같은 표현이 흔히 통용되고 있다.

〈문화재청에 따르면, 김씨는---------------뛰어나다.〉

〈문화재청에 따르면, 김씨는---------------뛰어나다고 한다.〉

〈문화재청에 따르면, 김씨는-------------- -뛰어나다는 것이다.〉

〈문화재청에 따르면, 김씨는 -------------뛰어난 것으로 평가를 받고 있다.〉

'문화재청'이라는 단어가 문장 마다 앞에 나와 단조롭다면, 〈- - - - 라고 문화재청은 말했다.〉라고 '문화재청'을 뒤로 돌리거나 문장 가운데 두면 조금은 맛을 달리할 수 있다. 습작 마지막 문장을 예들어 본다. 〈전통공예기술을 발굴, 우리 문화의 맥이 이어지도록 하겠다고 밝힌 박국장은 "전통 공예기술의 수요창출을 통해 전승의 기반도 넓이겠다."고 말했다〉.

만일 이 기사가 중요하거나, 많은 독자들의 관심을 끌 것 같다면 인터뷰기사를 작성할 수도 있다. 우리 전통 문화재를 살리기 위해 얼마나 많은 공을 들였는지, 어떤 어려움 속에서 장인정신으로 그 맥을 이어왔는지, 그리고 이와 함께 현재 이들의 작품이 얼마나 인기 있는지 등을 물어 기사를 작성한다. 또는 기왕에 지정된 무형문화재는 어떻게 활용되고 있는지, 국가의 지원은 어떠한지, 이들의 삶은 어떠한지 등을 조명해 보는 '한국 무형문화재들의 현주소'라는 기획 기사를 쓸 수도 있다.

직접 인용의 장점

- 중요한 내용(강조하는 내용)으로 인식된다.
- 취재원의 어감, 어투, 표현을 생생하게 전달한다.
- 기사의 객관화를 통해 신뢰감을 높인다.
- 기사문의 단조로움을 깨트려 준다.

직접 인용의 상징성

봄날 한 시골 마을 앞에 개울이 있다고 하자. 그 개울물은 바닥이 비교적 고르게 정리되어 평소에는 물이 흐르는지 멈춰 섰는지 모를 정도로 잔잔하다. 그러다가 어린이들이 종이배를 띄운다든가, 나뭇잎을 띄우면 물이 흐르는 것을 확연히 알아차릴 수 있다. 아니면 돌이 튀어 나와 있으면 물살을 일으켜 흐름이 금방 눈에 보인다. 생동하는 느낌을 받는다. 기사의 문장, 특히 St. 문장은 무미건조 하다. 형용사 부사도 가급적 절제한다. 주어도 문장마다 같은 경우가 많다. 이 때 화자의 말을 따옴표(" ")표를 쳐서 전하면 문장과 기사가 살아난다. 그 내용 역시 생생하거나 중요한 것이기 때문에 더욱 그렇다.

직접 인용의 유의사항

- 취재원의 말을 그대로 옮겨야 하기 때문에 문장이 길어진다.
- 직접 인용부호 내의 문장이 너무 길면 직접 인용의 의미가 퇴색된다.
- 직접 인용이 너무 많으면 시선의 흐름을 방해한다.

예를 들어 〈이명박 대통령은 수출의 날을 맞아 "우리나라는 1970년 대 이후 수출에 의존해 경제를 성장시켜 왔습니다. 때문에 수출이 막히면 우리의 경제는 큰 타격을 받고 우리 민족의 발전은 멈출 수밖에 없습니다. 우리는 앞으로도 수출증진을 위해 일로매진해야 합니다."라고 말했다.〉는 문장이 있다고 가정하자. " "안의 문장이 길고, 그것도 3문장이 들어가 직접 인용의 의미가 퇴색되었다.

따라서 직접 인용을 할 때는 인용 의도를 다시 한 번 생각하고 꼭 필요한 부분만 하는 것이 바람직하다. 그런 다음 직접인용 부호 밖의 것은 의미가 달라지지 않는 범위 내에서 적합한 어귀로 고쳐 쓴다. 그러면 문장이 간단해지고 단단해진다. 〈이명박 대통령은 수출의 날을 맞아 우리경제는 수출에 의존해 성장해왔다면서 수출이 막히면 큰 타격을 받기 때문에 "앞으로도 수출증진을 위해 일로매진해야 한다."라고 말했다〉.

3. 노인복지관

보도자료

- 보건복지부는 3일, 2010년까지 전국 모든 시, 군, 구에 최소 1개소 이상의 노인복지관이 설치될 수 있도록 하겠다고 밝혔음.
  보건복지부는 2010년까지 모든 시군구에 1개소 이상의 노인복지관이 설치될 수 있도록 한다는 목표를 설정하고 이를 달성하기 위해 노인복지관 분관 제도 도입 및 노인복지관 설치 기준 완화 등 다양한 방안들을 강구하기로 하였음. 2008년 말 현재 전국 260개 시군구 중 노인 복지관이 설치되어 있지 않은 곳이 80여개에 이르고 있음.
- 우선 노인복지관 분관제도를 신규로 도입하여 노인복지관이 없는 시, 군, 구에 대해서는 지역 특성에 적합한 규모와 기능을 갖춘 분관을 설치할 수 있도록 하였음. 이 제도가 도입되면 노인복지관이 없는 시, 군, 구는 시, 도의 지원을 통해서 그리고 노인복지관이 있더라도 지리적으로 관할 범위가 넓거나 수요가 많아 추가 설치가 불가피한 지역의 경우에는 소규모 분관 설치가 활발히 이루어질 수 있을 것으로 기대됨.
- 한편, 현행 노인복지법상 노인복지관 시설 기준을 1,000㎡이상에서 500㎡ 이상으로 완화함으로써, 우선 이러한 시설 기준 때문에 노인복지관 설치에 어려움을 호소하고 있는 농어촌 지역의 고충을 해소하고, 이를 통해 노인복지관 설치가 활성화될 수 있도록 할 예정임. 아울러 최근 일부 지자체에서 추진하고 있는 대규모 노인복지관 신축 경향을 지양토록 유도하여 비록 소규모지만 여러 곳에 다양한 규모와 형태로 노인 복지관을 설치하게 하여 노인들의 불편을 해소할 필요가 있다는 점에서 시설 기준을 완화할 예정임.
- 이와 함께 2008년부터 시작된 분권교부세(행정안전부 소관) 지원을 통한 노인복지관 신축비 지원사업도 계속될 것임을 확인했음. 2008년에는 12개소를 지원하였으며, 2009년에는 13개소에 신축비 일부가 지원될 예정임.
- 노인복지관은 노인들의 교양 취미 생활에서부터 사회참여 활동지원, 건강검진 증진 및 일자리 등에 이르기까지 종합적 노인복지 서비스를 제공하는

대표적인 노인복지시설이나, 그동안 시설 기준의 엄격성 및 지방재정의 열악성 등의 사유로 인하여 2008년 현재 전체 260개 시, 군, 구중에서 80여개 시, 군, 구(대부분의 농어촌 지역)에는 노인복지관이 설치되어 있지 않아 지역 노인들로부터 많은 민원이 제기되고 있다는 점을 감안, 보건복지부에서는 최대한 조속히 처리한다는 방침 아래 노인복지관 분관제도 지침 통보 및 시설기준 완화를 주요 골자로 하는 시행규칙 개정을 4월 중으로 추진하고 있음.

- 보건복지부는 이러한 다양한 정책 수단을 적극 활용할 경우 2010년까지는 모든 시, 군, 구를 대상으로 노인복지관 설치가 가능할 수 있을 것으로 예측하고, 이를 통해 고령사회 노인복지 수요에 보다 적극적으로 대처할 것임.

습작 1

(i) 보건복지부는 3일 2010년까지 전국 모든 시, 군, 구에 최소 1개소 이상의 노인복지관이 설치될 수 있도록 하기위해 분관제도를 도입하고 노인복지관 설치기준을 1000㎡이상에서 500㎡이상으로 완화하는 등의 방안을 실시한다고 밝혔다.

(ii) 복지부는 분관제도를 통해 노인복지관이 없는 시, 군, 구에 대해서는 지역 특성에 적합한 규모와 기능을 갖춘 분관을 설치할 수 있도록 했다.

(iii) 한편 노인복지관 설치기준을 완화함으로써 시설기준때문에 노인 복지관 설치에 어려움을 호소하고 있는 농어촌 지역의 고충을 해소하고 노인 복지관 설치가 활성화 될 수 있도록 할 예정이라고 밝혔다.

(iv) 또한 대규모 노인 복지관 신축경향을 지양토록 유도하여 여러 곳에 다양한 규모와 형태로 노인 복지관을 설치 하게하여 노인들의 불편을 해소할 필요가 있다는 점에서 시설기준을 완화할 예정이라고 말했다.

(v) 이와 함께 복지부는 2008년부터 시작된 분권교부세(행정안전부 소관)지원

을 통한 노인 복지관 신축비 지원사업도 계속될 것이라고 전했다.

(vi) 그동안 시설기준의 엄격성 및 지방재정의 열악성 등의 사유로 인해 2008년 현재 전체 260개 시, 군, 구 중에는 대부분 농어촌 지역인 80여 개에는 노인 복지관이 설치되어 있지 않아 노인들로부터 민원이 제기되고 있다.

(vii) 이러한 점을 감안하여 복지부에서는 최대한 조속히 처리한다는 방침아래 분권제도 지침 통보 및 시설기준 완화를 주요 골자로 하는 시행규칙 개정을 4월 중으로 추진할 예정이다.

(viii) 복지부는 이러한 정책 수단을 적극 활용할 경우 2010년까지는 모든 시, 군, 구를 대상으로 노인 복지관 설치가 가능할 것으로 기대하고, 이를 통해 고령사회의 노인 복지관 수요에 보다 적극적으로 대처할 것이라고 말했다.

리뷰 1

(i) 리드가 너무 길다. 핵심 정보는 〈전국 모든 시, 군, 구에 최소 1개소 이상의 노인 복지관을 설치한다.〉는 것이다. 여기에 구체적 실천방안(상세정보)까지 포함시키다 보니 문장이 길어졌다. 상세정보(추가정보)는 다음으로 넘기면 된다. '노인복지관이 설치될 수 있도록'은 '노인복지관을 설치하기 위해'로 고치는 것이 바람직하다.

(ii) 리드에 상세정보로 '분관제도'를 먼저 내세웠으므로 (ii)에서 분관제도에 대한 추가 정보를 주는 것은 순리에 맞다.

(iii) 바로 이 자리에 〈복지관 설치기준을 1000㎡ 이상에서 500㎡ 이상으로 완화한다.〉는 상세정보를 넣어주면 된다. 그러나 실습작은 리드에 이 정보를 포함시켜 버렸기 때문에 반복을 피하기 위해 '노인복지관 설치기준을 완화함으로'라는 리드의 문구를 되풀이 했다. 또 이것으로 한 문장을 완성하기에는 부족해 보였던지 〈시설기준 때문에 노인복지관 설치에~~노인복지관 설치가 활성화 될 수 있도록 할 예정〉이라고 붙였다. '한편'은 내용의 패러다임이 달라질 때 쓰는 것이 적합. 여기서는 '또' '이와 함께' 등이 어울린다. '밝혔다'는 '말했다'

(iv) '노인복지관을 설치 하게하여~'는 〈노인복지관을 설치토록 할 방침이다.〉로 끝낸다. 뒤의 〈노인들의 불편을 해소할 필요가 있다는 점에서 시설기준을 완화할 예정이라고 말했다.〉는 불필요. 앞에 나온 것을 되풀이 하는 사족(蛇足)이다.

(v) '이와 함께'는 '한편'. '분권교부세 (행정안전부 소관)지원'은 '분권교부세 (행정안전부 소관)를 통한'으로 고치는 것이 좋다. 한 문장에 '지원'이 되풀이 되었다.

(vi) 한문 단어가 이어지면 문장이 딱딱하고 어려워진다. 따라서 〈시설기준의 엄격성 및 지방재정의 열악성 등의 사유로 인해 2008년~〉은 〈시설기준이 엄격하고 지방재정이 열악해(빈약해) 2008년~〉으로 고친다. 또 〈~ 농어촌 지역인 80여 개에는 노인복지관이 설치되어 있지 않아 노인들로부터 민원이 제기되고 있다.〉는 〈~ 80여 개에는 노인복지관이 설치되어 있지 않다.〉로 끝낸다.

(vii) '이러한 점을 감안하여' '최대한 조속히 처리한다는 방침 아래' 등은 삭제한다. 또 〈분권제도 지침 통보 및 시설기준 완화를 주요 골자로 하는 시행규칙 개정을 4월 중으로 추진할 예정이다.〉에서 앞부분 내용은 이미 나왔으므로 여기서는 〈이 같은 내용을 골자로 하는 시행령 규칙을 4월 중으로 개정할 예정(방침)이다.〉로 줄인다. 이 내용은 복지부의 새로운 계획 중 하나로 주요 정보이다. 복지관 설치 상황에 대한 설명이나 분권 교부세(행정안전부 소관)에 대한 정보보다 앞에 배치되어야 한다, (iv) 앞에 들어가는 것이 바람직하다.

(viii) 복지부의 미래에 대한 기대이므로 기사 말미에 배치하는 것이 옳다. 이 같은 경우 기자는 보충 취재를 통해 그냥 '복지부'라고 하지 말고, 복지부 000 장관, 차관, 실장' 등 실명과 직책을 밝혀주는 것이 좋다.

습작 2

(i) 보건복지부는 3일 2010년까지 노인복지관이 설치되어 있지 않은 80여 개의 시, 군, 구에 노인복지관을 설치하겠다고 밝혔다.

(ii) 시설기준의 엄격성 및 지방재정의 열악성 등의 사유로 대부분의 농어촌 지역에는 노인복지관이 설치되지 않았다. 따라서 노인복지관에서 제공하는 교양취미 생활 및 사회참여 활동지원 등 종합적인 노인복지 서비스를 제공

받지 못한 노인들로부터 많은 민원이 제기되었다.

(iii) 이에 보건 복지부는 2010년까지 전체 260여 개의 시, 군, 구에 최소 1개소 이상의 노인복지관이 설치 될 수 있도록 하겠다고 전했다.

(iv) 보건복지부는 노인복지관 분관제도를 신규로 도입하여 노인복지관이 없는 시, 군, 구에 대해서는 지역 특성에 적합한 규모와 기능을 갖춘 분관을 설치할 수 있도록 할 방침이다. 또한 노인복지관이 있더라도 지리적으로 관할(소속) 범위가 넓거나 수요가 많아 추가 설치가 필요한 지역의 경우에도 소규모 분관설치가 활발히 이루어질 수 있도록 하겠다고 밝혔다.

(v) 복지부는 현행 복지법상 노인복지관 시설기준을 1000㎡이상에서 500㎡이상으로 완화함으로써 노인복지관 설치에 어려움을 호소하고 있는 농어촌 지역의 고충을 해소해 주기로 했다. 또한 대규모 복지관 신축을 지양토록 유도, 소규모지만 여러 곳에서 다양한 규모와 형태로 설치하도록 할 방침이다.

(vi) 이와 함께 복지부는 행정안전부가 2008년부터 시작한 분권교부세 지원을 통한 노인복지관 신축비 지원사업도 계속될 것이라고 확인했다. 행안부는 2008년 12개소를 지원했으며 2009년에는 13개소에 신축비 일부를 지원할 예정이라는 것이다(예정이다).

(vii) 복지부는 이러한 다양한 정책 수단을 적극 활용하면(활용할 경우), 2010년까지는 모든 시, 군, 구를 대상으로 노인 복지관 설치가 가능할 수 있을 것으로 예측하고 이를 통해 고령사회 노인 복지 수요에 보다 적극적으로 대처할 것이라고 말했다.

리뷰 2

(i) 보도자료 내용을 정확히 전달하지 못했다. 복지관 시설이 없는 80곳은 물론이고 이미 설치되어 있는 곳이라도 지역이 넓으면 분관을 설치하도록 하겠다는 것이다.

(ii) 새로운 정보가 아니므로 기사 후반부로 돌려야 한다. 기사를 짧게 정리하고 싶다면 안 써도 그만이다. 기사 형식도 출처를 밝히지 않아 스트레이트 기사가 아닌 해설식이 되었다.

(iii) 리드에 들어가야 할 내용이다. 보건복지부는 이미 리드에 정식명칭이 나왔으므로 약칭 '복지부'면 충분하다.

(iv) 표현의 문제. '신규로'는 쉽고 부드럽게 '새로'. '~추가 설치가 필요한 지역의 경우에도'는 〈~추가 설치가 필요한 지역의 경우〉. '밝혔다'는 리드에 이미 나왔으므로 '말했다'. 핵심정보가 아닌 상세 정보까지 '밝혔다'를 반복하는 것은 적절치 않다.

(v) 〈복지부는 '현행' 복지법상 노인 복지관 시설기준을 1000㎡에서〉에서 '현행'은 〈시설기준을 현행 1,000㎡에서〉로 고친다..

(vi) 보도자료는 복지부가 낸 것이나 이 내용은 행정안전부 소관 사항. 따라서 복지부가 행안부의 조치를 (기자들에게)전달하는 것으로 해야 한다.

(vii) 한 문장이 너무 길다. 나누어 정리한다. 첫 문장은 〈복지부는 ~~ 노인 복지관 설치가 가능할 수 있을 것으로 예측하고 있다.〉에서 끝을 맺는다. 다음 문장은 〈복지부는 또 이를 통해 고령사회 노인 복지 수요에 보다 적극적으로 대처할 것이라고 말했다〉.

모범기사

(i) 보건복지부는 13일 2010년(내년)까지 전국 260개 시, 군, 구에 최소 1개소 이상의 노인복지관을 설치하겠다고 밝혔다.

(ii) (보건)복지부는 이를 위해 노인복지관 분관제도를 도입하고 노인복지관 시설기준을 완화하기로 했다.

....

(iii) 복지부는 13일 노인복지관 분관 제도를 도입하고 노인복지관 시설 기준을 완화, 2010년 까지 전국 260개 시군구에 최소 1개소 이상의 (노인)복지관을 설치하겠다고 밝혔다.)

....

(iv) 복지부는 분관제도를 통해 복지관이 없는 80개 시, 군, 구에 지역 특성에 적합한 규모와 기능을 갖춘 분관을 설치할 수 있도록 할 방침이다. 이 제도가 도입되면 복지관이 없는 시, 군, 구는 시도의 지원을 받을 수 있으며 복지관이 있더라도 지리적으로 범위가 너무 넓어 추가 설치가 불가피 할 경우 소규모 분관 설치가 활발히 이루어지도록 한다는 것이다.

(v) 복지부는 또 (노인)복지관 시설 기준을 1000㎡이상에서 500㎡이상으로 완화, 복지관 설치를 용이하게 할 계획이다. 복지부는 아울러(동시에, 이와 함께) 일부 지자체가 추진하고 있는 대규모 복지관 신축 계획을 소규모로 축소하고 대신 여러 곳에 설치할 수 있도록 유도할 방침이다.

(vi) 복지부는 이 같은 내용을 실현키 위해 00시행규칙을 4월 중으로 개정할 계획이라고 말했다.

(vii) 한편, 행정안전부가 2008년부터 시행하고 있는 분권교부세를 통한 노인복지관 신축 지원 사업은 계속 이어질 것이라고 복지부가 이날 전했다(확인했다). 복지부에 따르면 행안부는 2008년도에 12개소를 지원했고 2009년도에는 13개소에 신축비를 일부 지원할 예정이다.

(viii) 노인복지관은 노인들의 교양, 취미, 사회참여 지원, 건강증진 및 일자리 마련 등 노인복지 종합서비스를 제공하는 대표적인 노인복지시설. 그러나 그동안 시설 기준이 엄하고 지방 재정이 열악해 복지관이 제대로 설립되지 못했다고 복지부는 말했다.

(ix) 김00(46) 복지관 시설 과장은 "다양한 정책 수단을 적극 동원할 경우 2010년까지 모든 시, 군, 구에 노인복지관 설치가 가능하다." 고 말했다.

리뷰

(i) 리드는 (i)처럼 쓰거나 (iii)처럼 쓸 수 있다. (i)처럼 쓰면 다음 문장으로 (ii)가 나오는 것이 정상이고 (iii)처럼 쓰면 리드에 (ii)의 내용이 들어가므로 (iv)로 이어져야 한다. 그 대신 리드 (iii)는 (i) 보다 길어졌다.

리드에서 "~ 설치하겠다고 밝혔다" 또는 "~ 말했다"라고 써야 하나. 그렇지는 않다. 〈복지부는 ~ 설치할 방침이다, 계획이다. 설치키로 했다〉 등 보다 단적으로 표현해도 좋다. 상황에 따라 기자가 판단한다.

리드 (i)에서는 리드와 그 다음 문장, 리드 (iii)에서는 그 자체에 '분관제도 도입' 과 '시설 기준완화' 가 나왔으므로 순서대로 분관제도의 실행방안과 시설기준완화의 구체적 내용을 적어준다. 만일 앞에 (리드 등에) '시설기준 완화' 가 먼저 나왔으면 먼저 시설기준완화에 대해 써주는 것이 논리적이다. 순서의 기준은 물론 어느 팩트가 더 중요한가 하는 것이다.

이 기사도 보건 복지부의 보도자료에 따른 것이므로 그 출처를 자주 밝혀주고 있다. 이때 처음 리드 등에서 '보건복지부' 라고 정식 명칭을 사용했다면 다음부터는 약자인 '복지부' 만 써주면 된다.

(iv) (v)정보출처(복지부) 밝히기는 각 문단이 겨우 2~3개의 문장으로 끝난다면 첫 문장이나 끝 문장에 한번 정도만 밝혀도 무방하다.

(vi) 무슨 일이든지 실행되려면 법이 중요하다. 계획의 실천은 법과 예산이 뒷받침되어야 하기 때문. 따라서 시행규칙 정보를 앞으로 끌고 나오는 것이 좋다. 국회를 통과해야 할 법이라면 몰라도 시행규칙정도는 구태여 앞에 내세울 필요까지는 없다.

(vii) 꼭 넣어야 하는가. 일단 넣는 것이 보다 많은, 상세한 정보를 담은 기사가 된다. 비록 기사가 길어져 편집자의 손에 잘린다 해도 기자는 넣는 게 좋다. 한 기사의 양은 기본적으로 그 기사의 가치에 따라 정해지지만, 편집자에 따라 또 그날 지면사정 등에 따라 달라지기 때문에 미리 속단할 필요는 없다. 이 정보는 노인복지관에 관심이 많거나, 상세한 것을 원하는 독자에게는 필요한 것일 수 있다.

(viii) 뒤로 배치한 것은 그것이 새삼스러운 소식이 아니기 때문이다. 복지관의 기능이나 역할, 그 열악성 등은 이번을 계기로 다시 관심의 대상이 되었을 뿐, 이미 오래

전부터 존재해오던 사실이다.

(ix) '김00(46) 복지부 시설 과장' 또는 '복지부 김00(46) 시설 과장' 중 표기가 맞는 것은. 어감이 좋은 것, 어느 것이 더 자연스럽게 읽히는가로 판단하면 된다. 아니면 '복지부' 라는 단어가 이미 앞에 여러 차례 나왔으므로 그냥 '시설 과장' 하면 된다. 방송의 경우는 〈복지부 김00 시설 과정은…〉. 방송에서 나이를 밝혀야 될 경우가 있다면〈 15세의 홍00 군…〉 또는 〈회사원인 36세의 박00 씨는…〉.

되풀이 말하지만, 이것은 스트레이트 기사이다. 만일 이 기사가 '큰 것', '중요한 것' 이라고 판단되면 스트레이트 기사를 써준 다음 '노인 복지관 실태' 라는 기획기사를 별도로 취재, 보도할 수 있다. 그 기사에서는 전국의 복지관 시설이 대부분 '엉망' 이라든가, '이용실적이 없다' 는 등 비판 기사를 쓸 수 있다. 또는 노인 연합회 간부와의 인터뷰 기사를 쓸 수도 있고 복지관 탐방 기사를 기획할 수도 있다. 스스로 아이디어가 떠오르기도 하고 머리를 쥐어짜기도 하고, 또는 데스크에서 지시하기도 한다.

4. 다문화가족 커뮤니티

보도자료

- 행정안전부는 26일 국내거주 외국인이 인구의 2%에 다가서고 농촌을 중심으로 한 국제결혼 비율 증가에 따라 우리나라도 다민족다문화사회로 향하고 있다는 판단아래 이에 대비한 시책들을 차근차근 준비해 나가기로 했다.
- 90일 이상 거주 외국인은 850만여 명으로 인구의 1.9%('09년 행안부 실태조사), '09년 국제결혼은 총 결혼건수의 20%, 농촌지역은 50%
- 먼저 한국어 교육, 생활 정보 제공 및 고충상담 등 거주 외국인 지원 업무를 지자체에서 본격적으로 추진할 수 있도록
- 금년부터 지자체 보통 교부세 및 총액 인건비 산정 기준에 거주 외국인수를 반영하여 지자체에 지원하고
- 행안부 표준조례안('09년 10월 시달)을 기초로 지방자치단체별로 지역 실정에 맞게 거주 외국인 지원 조례를 제정함으로써 주민과 동일한 행정혜택 부여, '외국인 시책 자문위원회' 구성, 운영. 세계인의 날 (5월 21일 UN이 정한 문화다양성의 날) 지정 등 외국인 지원 근거를 마련토록 할 계획이다.
- 보통교부세: 1,200만 원, 외국인 수요 공무원 책정 620명
- 아울러 외국인의 권리 의무, 지자체 추진체제 구축, 국내외 사례, 지역사회 정착 프로그램 매뉴얼을 포함한 업무 편람을 6월 중에 제작 보급하고, 지자체 공무원 및 지역 주민을 대상으로 한 다문화교육을 강화하는 한편
- 반상회 참여나 시정 모니터 위촉 등을 통해 거주 외국인의 지역사회 참여를 촉진하고, 지역주민과의 자매결연, 마을청소, 문화체육행사 등 지역주민과의 공동 활동을 적극 유도함으로써 다문화 공동체 실현을 위한 지역사회커뮤니티를 적극 지원할 계획이다.

거주 외국인 정착 지원 프로그램

- 한국어 및 기초생활 적응 교육, 취업 기술 교육

- 한국어 교육을 중점으로 하되, 한국 문화 관습, 교통법규, 쓰레기 배출, 주택 임대차 계약 등 기초생활 병행하여 실시
- 외국어 전문가 양성, 정보화 및 취업기술, 영농교육 실시

- 민원, 생활, 법률상담, 생활정보 제공 및 편의 지원
  - 방문, 전화, 인터넷 등 24시간 상담체제를 구축, 상담 도우미 확보, 언어별 분야별 전문 상담 실시
  - 다국어로 주거, 의료, 소비 등 다양한 생활 행정정보 제공, 알뜰 장터 개설, 도서관, 마을 회관 등에 외국서적 비치 등

- 응급 구호 및 복구 지원, 다문화 지역 공동체 형성
  - 무선 페이징 시스템 구축, 다국어 방재 매뉴얼 작성, 응급의료 및 긴급 생계비 지원, 농촌 여성 결혼이민자 지원(출산 도우미, 양육비) 등
  - 지역 주민의 다문화의식 고양, 거주외국인의 지역사회 참여 확대, 지역 주민과의 화합, 자원 봉사 인프라 구축 및 민간단체 지원 등

습작 1

(i) 행정안전부는 26일 "지방자치 단체에서 '거주 외국인 정착지원 프로그램'을 본격적으로 추진할 수 있도록 다양한 시책을 준비하고 있다."고 밝혔다.

(ii) 행안부는 국내에 거주하는 외국인들을 위해 한국어 교육, 생활정보 제공 등을 실시하고 반상회 참여나 시정 모니터 위촉 등을 통해 이들의 지역사회 참여를 촉진하겠다고 말했다. 또한 국내 거주 외국인과 지역 주민과의 공동 활동도 적극 유도하겠다고 행안부는 말했다.

(iii) 거주 외국인과 더불어 살아가는 지역 커뮤니티 구축을 위해, 지자체 공무원 및 지역 주민을 대상으로 하는 다문화 교육을 강화하고, 이와 관련된 업무 편람을 6월 중에 제작하여 보급하겠다고 행안부는 말했다.

(iv) 이 같은 시책들을 시행하기 위해, 행안부는 금년부터 지자체 보통 교부세

및 총액 인건비 산정 기준에 거주 외국인 수를 반영하여 지자체에 지원하고, 지자체 별로 거주 외국인 지원 조례를 제정하는 등 외국인 지원 근거를 마련할 계획이다.

(v) 행안부는 "국내에 거주하는 외국인이 인구의 2% 가까이 되고 농촌을 중심으로 한 국제결혼 비율이 증가함에 따라 이와 같은 시책들을 통해 다문화 공동체 실현을 위한 지역사회 커뮤니티를 적극 지원할 계획이다."라고 말했다.

리뷰 1

(i) '거주 외국인 정착지원 프로그램' 만으로는 구체성이 충분하지 않다. 이 구절을 읽거나 듣고서 '아, 그렇게 하겠다는 것이구나!' 라고 만족할 사람은 별로 없다. 거주 외국인에게 실질적으로 도움이 될 주요사항은 무엇이겠는가. 역시 예산, 돈이다. 모든 프로그램은 돈과 인력이 밑받침 돼야 이루어질 수 있다. 따라서 리드에 포함되어야 할 핵심내용은 〈지자체 교부세 및 총액 인건비 산정 기준에 거주 외국인수를 반영하겠다.〉는 행안부의 방침이다.

(ii) 행안부의 보도자료에 따른 것이므로 두 문장 모두 이를 밝혀준 점은 평가할만하다. 물론 2문장 중 끝 문장은 같은 단락이므로 소스를 안 밝혀줘도 좋다. 즉 〈또한 주민과의 공동 활동도 적극 유도하겠다고 말했다.〉라고 한다. 아니면 〈또한 주민과의 공동 활동도 적극 유도할 방침이다〉.

(iii) 이처럼 소스를 문장 뒤로 가져가는 것도 권장할만한 방식이다. 행안부가 여러 번 앞에 나와 문장이 단조롭다면 때로 뒤로 가져가면 맛이 달라진다고 했다.

(iv) 이미 언급했듯이 이것이 보도자료의 핵심 내용이다. 리드로 가져가는 것이 바람직하다.

(v) 새로운 소식이나 시책이 아니어서 맨 뒤에 배치한 것 같다. 맞다. 그러나 문장은 개선해야 한다. 보도자료에 나온 것이라고 해서 그대로 옮겨 쓸 필요가 없다. 얼마든지 보충하거나 자를 수 있다. 기자들에게는 영양가가 없다고 생각되는 내용들이 보도 자료에는 많이 포함되어 있다. 문장도 엉성하고 길다. 이를 다시 정리해

본다. 〈행안부는 "국내 거주 외국인이 인구의 2% 가까이 되고 농촌을 중심으로 한 국제결혼 비율이 증가함에 따라 이 같은 시책을 내놓게 되었다." 라고 말했다〉. 그 다음 〈이를 통해 다문화 공동체 실현을 위한 지역사회 커뮤니티를 적극 지원할 계획이다.〉는 리드 등 앞에서 언급한 내용이므로 생략한다. 또 내용상 새로운 정보가 아니므로 뒤에 가야 한다. 그러나 행안부 정책 수립의 배경에 대한 설명이므로 앞에서 주요 시책을 소개하면서 간단히 이어 써도 좋다. 독자들의 이해를 돕자는 취지다. 다시 '목욕탕이론'을 상기하기 바란다. 위 습작은 보도자료의 내용을 충실히 독자들에게 전하려고 노력했다. 하지만 뒤에 붙은 '거주 외국인 정착 지원 프로그램'에 대해서는 전혀 관심을 보이지 않았다. 중요한 정보가 없기 때문이라고 판단했다면 이해되지만 뒤에 붙었으니까 별 볼 일이 없을 것 같아서라고 한다면 잘못이다. 그 내용 중에는 관련된 사람들이 알고 싶어 하는 구체적이고 실질적인 방침들이 많다. 한국어는 물론 문화 교통법규 주택임대차 계약 등에 관한 교육, 24시간 민원 법률 생활정보 제공 시스템 구축 등이 바로 그것이다. 따라서 기사에는 본문 내용을 소개하면서 그와 연관된 프로그램 내용도 덧붙여 소개해주는 것이 좋다. 보도자료의 내용은 기사 전개 순서와는 전혀 상관이 없다. 보도자료는 자료를 제공한 정보 제공자의 의도에 따른 것이고 이를 받아든 기자는 자신의 판단에 따라 취사선택을 할 수 있다. 기사를 안 써도 그만이고 순서를 바꾸는 것은 물론, 내용이나 문장도 얼마든지 가감할 수 있다. 물론 어디까지가 보도자료에 의한 것이고, 어떤 정보가 보충취재 사항인지 소스 밝히기를 통해 구분해 주어야 한다.

습작 2

(i) 행정안전부는 26일 한국어 교육, 생활 정보 제공 및 고충상담 등 거주 외국인 지원 업무를 지자체에서 본격적으로 추진할 수 있도록 하겠다고 발표했다.

(ii) 이를 위해 행안부는 금년부터 지자체 보통교부세(1,200만 원) 및 총액 인건비 산정 기준에 거주 외국인 수를 반영하여 지자체에 지원하겠다고 말했다.

(iii) 행안부는 또 '09년 10월 각 지자체에 시달한 표준조례안을 기초로 지방자치 단체별로 지역 실정에 맞게 거주 외국인 지원조례를 제정함으로써 주민과 동일한 행정혜택을 부여할 계획이다.

(iv) 행안부는 이와 함께 외국인의 권리 의무, 지자체 추진체제 구축 등을 포함한 업무편람을 11월 중에 제작, 보급하고 지자체 공무원 및 지역 구민을 대상으로 한 다문화 교육을 강화할 방침이다.

(v) 아울러 거주 외국인의 지역사회 참여를 촉진하고 지역주민과의 공동생활을 적극 유도함으로써 다문화 공동체 실현을 위한 지역사회 커뮤니티를 적극 지원하겠다고 말했다.

(vi) 행안부는 "국내 거주 외국인이 인구의 2% 가까이 되고 농촌을 중심으로 한 국제결혼 비율 증가에 따라 우리나라도 다민족 다문화 사회로 향하고 있다는 판단아래 이미 대비한 시책들을 차근차근 준비해 나가고 있다."라고 말했다.

리뷰 2

(i) 비교적 무난한 리드다. 주요 내용을 구체적으로 뽑아 앞세웠다. 그러나 〈한국어 교육, 생활 정보 제공 및 고충상담 등 거주 외국인 지원 업무를 지자체에서 본격적으로 추진할 수 있도록~〉이 얼마나 새로운 정보인가를 한번 생각해 볼 필요가 있다. 〈지자체가 본격적으로 추진할 수 있게 한다.〉는 것은 새 소식이나 충분히 구체적이지 않다. '본격적으로 추진하기 위해 어떻게 한다'는 식이어야 한다.

(ii) 리드를 보충하는 2번째 문장이 훌륭하다. 리드 내용을 보충해 주는 실천적 방안을 소개했다. 이것이 리드에 들어가야 한다.

(iii) 이어서 보도자료의 다른 주요 내용을 적었다.

(iv) 다음 주요 사항.

(v) 다음 주요 사항

(vi) 행안부가 이번 시책을 내놓게 된 배경을 설명했다. 아쉬운 점은 문장이 길다는 것이다. 더욱이 " " 속 문장이 길어 직접 인용한 효과가 반감되었다. 문장이 길면 읽기에 숨차고, 따라서 메시지가 약화된다고 했다. 직접 인용 문구가 길면 더욱 그렇다. 이 내용은 중요한 것도 아니고 특이한, 그래서 강조할 필요가 있는 것도 아니다. 생생한 표현을 그대로 전달하기 위한 것도 아니다. 응축을 해서 간접 인용을 하든가, 아니면 직접인용 부분을 줄여서 탄탄한 문장을 만들어야 한다. 〈행안부는 우리나라도 거주 외국인이 "2% 가깝고 특히 농촌에서 국제결혼이 급속히 늘어"이 같은 대책을 수립했다고 말했다.〉

이 습작 역시 뒤 쪽의 '거주 외국인 정착 지원 프로그램'은 하나도 소개하지 않았다.

모범기사

- 행정안전부는 금년부터 보통 교부세 및 총액 인건비 산정 기준에 거주 외국인수를 반영하여 지자체에 지원할 계획이라고 26일 말했다.
- 행안부는 이날 보도자료를 통해 이같이 밝히고 이는 거주 외국인들에게 한국어교육, 생활정보 제공 및 고충상담 등 거주 외국인 지원 업무를 지자체에서 본격적으로 추진할 수 있게 하기 위한 것이라고 말했다.
- 금년의 보통 교부세는 1,200만 원이며 외국인 수요 공무원은 620명으로 책정되었다.
- 보도자료에 따르면 행안부는 자체 표준조례안('09년 10월 시달)을 기초로 지방자치단체 별로 거주 외국인 지원조례를 제정, 주민과 동일한 행정혜택, '외국인 시책 자문위원회' 를 구성, 운영할 방침이다. (행안부는) UN이 정한

세계문화 다양성의 날인 5월 21일을 '세계인의 날'로 지정, 외국인 지원 근거도 마련할 계획이다.

- 행안부는 또 외국인의 지자체 추진체제 구축, 지역사회 정착 프로그램 매뉴얼을 포함한 업무편람을 6월 중에 제작, 보급하고 지자체 공무원 및 지역주민을 대상으로 다문화 교육을 강화시킬 방침이다.
- 외국인 정착 프로그램에는 한국문화 관습, 교통 법규, 주택 임대차 계약 등 기초생활 교육과 함께 정보화 및 취업, 기술, 영농에 대한 교육 등이 포함되어 있다. 방문, 전화, 인터넷 등 24시간 법률 및 생활 상담도 실시할 계획이라고 행안부는 말했다.
- 행안부는 이밖에도 지역주민과의 자매결연이나 반상회, 문화체육 행사 등을 통해 거주 외국인들이 지역사회 활동에 적극 참여하도록 할 예정이다.
- 행안부 김000 국장은 우리나라도 거주외국인이 2%에 가깝고 "특히 농촌에서 국제결혼이 급속히 늘어" 이 같은 대책을 수립했다고 말했다.

리뷰

위 보도자료의 핵심 내용은 첫째, 거주 외국인들에게 한국어교육, 생활정보 제공 등의 지원업무를 '강화한다'는 것. 둘째, 보통 교부세 및 인건비에 거주외국인 수를 반영한다는 것이다. 이것이 기존의 다른 행안부 시책과 다른 구체적 내용이다. 따라서 리드는 이 둘 중에 하나를 담는 것이 좋다.

또 보도자료를 받으면 그것만 가지고 기사를 쓰면 안 된다. 의문이 생기면 확인을 하고 추가 정보가 필요하면 묻고 또 물어야 한다. 그런 과정에서 주요한 내용, 특기할만한 발언, 홍보 등 주관성이 강한 발언 등은 발언자(소스)의 이름, 직책, 등을 밝혀가며 직접 인용한다.

스트레이트 기사에서의 해설

스트레이트 기사는 해설 기사와 달리 원칙적으로 기자의 주관이나 판단, 의견이 들어가서는 안 된다고 말했다. 그러나 예외로 '근거 있는 주장, 의견, 판단'은 너무 장황스럽지 않다면 가능하다.

'근거 있는 판단, 의견'에 관해서는 다음 사례를 통해 살펴보자.

예1 〈오늘과 내일 전국적으로 구름이 끼거나 가랑비가 내리겠다〉라는 날씨 기사의 리드가 있다고 하자. 기상청이라는 소스를 밝히지 않았기 때문에 마치 '기자의 판단'으로 리드를 쓴 것처럼 보인다. 그러나 기사를 읽어 내려가다 보면 〈기상청은 4일과 5일 전국적으로 구름이 끼거나 가랑비가 내리고 특히 제주 지방에는 50mm 안팎의 호우가 내릴 것으로 전망했다.〉라는 말이 나온다. 그렇다면 리드의 기자 판단은 허용된다. 사실은 기자의 판단이 아니라 기상청의 전망을 전한 것이다.

예2 〈달러 대 원화의 환율이 21일 1대 1,600원으로 급상승했다. 원화가 1,600원대로 치솟은 것은 지난 1998년 외환위기 이후 처음으로 수입업자, 유학생 부모 등이 큰 부담을 안게 되었다. 금융당국은 그러나 외환보유고가 넉넉하고 미국, 일본 등과 통화스와프 협정도 체결, 10년 전의 "IMF 같은 사태는 벌어지지 않을 것"이라고 말했다〉. 이 경우 두 번째 문장은 해설이다. 두 번째 문장 앞부분은 객관적 통계가 말해주기 때문에 문제가 없다. 뒷부분 〈수입업자, 유학생 학부모 등이 큰 부담을 안게 되었다.〉도 너무나 '자명한 사실'이므로 기자의 주관적 판단이라고 말할 수 없다.

각종 정보가 넘쳐나는 정보의 바다에 사는 현대인은 모든 분야에 대해 해박할 수가 없다. "달러 대 원화 환율이 급등했다."는 사실이 우리 생활에 어떤 영향을 미치는지 잘 모르는 사람도 많다. 이를 위해 기자는 정보의 의미를 해설한 것이다. 이때도 스트레이트 기사에서는 전문가의 말을 인용해 쓰는 것이 원칙이지만 이처럼 너무나 분명한 것까지 일일이 전문가나 금융당국의 말을 빌어서 쓸 필요는 없다. 그러나 이처럼 소스를 밝히지 않은 채 쓰는 주장, 의견, 판단 등은 근거가 있더라도 간단해야 한다. 1~2문장 정도로 끝나는 것이 바람직하다. 되풀이 말하지만 그 이상의 해설이 필요하다면 별도 해설기사를 작성하는 것이 원칙이다.

예3 〈한반도 평화정착을 위한 6자 회담이 다음달 2일 북경에서 다시 열린다. 이는 지난해 5월 핵시설 완전 파괴 및 유엔 사찰단 상주 여부 논란으로 회담이 중단 된지

8개월 만의 일이다.〉 이때 두 번째 문장 역시 북경회담 중단의 배경을 말해 주는 해설문이다. 언제 회담이 중단되었고, 왜 회담이 중단되었는가는 이미 당시에 널리 보도되었을 것이기 때문에 뉴스가 아니다. 그럼에도 스트레이트 기사 2~3번 째 문장으로 (중요한 위치)에 넣어주는 것은 정보 수용자들의 이해를 위한 것이다. 이 같은 역사적 사실, 지식, 통계는 기자의 주관적 견해가 아니다.

동사 사용의 유의 사항

학생들은 기사에서 '밝히다' 라는 단어를 자주 쓴다. 그것도 기사 중간이나 뒤 문장에서 〈000가 ~~~~라고 밝혔다.〉라고 쓰는 예를 흔히 본다. '밝히다' 는 몰랐던 사실을 새로이 드러낼 때, 또는 불분명한 것을 명확히 구분할 때가 아니면 삼가는 것이 좋다. '밝히다' 는 단어가 갖는 이미지가 강하기 때문이다. 소개할 정보가 위에서 지적한 '밝히다' 라는 본래의 의미에 부합된다면 리드나 앞부분에서 한 번쯤 사용할 수 있다. 새로이 밝히는 정보라면 주요한 내용일테니까. 그러나 '말했다' 를 반복하지 않으려고 '발표했다' '강조했다' '역설했다' 와 함께 '밝혔다' 라고 쓰는 것은 잘못이다. 물론 위의 다른 표현도 삼가야 한다. '전하다' 도 학생들이 흔히 잘못 사용하고 있는 단어 중 하나다. '전하다' 는 "A가 B소식을 C(독자, 시청자)에게 전하다" 가 맞는다. "목격자 A가 사고 현장의 상황을 경찰이나, 기자에게 전했다" 는 올바른 표현이다. 그러나 "A가 자신에 관련된 사실을 C에게 전했다." 라는 의미로 쓴 다면 적절치 않다. 일례로 A가 교통사고 가해자나 피해자인데 〈A는 이날 사고가 황사에 비까지 내려 시야가 흐려 일어났다고 전했다〉 라고 쓰는 것은 잘못이다.

5. 수도권 교통대책

보도자료

국토해양부 서울특별시
"수도권 출퇴근 시간 30분 빨라집니다"
경기도 인천 광역시

- 굴곡 노선 직선화, 광역 급행버스 운행
- 환승 할인을 직행 좌석 버스까지 확대
- 수도권 2,200개 버스 정류장에 안내전광판 설치
- 주요 역에서만 서는 광역 급행열차 운행

1. 대책 수립 및 기대 효과

- 수도권 대중교통 이용자의 출퇴근 시간이 현재보다 30여 분 단축되고 교통비 부담도 줄어들 수 있게 된다. 국토해양부, 서울특별시, 경기도와 인천광역시는 이를 구체적으로 실행하기 위한 계획을 수립, 발표하였다.
  - 이번 계획은 지난 2월 21일 대통령직 인수위원회에서 수도권 교통난 해소를 위한 6대 중점 과제를 발표한 후, 국토해양부, 서울특별시, 경기도와 인천광역시 교통전문가들이 이를 실현하기위해 1개월간에 걸친 논의와 의견 조정을 통해 구체적인 사업 내용에 추진 일정을 포함하여 마련한 실행계획(action plan)이다.
  - 수도권 교통문제를 해소하기 위해 새로운 교통시설의 건설보다는 기존의 시설을 효율적으로 활용하는데 중점을 두었고, 사업간 연계에 의한 시너지 효과를 통해 교통문제를 해결할 수 있도록 통합적인 시각에서 버스, 광역철도 환승 시설 및 교통정보의 연계 통합 등 다양한 대책들을 종합적으로 포함하였다.

- 이번 실행 계획은 수도권을 분리된 행정구역이 아닌 단일의 구역으로 보고 관련 기관인 국토해양부, 경찰청, 서울특별시, 경기도, 인천광역시가 유기적으로 협력하여 추진하게 되므로 조기에 가시적인 성과를 얻을 수 있을 것으로 예상된다.
  - 이번 실행 계획이 추진되면 수도권 주요 교통축 별로 버스 운행 속도가 시속 22.5km~27Km에서 33Km~35Km로 22%~55%정도 향상되고 버스 혼잡도 역시 현재 107%~118%에서 100%이하로 개선될 것으로 예상된다.
  - 교통체증 등으로 정상운행시간보다 평균 15분 정도 차이나게 정류장에 도착하던 버스가 운행 시간표를 준수할 수 있게 되고 통합환승할인 확대로 이용자의 교통비 부담도 많이 감소할 것으로 예상된다.
  - 또한 경원선, 중앙선 등 광역 전철의 서울 도심까지의 운행시간도 10~20분 단축될 것으로 기대된다.
  - 이러한 대중교통의 효율화로 하루 4만 6,000명의 운전자가 승용차 대신 대중교통을 이용하게 되어 이로 인한 에너지 절감액도 연간1,500억 원에 달할 것으로 예상된다.

2. 대책의 주요 내용

- 굴곡 노선을 직선화하고 광역 급행버스 운행
  - 이번 실행계획에서는 버스와 광역전철 및 교통수단 간 연계 환승을 도시 교통문제 해결의 주요 수단으로 삼았다.
  - 수도권 광역버스는 출발하는 도시 내의 여러 지점을 경유하기 때문에 서울 도심의 목적지까지 도착하는데 많은 시간이 걸리는 것이 일반적이다.
  - 이러한 문제를 해결하기 위해 수도권 주요도시에서 서울 도심 간을 운행하는 버스 노선을 간선과 지선체제로 개편하고 굴곡 노선을 최대한 직선화하며 '09년 1월부터는 일부 지점에만 정차하는 광역 급행버스 면허제를 도입하게 된다.

3. 투자소요

- 이번 실행계획의 추진에 필요한 사업비는 민자 4,800억 원을 합하여 총 1조 5,100억 원이 소요될 것으로 예상된다
- 사업이 차질 없이 추진될 수 있도록 정부투자분 1조 300억 원(국비 3,500억 원, 지방비 6,800억 원)은 중기 재정계획에 반영하여 앞으로 4년간에 걸쳐 투입할 계획이다.

습작 리드의 여러 예

(i) 〈정부가 총 1조 5,000억 원 규모의 비용이 소요되는 수도권 교통 대책을 발표했다.〉 이로 인해 수도권 대중 교통이용자들이 출퇴근 시간을 30여 분 단축하고 요금은 300원 정도 줄일 수 있을 것 같다.

수도권 교통대책의 구체적 내용이 먼저 나와야 한다.

(ii) 〈버스 노선 개편과 광역 급행버스 운행으로 수도권 대중교통 이용자의 출퇴근 시간이 현재보다 30여 분 줄어들게 된다.〉 또한 일반버스에만 적용됐던 환승 할인제가 광역버스까지 확대 시행돼 교통비 부담도 감소할 것으로 보인다. 국토해양부와 서울시, 경기도, 인천 광역시 교통전문가들은 0일 이같은 내용을 포함한 '수도권 교통난 해소를 위한 6대 중점 과제'를 발표했다.

구체적 정보는 예시했으나 아직 실행되지도 않은 대책의 효과가 성급하게 나왔다.

(iii) 〈0일 수도권 교통난 해소를 위한 실행계획(action plan)이 발표됐다.〉 국무총리실에서 이에 관한 6대 중점 과제 발표 후 국토해양부, 서울특별시, 경기도, 인천광역시가 논의를 통해 4가지 대책을 수립했다. 이 계획은 기존시설을 활용하고 버스, 광역철도, 환승시설 및 교통정보의 연계 통합 등 다양한 대책이 포함되어 있다

'실행계획(action plan)이 발표됐다'는 것만으로는 구체적 내용을 알 수가 없다. 실행 계획의 일부, 대표성이 있는 내용을 맛보기로 보여주어야 한다.

(v) 국토해양부, 서울특별시, 경기도와 인천광역시가 수도권 대중교통 이용자의 출퇴근 시간을 현재 보다 30여 분 단축하고 교통비 부담도 줄일 수 있는 실행계획을 발표했다〉

주요 내용은 4가지로 구분된다.

역시 실행계획의 면모를 보여주지 않아 구체성이 부족하다. 주체를 모두 열거해 산만하다.

습작 1

(i) 수도권 대중교통 이용자의 출퇴근 시간이 현재보다 최대 30여 분 단축되고 교통비 부담도 줄어들 전망이다. 국토해양부는 7일 서울특별시, 경기도, 인천광역시와 함께 '수도권 교통난 해소를 위한 실행계획'을 발표했다.

(ii) 계획에 따르면 2010년부터 광역 급행버스도 운영되며 환승할인도 확대된다. 또 수도권 2,200개 버스정류장에 안내전광판이 설치되고 주요 역에만 서는 광역 급행전철이 운영된다.

광역 급행버스 운행은 2010년에 가능할 듯

(iii) 주요 대중교통 수단인 버스와 광역전철은 굴곡 노선과 느린 속도 등으로 승용차에 비해 이동하는데 장시간이 소요됐다. 하지만 앞으로 수도권 주요 도시에서 서울 도심 간을 운행하는 버스 노선 체계가 개편됨에 따라 이용자들의 불편이 크게 줄어들 것으로 보인다.
국토해양부는 광역 급행버스의 원활한 운행을 위해 주요 간선에 BRT(버스중앙차로 포함) 노선을 2012년까지 319Km 확장하겠다고 밝혔다.

환승할인, 버스 정보시스템 확대돼

(iv) 현재 일반 버스 운임은 2007년부터 시행된 통합 환승할인의 혜택을 받지만 광역버스는 할인이 되지 않았다. 이에 서울시와 경기도 사이를 운행하는 광역버스에 대해서도 통합 환승할인제도가 도입될 전망이다.

(v) 또 편리한 버스 이용을 위해 2010년 12월까지 수도권 2,200여 개의 주요버스 정류장에 도착시간과 버스정보를 알려주는 안내 전광판도 실시된다. 현재 버스정보 시스템 서비스는 서울시, 경기도, 인천시에서만 추진되고 있다.

광역 급행열차 운행과 환승 시설 확장될 듯

(vi) 국토해양부는 열차 이용자들의 출퇴근 시간 단축을 위해 중간 정차역을 대

폭 줄여 주요 역에서만 정차하는 광역 급행열차를 운행할 전망이다. 경원선, 중앙선은 올해 말까지 급행열차를 운행하고 경의선은 6월 문산~성산 구간 개통 후에 수요 조사를 바탕으로 이루어질 것으로 보인다.

(vii) 더불어 이용자들의 편리를 위해 2012년까지 주요 교통 중심지에 19개의 환승센터, 주차장 등이 확충될 전망이다. 국토해양부는 이번 계획의 추진 비용으로 민자 4,880억 원을 합쳐 총 1조 5,100억 원이 소요될 것이라고 밝혔다.

리뷰 1

(i) 〈수도권 주민의 서울 출퇴근 시간이 30여 분간 단축된다〉. 또는 '교통비 부담도 줄어들 것'이 보도자료의 핵심 내용인가? 아니다. 희망사항이거나 기대치 일 뿐이다. 서울시, 경기도 등이 합의, 이날 발표한 주요 사항은 굴곡 노선 직선화, 광역 급행버스 운행, 환승 시설 확충 등 수도권, 서울의 교통체증을 해소하기 위한 몇 가지 대책들(action plan)이다. 관계 당국은 이 계획이 실천에 옮겨지면 그 결과로 출퇴근 시간이 30여 분 간 단축될 것으로 기대한다는 것이다. 따라서 위의 리드는 본말이 전도되었다. 리드는 구체적 핵심 내용을 담아야 한다. 그리고 다음 문장에 정보출처를 밝혀가며 차례대로 실행 계획의 전모를 일단 소개한다. 그런 다음 〈이 계획이 실현되면 이 지역 주민들의 출퇴근 시간은 30분 가량 단축시킬 수 있을 것으로 관계자(실명, 직책을 밝혀주면 더 좋음)들은 전망하고 있다.〉고 해야 한다. 액션 플랜의 내용을 알려주지 않고 '출퇴근 시간을 30분 당길 수 있다.' 또는 '교통비 부담도 줄일 수 있다.'라고 쓰면 이 계획에 대한 일방적 홍보기사가 된다. 2번째 문장은 잘 처리되었다. '국토해양부, 서울특별시, 경기도와 인천광역시'를 모두 한 번에 열거하면, 주어가 길고 복잡해진다. 2개 기관을 먼저 거론하고 나머지 둘을 나중에 언급할 수도 있다.

(ii) 여기에 담긴 구체적 내용들이 리드에 들어가야 한다.

(iii) '광역 급행버스 운행은 2010년에 가능할 듯'은 중간 제목이다. 이 같은 중간

제목을 포함, 모든 제목은 취재 기자가 아닌 편집 기자들의 몫이다. 취재 기자는 기사를 써서 자기 소속 부서 데스크에게 송고하면 데스크가 기사를 보완, 수정해서 편집부로 넘긴다. 편집 기자들은 이 기사에 대한 가치판단을 내려 취사선택을 하고, 선택한 기사에 대해 제목을 다는 등 레이아웃(layout)을 한다. 편집 기자들이 기사 중간에 제목을 다는 것은 독자들의 편의와 지면의 모양세를 좋게 하기 위한 것이다. 일정한 크기, 모양의 활자로만 지면이 가득 차면 답답해 보인다.

따라서 중간 제목을 달아가며 기사를 쓸 필요가 없다. 편집자가 알아서 한다. 더욱이 위에서처럼 중간 제목을 달고 그 아래 보도자료의 내용을 그대로 옮기는 것은 기사가 아닌 논문이나 보고서 작성법이다. 독자들에게 친절하기 위해서는 한 줄마다 주어, 동사를 분명히 하고, 특히 소스를 밝혀 내용을 객관화시켜야 한다. 원래 중간 제목은 스트레이트 기사에선 안 쓰고 피처(feature) 기사에서 사용하는 것이 원칙이다. 그러나 최근에는 스트레이트 기사에도 해설 문장이 많이 들어가고, 그래서 길어지면 중간 제목을 넣는 경향을 보이고 있다.

(iv) (v)(vi) 역시 중간 제목을 빼고, 해설식 문장을 스트레이트 기사 형식으로 바꾸어야 한다.

(vii) 끝 문장, 동사 '밝혔다' 는 적절한 단어인지 생각해봐야 한다.

습작 2

(i) 국토해양부, 서울시, 경기도와 인천시는 0일 수도권 교통난 해소를 위한 계획으로, 광역 급행버스 운행, 환승할인 급행좌석버스까지 확대, 수도권 버스 정류장에 버스 안내 전광판 설치, 주요 역에만 서는 광역 급행열차 운행을 실행하겠다고 밝혔다.

(ii) 국토해양부, 서울시, 경기도와 인천시에 따르면 수도권에서 운행하는 버스 굴곡노선 직선화, 광역 급행버스 운행, 환승할인을 광역 급행버스까지 확대하는 통합 환승할인제 시행, 버스 안내 전광판 설치, 광역 급행열차 운행을 이르면 내년부터 시행해 수도권 교통문제를 해소한다는 계획이다.

(iii) 이번 계획이 추진되면 수도권 대중교통 이용자의 출퇴근 시간이 현재보다

30여 분 단축되고 교통비 부담이 줄어들게 되는 등 교통문제가 상당부분 해소될 것으로 예상된다.

(iv) 이 계획은 새로운 교통시설의 건설보다는 기존의 시설을 효율적으로 활용, 사업간 연계에 의한 시너지 효과를 통해 교통문제를 해결하는데 중점을 두었다. 또한 통합적인 시각에서 버스, 광역 철도, 환승 시설 및 교통정보의 연계, 통합 등 다양한 대책을 종합적으로 포함하고 있다.

(v) 국토해양부, 서울시, 경기도와 인천시는 이 계획으로 일 4만 6,000명의 자가용 이용자가 승용차 대신 대중교통을 이용하게 돼 에너지 절감액이 연간 1,500억 원에 달할 것으로 예상하고 있다.

리뷰 2

(i) 수강생 30여 명 중 유일하게 리드의 방향을 옳게 잡은 기사이다. 주체와 핵심내용을 제대로 뽑았다. 그러나 기사는 이것만으로 충분치 않다. 표현에 문제점이 있다. 첫째, '국토해양부, 서울시, 경기도와 인천시'가 주체임에는 틀림없으나 핵심내용 그 자체는 아니다. 그런데 이를 첫 머리부터 일일이 열거해주면 독자, 시청자가 번거로움을 느낀다. 대표적인 것 1~2개를 뽑아 써주고 나머지는 뒤로 돌린다. 즉 '서울시와 경기도 등은'. 나머지는 다음에 넣는다. 〈광역 급행버스 운행, 환승할인 급행좌석버스까지 확대, 수도권 버스 정류장에 버스 안내 전광판 설치, 주요 역에만 서는 광역 급행열차 운행〉도 마찬가지로 너무 번거롭다. 우선순위를 정해 〈광역 급행 버스운행, 환승할인 급행좌석버스까지 확대 등을 실시키로 했다〉. 둘째, '교통난 해소를 위한 계획으로'는 쉽게 '교통난 해소를 해해'. '밝혔다'는 본래의 의미에 충실하도록 '발표했다'

(ii) '국토해양부, 서울시, 경기도와 인천시'를 반복할 필요가 없다. 리드에서 빠진 기관과 주요 정보를 알려준다. 〈국토해양부, 인천시도 참여한 이 실행계획에 따르면〉. 여기에도 너무 많은 팩트가 들어 있다면 나누어 줄 수 있다. 그러나 리드와 몇 문장이 이미 나왔으므로 좀 더 여러 팩트를 한 문장에 넣어도 좋다. 즉 리드가 아니라면 좀 더 느슨하게 처리해도 무방하다. 만일 너무 많은 팩트가 들어가 한 문장

이 길어진다면 2문장으로 나눈다. 〈국토해양부, 인천시도 참여한 이 실행계획에 따르면 앞으로 버스의 굴곡노선을 직선화하고, 광역 급행버스를 운행한다. 또 환승할인을 광역 급행버스까지 확대하며, 광역 급행열차를 운행하고, 버스안내 전광판을 설치한다〉.

(iii) 기대, 전망, 희망 등 불투명한 장래 상황에 대해서는 누가 그렇게 생각, 판단하고 있는가를 분명해 해두어야 한다. 이름, 직책까지 밝혀주는 것이 보통이다. '이번 계획이 추진되면'은 '이번 계획이 완료되면'. '교통문제가 상당부분 해소될 것'은 불필요한 말. 〈이번 계획이 완료되면 수도권 대중교통 이용자의 출퇴근 시간이 현재 보다 30여분 단축되고 교통비 부담이 줄어들게 될 것으로 당국자들은 예상(기대)하고 있다〉. 물론 '당국자들'을 주어로 내세워도 좋다.

(v) 4개 기관, 단체 이름을 반복하지 않도록 한다. 한 가지 방법은 관계자 중 적당한 한 사람을 인터뷰해서 그의 직책을 밝혀가며 〈김000 경기도 교통정책 담당국장은 "이 계획이 실천되면 ~ 예상하고 있다고 말했다〉 또 '일'은 '하루'로 쉽게 고쳐야.

다음은 위 보도자료를 갖고 한 교통 환경 신문이 2008년 4월 8일 보도한 기사 전문(全文)이다.

신문보도 사례

(i)수도권 대중교통 이용자의 출퇴근 시간이 현재보다 30여 분 단축되고 교통비 부담도 줄어들 수 있게 되었다.

(ii) 국토해양부, 서울시, 경기도와 인천광역시는 이를 구체적으로 실행하기 위한 계획을 수립해 지난 0일 발표했다.

(iii) 이번 계획은 지난 2월 21일 대통령직 인수위원회에서 수도권 교통난 해소를 위한 6대 중점 과제를 발표한 후, 국토해양부, 서울시, 경기도와 인천광역시 교통 분야 전문가들이 이를 실현하기 위해 1개월에 걸친 논의와 의견 조정을 통해 구체적인 사업 내용에 추진 일정을 포함하여 마련한 실

행계획(action plan)으로서 수도권 교통문제를 해소하기 위하여 새로운 교통시설의 건설 보다는 기존의 시설을 활용하는데 중점을 두었다.

(iv)사업간 연계에 의한 시너지 효과를 통해 교통문제를 해결할 수 있도록 통합적인 시각에서 광역철도, 환승할인 및 교통정보의 연계, 통합 등 다양한 대책들을 종합적으로 포함하였다.

(v)이번 실행계획은 수도권을 분리된 행정구역이 아닌 단일의 구역으로 보고 관련 기관인 국토해양부, 경찰청, 서울특별시, 경기도, 안천광역시가 유기적으로 협력하여 추진하게 되므로 조기에 가시적인 성과를 얻을 수 있을 것으로 예상된다.

(vi)이번 실행계획이 추진되면 수도권 주요 교통축 별로 버스 운행속도가 시속 22.5Km~27Km에서 33Km~35Km로 22%~55%정도 향상되고 버스 혼잡도 역시 현재 107%~118%에서 100%이하로 개선될 것으로 예상된다. 교통체증으로 평균 15분 정도 차이 나게 정류장에 도착하던 버스가 운행표를 준수할 수 있게 되고 통합 환승할인 확대로 이용자의 교통비 부담도 많이 감소할 것으로 예상된다. 또한 경원선, 중앙선 등 광역전철의 서울 도심까지의 운행시간도 10~20분 단축될 수 있을 것으로 기대된다.
이러한 대중교통 수단의 효율화로 일 4만 6,000명의 자가용승용차 이용자가 승용차 대신 대중교통을 이용하게 되어 이로 인한 에너지 절감액도 연간 1,500억 원에 달할 것으로 예상된다.

사례 리뷰

(i) 바람직하지 못한 리드이다. 비판적 시각이 없이 보도자료를 그대로 옮겨 적었다. (ii) 비교적 좋다. 리드가 아니므로 4개 기관, 단체를 모두 넣어도 부담스럽지 않다. (iii) 문장이 너무 길다. 기사의 기본이 안 되어 있다. (v) (vi) '기대(예상)하는 성과' 는 주체를 분명히 한다. 습작과 유사한 수준이다.

모범기사

- 서울시와 경기도 등은 대중교통의 굴곡노선 직선화, 광역 급행버스 운행을 통해 수도권 교통난을 완화하고 교통비 부담도 줄이기 위한 실행계획(action plan)을 0일 발표했다.
- 이 계획은 정부가 지난 2월 발표한 수도권 교통난 해소를 위한 '6대 중점 과제'의 구체적 방안이다.
- 국토해양부, 인천광역시도 참여한 이 실행계획에는 (이 밖에도) 직행좌석버스 환승할인제 도입, 환승 시설 및 버스 중앙전용 차로 확충, 버스정류장 안내전광판 설치, 광역 급행열차의 운영 계획 등이 포함되어 있다.
- 이 계획에 따르면 수도권 교통난 해소를 위해서는 새로운 교통시설을 건설하는 것 보다 기존 시설을 효율적으로 운영하고 사업간 연계, 통합을 통해 시너지 효과를 창출하는 것이 경제적이라는 것.
- 수도권을 분리된 행정구역이 아닌 단일 구역으로 보고 수도권 일대의 통합적인 교통시스템을 운영하겠다는 것이다.

〈그리고 나서, 앞에 열거한 순서대로 상세정보를 적어준다〉

이 보도자료에 따르면 (서울시 등에 따르면)
굴곡노선 직선화는…..
광역 급행버스 운행은…..
환승 시설 확충은…..
광역버스 환승 할인은…..
버스 중앙전용 차로 확충은…..
버스정보 안내판설치는…..
광역 급행열차 운행은…..

- 이 실행계획에는 민자 4,800억 원을 포함, 모두 1조 5,100억 원의 사업비가 소요 될 것으로 예상되고 있다.
- 윤00 경기도 도시 교통본부장은 이 같은 계획이 실현되면 대중교통 효율화로 "출퇴근 시간이 30분 정도 단축되고 교통비도 줄어들 것" 이라고 말

했다.

- 그는 또 "하루 4만 6,000명의 자가용 승용차 운전자가 대중교통을 이용, 에너지 절감액만도 연간 1,500억 원에 달 할 것" 이라고 예상했다.
- 실행계획에 참여한 000 한국 교통연구소 소장은 "수도권 주요 교통축 별로 버스운행 속도가 시속 22.5Km~27Km에서 33Km~35Km로 향상될 것" 으로 기대하고 있다.
- 이와 함께 경원선, 중앙선 등 광역 전철의 서울 도심까지 운행 시간도 10~20분간 단축될 수 있을 것이라고 이들은 전망하고 있다.

3장 연설 기사작성

처음 기자생활을 하면 각종 연설, 토론회, 기자회견의 취재를 맡게 된다. 앞서 언급한대로 우리나라는 취재에서 담당구역제(beat system)가 주를 이루기 때문에 초년의 경찰 출입기자들도 담당지역에서 벌어지는 이 같은 각종 행사의 현장을 누빈다. 해마다 개최되는 기념식, 토론회도 있고, 수시로 벌어지는 연설회, 기자회견도 있다. 연설회의 경우 의례적이거나 정례적인 행사가 많은 것이 사실이다. 연설 그 자체로 끝나는 것이 일반적이나 간혹 청중들이나 기자들의 질문을 받기도 한다. 토론회는 주제발표자가 발표를 한 후 패널들이 찬반으로 나뉘어 의견을 개진하고 일반 청중들에게도 질문을 하거나 의견을 내놓을 기회를 주는 것이 보통이다. 토론회도 발표가 있고 이에 대한 찬반이나 질문, 의견 개진이 수반된다는 점에서 연설 취재 보도 방식과 기본적으로 같다.

어쨌든 연설, 토론을 취재하는데 가장 중요하고도 기본적인 원칙은 현장을 찾는 일이다. 연설문은 행사 전에 또는 현장에서 기자들에게 배포되기도 한다. 정독을 하고 질문, 의문 사항이 없는지 확인한다. 중요 발언은 밑줄을 그어 놓으면 기사 쓸 때 도움이 된다. 연설문을 미리 입수했다고 사무실에 앉아 기사를 작성하면 큰 낭패를 볼 수 있다. 사람들이 많이 모이는 장소에서는 항상 돌발 상황이 벌어질 수 있다. 연설문 원고에 없던 발언이 튀어 나오기도 하고, 청중들의 반응이 예사롭지 않은 경우도 있다. 또 연설, 토론회에서 연설이나 주제발표보다는 토론 과정이나 청중과의 질의응답에서 더 중요한 발언이 나오는 사례가 흔하다.

연설문을 사전에 입수하면, 일단 기사를 써놓기도 한다. 훨씬 여유롭게 연설을 지켜볼 수 있다. 연설 후 기사 마감 시간이 촉박할 경우 당황하지 않도록 하기 위해서다. 현장에서 변동 상황, 보충해야 할 상황이 벌어지면 즉시 수정해서 데스크에 송고한다. 연설문을 사전에 배포하지 않는 경우가 더 많을 수 있다. 이런 때에 대비, 녹음기를 지참해야 한다. 녹음기는 디지털이 좋다. 연설자가 민감한 발언을 하면 단어 하나하나를 정확히 인용한다. 연설문이 없는 경우, 주요 발언이 나오면 간단한 내용과 그 시각의 녹음테이프 번호를 메모했다가 기사를 쓸 때 즉각 확인, 인용할 수 있다. 30~60분 걸린 녹음을 풀기 위해 처음부터 다시 들으려면 많은 시간이 걸린다. 청중들의 반응을 면밀히 살펴 기사에 반영해야 하는 집회도 적지 않다.

만일 어느 대통령 후보가 다른 후보를 '무능력하고 부패한 사람'이라고 질타하자 몇몇 청년들이 단상을 향해 오물을 던졌다고 하자. 예사롭지 않은 현장 소식이므로 기사에 반영해야 한다. 스트레이트 기사에서는 당연히 중요 발언을 먼저 소개하고 〈한편 김 후보가 이 후보에게 '무능하고 부패한 사람'이라고 힐난하자 청년 3~4명이 단상을 향해 오물을 던졌다.〉라고 덧붙인다. 또 한 후보자가 연설 도중 흥분, 신고 있던 구두를 벗어 책상을 마구 쳤다고 하자. 기사 어딘가에 이 내용을 넣어야 당시 연설회장에 없던 독자들도 그 상황을 실감할 수 있을 것이다. 이는 사건·사고 스트레이트 기사에 스케치성 소식을 끼어 넣는 것과 같은 이치다. 인명 손실, 재산 피해, 원인 등 주요 소식을 알리고 현장의 모습을 전하기 위해 '산허리에는 기체가 산산 조각난 채 너부러져 있고…'라고 쓰는 것과 마찬가지이다. 만일 이 같은 스케치 기삿거리가 많다면 데스크와 상의, 스트레이트 기사와는 별도로 피처 기사를 쓴다.

1. 주한 미국대사 강연

어느 대학신문이 2007년 보도한 주한 미국대사의 강연기사이다.

신문보도 사례

(i) "전통이 깊고 명성 높은 대학을 방문, 여러분을 만나게 된 것을 대단히 기쁘게 생각합니다."

(ii) 본교 국제대학원 주최로 열린 알렉산더 버시바우 주한미대사 초청강연이 15일 본교 소강당에서 열렸다.

(iii) 강연주제는 '6자회담에서의 미국의 역할'로 200여 명의 학생들이 1시간 동안 자리를 지켰다.

(iv) 그는 6자 회담 이외에도 이 자리에서 북한의 핵보유, FTA, 미군감축 등 여러 사안에 대한 미국의 입장을 역설했다.

(v) 그는 "북한이 다시 6자회담 협상에 참여해 한반도의 영구적인 평화체제를 수립하길 바란다"고 말했다.

(vi) 강연이 끝난 후 버시바우 대사는 학생들과 질의 응답시간을 가졌다.

(vii) 한 학생이 주한 미군에 대해 질문하자 버시바우 대사는 "미국 정부는 2008년에 주한 미군을 감축할 계획을 갖고 있다"며 "한국은 상당히 잘 훈련된 군대를 갖고 있어 언제라도 북한의 공격에 대비할 수 있다"고 말했다.

사례 리뷰

(i) 의례적인 인사말을 리드에 넣었다. 스케치에나 들어갈 수 있는 내용이다. 스트레이트 기사이므로 버시바우 대사의 그날 발언 중 가장 중요하거나 관심을 끌만한 내용을 앞세워야 한다.

(ii) 초청 강연이라는 형식이나 시간, 장소는 핵심 내용이 아니다. 아직도 중요 내용은 비치지도 않았다.

(iii) 강연 주제(타이틀)나 청중의 숫자도 마찬가지다.

(iv) 여기서도 내용과는 거리가 먼 발언 윤곽만을 소개했다.
(v) 이제야 중요하고도 구체적 내용이 나왔다. 이 내용이 기사 앞에 나와야 한다.
(vi) 강연의 진행 절차. 기사는 계속 대사의 발언을 발생 순서대로 적고 있다.
(vii) 대사의 발언 중 가장 중요한 내용이 후반 질의응답에서 나왔다. 강연이 진행된 순서대로 적다 보니 이를 기사 말미에 소개하는 어처구니없는 일이 벌어졌다. 주요 내용은 그것이 기조연설(주제 발표)에서 나왔든, 마지막 질의응답에서 나왔든 관계치 말고 리드 등 기사 전반부에 배치해야 한다.

모범기사

- 알렉산더 버시바우 주한 미대사는 15일 "미국 정부는 2008년에 주한 미군을 감축할 계획을 수립했다."고 말했다.
- 버시바우 대사는 이날 A대학 초청 강연에서 이 같은 사실을 밝히며 "한국은 상당히 잘 훈련된 군대를 갖고 있어 언제라도 북한의 공격에 대비할 수 있다" 고 말했다.
- 버시바우 대사의 이 같은 발언은 '6자 회담에서의 미국의 역할' 이라는 주제 발표 후 학생들과 갖은 질의응답 시간에 나왔다.
- 버시바우 대사는 이 자리에서 또 "북한이 다시 6자회담 협상에 참여해 한반도의 영구적인 평화체제를 수립하길 바란다." 고 말했다.
- 버시바우 대사는 이 밖에도 북한의 핵보유, 한미 자유무역 협정(FTA) 등에 대한 미국의 입장을 설명했다.
- 대학 소 강단에서 열린 이날 강연에는 학생 200명이 참석했다.
(버시바우 대사는 주제 발표 첫 머리에서 "전통이 깊고 명성 높은 여러분의 대학을 방문, 여러분을 만나게 된 것을 대단히 기쁘게 생각한다."고 말했다.)

기사작성 시의 리드

학생들이 연설, 강연, 토론 또는 기자회견 내용을 스트레이트 기사화 할 때 가장 난감해 하는 점은 리드에 어떤 내용을 담느냐는 것이다. 연설이나 강연이 먼저 행해지고 다음에 질의응답이 진행되는데 주요 내용이 질의응답에서 나왔다면 이를 어떻게 처리하느냐는 것이다. 먼저 강연을 소개하고 다음에 질의응답 내용을 정리하는 것이 아무래도 순리가 아니겠느냐고 묻는다. 되풀이 강조하지만 기사 특히 스트레이트 기사에서는 절차나 형식이 중요한 것이 아니다. 회의 순서와 상관없이 중요한 것부터 리드 등 앞부분에 담아야 한다. 다만 그 같은 발언이 주제발표에서 나온 것인지, 질의응답에서 나온 것인지를 밝혀주면 된다.

2. 노무현 대통령 신년사

다음은 2007년 1월 1일 노무현 대통령이 발표한 신년사(연설문) 전문(全文)이다.

연설문 전문

여러분, 2007년 새해가 밝았습니다.

올해는 국민 여러분 가정에 행복이 가득하고, 국가적으로도 큰 발전을 이루는 한 해가 되기를 소망합니다. 무엇보다 우리 국민의 살림살이가 한결 나아지는 한 해가 되기를 바랍니다. 그렇게 되도록 정부도 열심히 하겠습니다.

국민 여러분,

올해가 편안하고 순조로운 한 해가 될지는 누구도 예측하기 어려운 일입니다. 그러나 저는 우리 한국의 미래를 밝게 보고 있습니다.

지난날을 돌이켜보면 어느 한 해 시끄럽고 힘들지 않았던 해는 없었던 것 같습니다. 그러나 지금 우리나라는 많은 나라들이 부러워하고 본받기를 원하는 나라가 되었습니다.

시끄럽고 힘들었지만 아시아 최고 수준의 민주주의를 이뤘습니다. 하루하루 정치하는 모습을 보면 답답하고 짜증스럽기만 한데, 남들이 평가하는 민주주의 수준은 아시아 최고 수준에 올라서 있습니다.

2004년 2천억 달러를 넘어선 수출이 지난해에는 3천억 달러를 넘어섰습니다. 환율 덕분이기는 하지만 국민소득 2만 달러 시대의 문턱 앞에 바싹 다가와 있습니다.

선진국을 따라잡고 앞지르기 위한 기술혁신, 인재 양성, 시장개혁, 정부 혁신 그리고 지속적인 성장을 가능하게 하기위한 동반성장, 균형발전 전략도 착실하게 추진되고 있습니다.

민생과 미래를 대비하기 위한 정책이 착실히 추진되면 점차 좋아질 것입니다.

양극화와 고용 없는 성장, 부동산, 교육문제로 민생이 어렵고 저출산, 고령화 등 미래의 불안도 있습니다. 일자리를 위한 중소기업 지원, 서비스산업 육성, 그리고 비전 2030년 정책이 착실히 추진되면 점차 좋아질 것입니다. 우리 모두의 마음과 힘을 모아갑시다.

교육문제는 아직도 힘들고 불안할 것입니다. 그러나 분명히 말씀드립니다. 빠르게 좋아지고 있습니다. 부동산 문제는 정부의 시행착오가 있었습니다. 다시 대책을 보완하고 있습니다. 거듭 다짐 드립니다. 반드시 잡겠습니다. 그리고 잡힐 것입니다.

환율 문제는 정부도 걱정하고 있습니다. 대비하고 있습니다. 그밖에 부동산, 금융의 위기 요인을 놓치는 일이 없도록 철저히 관리하고 있습니다. '97년 외환 위기나 2002년 신용불량자 문제와 같은 일이 다시 일어나는 일은 없을 것입니다. 우리 국민의 역량이라면 못해낼 일이 없습니다.

존경하는 국민 여러분,

미래를 불안하게 하는 여러 가지 문제가 있는 것은 사실입니다. 그러나 저는 우리 국민의 역량을 믿습니다. 우리 국민은 지난날에도 여러 차례 난관과 위기를 극복하고 세계에서 가장 빠른 속도로 나라를 발전시켜 왔습니다. 참으로 자랑스러운 국민입니다.

저는 우리 국민의 역량이라면 앞으로도 못해낼 일이 없다고 생각합니다. 자신감을 갖고 더 큰 희망을 만들어 나갑시다. 새해에는 국민소득 2만 달러 시대를 열고 선진국을 향해 힘차게 전진합시다. 저도 함께 하겠습니다.

국민 여러분, 새해 복 많이 받으십시오.

2007년 1월 1일

신문보도 사례

각 언론사 청와대 출입 기자들은 위 신년사를 바탕으로 기사를 작성, 보도했다. 그중 종합 일간지 2개사의 기사를 전재한다.

사례 1

노 대통령 '부동산 반드시 잡겠다.'

노무현 대통령은 1일 부동산 문제와 관련, "정부의 시행착오가 있었고 다시 대책을 보완하고 있다" 면서 "거듭 다짐 드린다. 반드시 잡겠다. 그리고 잡힐 것" 이라고 말했다.

노 대통령은 2007년 정해(丁亥)년을 맞아 국민에게 보내는 신년사에서 "미래를 불안하게 하는 여러 가지 문제가 있는 것은 사실이지만 우리 국민의 역량을 믿는다" 며 "새해에는 국민 소득 2만 달러 시대를 열고 선진국을 향해 힘차게 전진하자" 고 강조했다.

이어 노 대통령은 "우리 국민은 지난날에도 여러 차례 난관과 위기를 극복하고 세계에서 가장 빠른 속도로 나라를 발전시켜왔다. 참으로 자랑스러운 국민" 이라며 "우리 국민의 역량이라면 앞으로도 못해낼 일이 없다" 고 역설했다.

〈 J일보 〉

사례 2

"부동산 반드시 잡겠다" 노무현 대통령 정해년 신년사

노무현 대통령은 1일 "부동산 문제는 정부의 시행착오가 있었다" 며 "다시 대책을 보완하고 있다. 거듭 다짐 드린다. 반드시 잡겠다. 그리고 잡힐 것" 이라고 말했다.

노 대통령은 이날 발표한 정해년 신년사에서 교육문제도 언급, "아직도 힘들고 불안할 것이지만 빠르게 좋아지고 있다" 고 말했다. 환율문제에 대해 걱정하고 대비하고 있다고 한 노 대통령은 "부동산, 금융의 위기 요인을 놓치는 일이 없도록 철저히 관리하고 있다" 면서 '91년 외환 위기나 2002년 신용불량자 문제와 같은 일이 다시 일어나는 일은 없을 것" 이라고 말했다.

노 대통령은 "미래를 불안하게 하는 여러 문제가 있는 것은 사실이나 우리 국민의 역량을 믿는다"면서 "우리 국민의 역량이라면 앞으로도 못해낼 일이 없다고 생각한다" 고 말했다.

노 대통령은 "올해가 편안하고 순조로운 한해가 될지는 누구도 예측하기 어려운 일이나 저는 한국의 미래를 밝게 보고 있다"며 "하루하루 정치하는 모습을 보면 답답하고 짜증스럽기만 한데, 남들이 평가하는 민주주의 수준은 아시아 최고 수준에 올라서 있다" 고 말했다.

〈 C일보 〉

사례 리뷰

- 청와대 출입 기자는 정치부 소속으로 보통 10~20년 기자 생활을 한 베테랑들이다. 이들은 우리 사회의 이슈와 그 흐름, 국민 정서를 잘 파악하고 있다고 보아야 한다. 대통령 신년사에서 어떤 메시지가 국민들에게 어필할 것인가, 대통령의 무슨 말에 가장 관심을 가질 것인가를 직감적으로 알아낼 수 있었을 것이다. 따라서 이 문제와 관련된 대통령의 말을 바로 리드로 뽑아 기사를 작성했다. 2006년 우리 사회에서 가장 뜨겁게 달아올랐던 이슈는 바로 부동산 문제였다. 하루가 멀다 하고 치솟는 아파트 가격에 국민들은 불안해하고 정부는 안절부절 못했다. 정부가 각종 대책을 내놓았으나 그때마다 비웃기라도 하듯, 아파트 값은 계속 오르기만 했다. 집 없는 저소득층은 서민정부를 자처한 노 대통령 정권에 돌팔매질을 했다. 노 대통령은 그 와중에 일부 언론, 부동산 투기업자, 강남의 투기꾼들이 자신들의 이익만을 위해 아파트값 인상을 부채질 하고 있다고 비난했다. 이들 때문에 정부가 아무리 올바른 정책을 내놓아도 효과를 거두지 못하고 있다고 분노했다. 그러던 대통령이 신년사에서 정부의 정책에 시행착오가 있었다고 처음으로 시인했다. 기자들은 이 신년사에서 정부가 자책을 시인했으므로 다시 부동산 정책을 내놓을 것이라는 메시지를 읽었다. 그리고 대통령의 의지가 얼마나 강한 것

인지를 직접 인용, 리드에 포함시킴으로서 독자들에게 가감(加減)없이 전달하려 했다. 〈 "정부의 시행착오가 있었다." 며 "다시 대책을 보완하고 있다. 거듭 다짐 드린다. 반드시 잡겠다. 그리고 잡힐 것" 이라고 말했다.〉 공교롭게도 두 신문이 동일한 내용을 리드로 뽑았다. 여타 신문들도 마찬가지였다.

"거듭 다짐 드린다. 반드시 잡겠다. 그리고 잡힐 것" 이라는 반복 표현은 운율을 맞춘 강조 용법이지만 이 표현은 "나는 보았다. 싸웠다. 이겼다" 라는 고대 로마 병정의 일화를 연상시킨다. 전장(마라톤 평원)에서 42.195Km를 쉬지 않고 달려와 시민들에게 전승 소식을 알리고 그 자리에서 지쳐 쓰러져 숨을 거둔 이야기. 오늘날 마라톤의 기원이 되지 않았던가. 대통령 연설문 작성자는 이를 통해 메시지를 강조했고 기자들은 이를 그대로 기사 머리에 인용함으로써 대통령의 단호하고도 처절한 심정을 전달했다.

- 신년사가 발표된 1일은 리드에 넣어도 되고 그 다음 문장에 넣어도 무방하다. 위 기사에서 보듯, '2007년 신년사' 또는 '정해년 신년사' 등은 대통령 연설의 타이틀(제목)이지 내용은 아니다. 리드의 핵심 내용이 길기 때문에 타이틀은 뒤로 돌렸다. 보도자료 기사 작성에서 되풀이해서 강조한 바 있다.
- 같은 맥락에서 유의해야 할 점은 인사말이나 의례적인 말은 과감히 생략한다는 것이다. 2번 째 단락 〈올해는 국민 여러분 가정에 행복이 가득하고··· 소망합니다〉. 〈무엇보다 우리 국민의 살림살이가··· 정부도 열심히 하겠습니다〉 등은 의례적인, 덕담 수준의 말이다. 따라서 기사에 포함시킬 필요가 없다. 다만 신년사는 대통령이 새해를 맞아 국민들에게 인사를 하고 격려를 하는 자리이므로 예외다.
- 〈노대통령은 ~라고 말했다〉. 〈노 대통령은 ~라고 강조했다〉. 〈노 대통령은 ~라고 역설했다〉. J일보 기자는 동사를 '말했다' '강조했다' '역설했다' 라고 번갈아 썼다. 이에 비해 C일보 기자는 '말했다' 를 반복했다. 스트레이트기사에서는 가치중립적인 단어를 쓰는 것이 바람직하다고 언급한 바 있다. 그럼에도 불구하고 우리나라에서는 J일보 기자처럼 쓰는 경우가 허다하다. 아직 기자는 물론 데스크에서 이에 대한 인식이 부족, 걸러지지 않고 있는 것이다.
- J일보, C일보 기자들의 기사는 한 문장이 대체로 너무 길다. 현장의 기자들은 취재한 정보를 되도록 많이 전하고 싶어 한다. 그러다보면 부지 부식 간에 문

장이 늘어진다. 바람직한 현상이 아니다. 한 문장이 너무 길어지면 두 문장으로 나누는 습관을 기르는 것이 좋다.

- 이름, 기관, 단체명 등을 적을 때, 처음 나올 때는 정식 명칭을 써주지만 다음부터는 약칭을 쓴다. '노무현 대통령'은 '노 대통령', '행정안전부'는 '행안부', '서울특별시'는 '서울시' 등. 이는 시간과 지면을 절약, 기자나 독자들에게 편의를 제공하자는 것이다. 그러나 혼동이나 오해의 소지가 있다면 피해야 한다. 처음 정식 명칭을 쓰고 ( )속에 약어를 써서 다음의 명칭을 예고하는 경우도 많다. 유엔 교육 과학 문화 기구(UNESCO), 동남아국연합(ASEAN) 등.
- 위 두 기사의 또 다른 특징은 직접 인용이 많다는 점이다. 이는 대통령이라는 특수 신분 때문이다. 기자들은 대통령의 발언이므로 워딩(wording) 하나하나가 중요하고 민감하다고 생각한 것이다. 실제로 대통령의 연설문은 오래 전부터 전문 담당자들의 손을 거치며 심사숙고 끝에 완성된다. 이 과정에서 내용은 물론 표현이 수없이 고쳐지고 다듬어진다. 연설문의 어느 한 군데라도 빈틈이나 잘못이 있어서는 안 된다. 만일 그렇다면 당장 언론으로부터 집중 포화를 맞을 것이다. 기사에서 직접 인용을 많이 했다는 것은 그만큼 신중히 처리했다는 의미도 된다.

3. 이명박 대통령 조사

다음은 2010년 이명박 대통령이 행한 천안함 침몰 희생자 조문 연설 전문(全文)이다.

연설문 전문

국민 여러분,

지금 우리는 깊은 슬픔과 충격 속에 있습니다. 지난 주, 침몰된 천안함의 함미가 인양되고, 실종 장병 한 사람 한 사람이 태극기에 덮여 나오는 모습에 국민 모두가 울었습니다.

우리 젊은이들이 어떻게 이런 일을 당했는지, 가슴이 터지는 듯 했습니다. 군통수권자인 대통령으로서 무한한 책임과 아픔을 통감하면서, 살아있을 때 불러보지 못했던 사랑하는 우리 장병들의 이름을 마지막으로 불러봅니다.

이창기 원사, 최한권 상사, 남기훈 상사, 김태석 상사, 문규석 상사, 김경수 중사, 안경환 중사, 김종헌 중사, 최정환 중사, 민평기 중사, 정종율 중사, 박경수 중사, 강준 중사, 박석원 중사, 신선준 중사, 임재엽 하사, 손수민 하사, 심영빈 하사, 조정규 하사, 방일민 하사, 조진영 하사, 차균석 하사, 박보람 하사, 문영욱 하사, 이상준 하사, 장진선 하사, 서승원 하사, 박성균 하사, 서대호 하사, 김동진 하사, 이상희 병장, 이용상 병장, 이재민 병장, 이상민 병장, 또 한 명의 이상민 병장, 강현구 병장, 정범구 상병, 김선명 상병, 박정훈 상병, 안동엽 상병, 김선호 상병, 강태민 일병, 나현민 일병, 조지훈 일병, 정태준 이병, 장철희 이병.

대통령의 호명에 여러분 한사람 한 사람이 관등성명을 대면서 우렁차게 복창하는 소리가 제 귀에 들리는듯합니다.

여러분이 마지막 순간까지 나라를 걱정하고 가족을 걱정하며 서로 "너만은 살아남으라"고 서로 격려했을 때의 모습이 눈에 보이는 듯합니다.

"우리 바다 넘보는 자 어느 누구도 부릅뜬 우리 눈을 죽일 수 없으리. 우리는 자랑스런 천안함 용사" 여러분이 모두 모여 함께 부르고 있을 '천안함가'가 귀에 쟁쟁합니다.이제 여러분은 우리를 믿고, 우리에게 모든 것을 맡기고,

편히 쉬기를 바랍니다. 명령합니다.

나는 여러분에게 약속합니다. 대통령으로서 천안함 침몰 원인을 끝까지 낱낱이 밝혀낼 것입니다. 그 결과에 대해 한치의 흔들림 없이 단호하게 대처할 것입니다. 다시는 이런 일이 일어나지 않도록 하겠습니다. 철통같은 안보로 나라를 지키겠습니다. 나는 우리 군대를 더욱 강하게 만들겠습니다. 강한 군대는 강한 무기뿐만 아니라 강한 정신력에서 오는 것입니다. 지금 우리에게 필요한 것은 그 무엇보다 강한 정신력입니다. 지금 우리는 우리 스스로를 냉정히 되돌아봐야 합니다. 우리에게 무엇이 부족한지, 무엇이 문제인지, 철저히 찾아내 바로잡아야 할 때입니다.

사랑하는 천안함 장병 여러분, 통일이 되고 이 땅에 진정한 평화와 번영이 오면 우리 국민들은 여러분의 희생을 다시 한 번 기억할 것입니다. 당신들이 사랑했던 조국은 여러분을 결코 영원히 잊지 않을 것입니다.

사랑하는 유가족 여러분, 무슨 말씀을 드린들 위로가 되겠습니까. 그러나 모든 국민들이 희생된 장병들에 대한 추모와 남은 가족들을 위로하기 위해서 뜻을 함께 하고 있습니다. 국민의 따뜻한 마음이 위로가 되었으면 합니다.

존경하는 국민 여러분, 이 큰 충격, 이 큰 슬픔을 딛고 우리 모두가 한 마음 한 뜻으로 힘을 모아 이 어려움을 이겨냅시다. 이것이 남아 있는 우리들이 장병들의 희생을 진정으로 기리고 그 뜻에 보답하는 길이 될 것입니다.

습작 1

(i) "대통령으로서 천안함 침몰 원인을 끝까지 낱낱이 밝혀낼 것입니다. 그 결과에 대해 한 치의 흔들림 없이 단호하게 대처할 것입니다."

(ii) 0일, 이명박 대통령은 천안함 사고 희생자 조문연설에서 이와 같이 말하며, 천안함 사고에 대한 진상규명과 강경대응에 대해 언급했다.

(iii) 이날, 이 대통령은 천안함 희생자 46명의 이름을 하나하나 부르며 애도를 표했다.

(iv) 또한, 다시는 천안함 사고와 같은 일이 일어나지 않도록, 우리 군대의 정신력을 더욱 강하게 만들겠다고 말했다.

(v) 이 대통령은 천안함 사고를 딛고 국민 모두가 힘을 모아 어려움을 이겨내자며 연설을 끝마쳤다.

리뷰 1

(i) 인터뷰 기사체이다. 스트레이트 기사 리드는 주어와 동사가 분명한 서술형이어야 한다. 또 스트레이트 기사에서는 직접 인용을 해도 존칭어는 안 쓴다. 이 문장을 고쳐 쓰면 〈이 대통령은 "대통령으로서 천안함 침몰 원인을 끝까지 낱낱이 밝혀낼 것"이라며 "그 결과에 대해 한 치의 흔들림 없이 단호하게 대처할 것"이라고 말했다〉.

(ii) 〈천안함 사고에 대한 진상규명과 강경대응에 대해 언급했다〉는 (i)의 내용을 다시 정리한 비효율적인 문장이다. '언급했다' 역시 스트레이트 기사에서는 바람직하지 않다. 습작의 앞부분을 살린다면 〈~천안함 사고 희생자 조문연설에서 이 같이 말하며 철통같은 안보로 나라를 지키겠다고 다짐했다.〉라고 또 다른 메시지를 담는다.

(iii) 〈~46명의 이름을 하나하나 부르며 애도를 표했다.〉에서 막연히 '애도를 표했다'는 표현 대신 구체적으로 어떻게 애도를 표했는지를 알려주어야 한다. 〈~천암함 침몰 희생 장병 46명의 이름을 하나하나 부르며 "대통령으로서 무한한 책임과 아픔을 통감한다"고 말했다〉.

(iv) '이 대통령'이라는 주어가 빠졌다. 물론 같은 단락의 경우 앞 문장에 나오면 생략할 수도 있다. '이 대통령'의 말이라는 것을 누구나 알 수 있기 때문이다. 그러나 원칙적으로는 주어를 넣어야 한다. 같은 주어가 반복되는 것이 마음에 안 든다면 뒤로 돌리면 좋다. 즉 〈다시는 천안함 사고와 같은 일이 일어나지 않도록, 우리 군대의 정신력을 더욱 강하게 만들겠다고 이 대통령은 말했다〉.

(v) '이 대통령은 천안함 사고를 딛고~'는 〈이 대통령은 천암함 침몰의 충격, 슬픔을

딛고〉로 고친다. 또 "어려움을 이겨내자며 연설을 끝마쳤다."는 사실과 다를 뿐 아니라 구태여 '끝마쳤다'는 표현을 넣으려고 애쓸 필요가 없다. '어려움을 이겨내자고 말했다.'면 충분하다.

습작 2

(i) 이명박 대통령은 27일, 천안함 사태와 관련해 "대통령으로서 무한한 책임과 아픔을 통감하며, 그 원인을 낱낱이 밝힐 것"이라고 말했다.

(ii) 이날 열린 천안함 사고 희생자 조문연설에서 이 대통령은 희생된 장병들을 한 명씩 호명하며, 마지막 순간까지 나라를 걱정했을 모습이 눈에 보이는 듯하다고 말했다.

(iii) 이 대통령은 '천안함가'의 가사를 읽고 난 뒤, 희생된 장병들에게 '이제 모든 것을 우리에게 맡기고 편히 쉬라'고 명령했다.

(iv) 또한, 다시는 이와 같은 사고가 일어나지 않도록 철통같은 안보로 나라를 지키겠다고 이 대통령은 덧붙였다.

(v) "우리 군대를 더욱 강하게 만들겠다."고 한 이 대통령은, 강한 군대는 강한 무기뿐만 아니라 강한 정신력에서 오는 것이라고 말했다.

(vi) 이 대통령은 유가족에게도 "모든 국민들이 희생된 장병들에 대한 추모와 남은 가족들을 위로하기 위해서 뜻을 함께 하고 있다."고 위로했다.

(vii) 이 대통령은 국민에게 이 충격과 슬픔을 딛고 우리 모두가 힘을 모아 이 어려움을 이겨내는 것이 장병들의 뜻에 보답하는 길이라고 말하며 연설을 끝마쳤다.

리뷰 2

(i) 언뜻 잘 된 리드 같다. 그러나 연설문과 꼼꼼히 대조해보면 사실과 다르다는 것을 알 수 있다. 앞의 '대통령으로서 무한한 책임과 아픔을 통감하며'라는 문장과 뒷부분 '그 원인을 낱낱이 밝힐 것'은 각기 다른 문장에서 따왔다. 다른 문장에서

따온 내용을 한 인용부호 안에 묶어 한 문장처럼 만드는 것은 독자들을 오도하는 것이다. 이 부분은 〈"대통령으로서 무한한 책임과 아픔을 통감한다"며 "천안함 침몰 원인을 끝까지 낱낱이 밝혀 낼 것"이라고 말했다.〉라고 써야 한다.

(ii) 주어 '이 대통령'이 문장 앞에 나오는 것이 더 좋다.

(iii) "이 대통령은 '천안함가'의 가사를 읽고 난 뒤"에서 독자들은 천암함가의 내용을 모르므로 〈우리 바다 넘보는 자 어느 누구도 부릅뜬 우리 눈을 죽일 수 없으리. 우리는 자랑스런 천안함 용사〉 중 일부라도 소개하고 뒷 문장을 쓰는 것이 좋다. 즉 〈"우리는 자랑스런 천암함 용사"라는 '천안함가'의 가사를 읽고 난 뒤, 희생 장병들에게~〉. 또 〈'편히 쉬라'고 명령했다.〉는 〈"~편히 쉬기를 바란다. 명령한다"라고 말했다.〉가 정확한 표현.

(v) '이 대통령'이 문장 앞으로 나오는 것이 좋다.

(vi) '위로했다'는 '말했다'.

(viii) '연설을 끝마쳤다'도 사실과 다르므로 〈장병들의 뜻에 보답하는 길이라고 말했다.〉가 정확.

모범기사

- 이명박 대통령은 18일 "천안함 침몰 원인을 끝까지 낱낱이 밝혀낼 것이며 그 결과에 대해 한 치의 흔들림없이 단호하게 대처할 것" 이라고 말했다.
- 이 대통령은 이날 천안함 침몰 희생자 추모 연설에서 또 "대통령으로서 무한한 책임과 아픔을 통감한다." 며 "다시는 이런 일이 일어나지 않도록 하겠다." 고 말했다.
- 이 대통령은 "천안함의 함미가 인양되고, 실종 장병 한 사람 한 사람이 태극기에 덮여 나오는 모습에 국민 모두가 울었다." 며 희생 장병 46명의 이름, 계급을 일일이 호명했다. (이 대통령은 이 때 목이 메어 말을 잇지 못하며 눈시울을 붉혔다.)
- 이 대통령은 이어 "우리 군대를 더욱 강하게 만들겠다." 며 "강한 군대는 강한 무기뿐만 아니라 강한 정신력에서 나오므로 정신력 강화에 만전을 기하자" 고 말했다.
- 지금은 "우리 스스로를 냉정히 되돌아보아야 할 때" 라고 말한 이대통령은 "우리에게 무엇이 문제인지 철저히 찾아내 바로 잡아야 한다." 라고 덧붙였다.
- 이 대통령은 우리나라가 통일이 되고 평화와 번영이 오면 국민들은 장병들의 희생을 다시 한 번 기억할 것이라며 "조국은 여러분을 결코 잊지 않을 것" 이라고 말했다.

기사 작성에서의 인용

노 대통령의 신년사에서 언급했듯이 대통령 연설문은 단어 하나하나가 정제된 것이고 또 최고지도자의 발언이라는 비중 때문에 기사에 직접 인용이 유별나게 많다. 그러나 일반적인 연설문에서는 직접 인용을 너무 많이 하지 않도록 절제한다. 첫째, 시선의 흐름을 방해한다. 돌부리가 많으면 달리기에 지장을 주는 격이다. 둘째, 직접 인용은 그 내용을 강조하거나, 이색적인 것을 나타내주려는 것인데 그 의미가 퇴색한다. 모든 것이 중요하고 강조된다면 어느 것이 진짜 중요한 메시지란 말인가. 셋째, 생동감을 주기위한 직접 인용도 마찬가지로 직접 인용의 의도를 희석시킨다는 점을 유의해야 한다.

직접 인용을 많이 하기 보다는 간접 인용을 적당히 섞어 쓰면 문장을 간결하게 정리할 수 있다. 직접 인용부호 안은 연설자의 말을 그대로 옮겨야 하므로 길어지는 것이 보통이다. 그러나 간접 인용을 하면 연설자의 발언 의도를 훼손하지 않는 한도에서 기자가 적합한 말로 간단명료하게 표현할 수 있기 때문이다. 위의 연설에서 예들면 〈이 대통령은 "천안함 침몰 원인을 끝까지 낱낱이 밝혀낼 것"이라며 "통일이 되고 이 땅에 진정한 평화와 번영이 오면 우리 국민들은 여러분의 희생을 다시 한 번 기억할 것입니다." 라고 말했다.〉고 기사를 썼다고 하자. 이 중 보다 중요한 발언은 직접 인용하고, 나머지는 간접 인용하면 간단히 정리된다. 즉 〈이 대통령은 "천안함 침몰 원인을 끝까지 낱낱이 밝혀낼 것"이라며 통일이 오면 국민들은 장병들의 희생을 다시 한 번 상기할 것이라고 말했다〉.

따라서 문장을 간단명료하게 하려면 인용부호 안에 들어가는 말이 짧아야 한다. 여러문장보다는 한 문장, 한 문장 보다는 한 개의 절이나 구, 가능하면 주요한 단어만을 포함시키는 것이다. 그런 후 인용부호 밖의 말은 원래의 의미를 훼손하지 않는 한도에서 간단하게 표현한다.

4장 토론 및 강연회 기사작성

토론회는 연사가 주제발표를 한 후 패널(토론자단)들이 찬반으로 나뉘어 의견을 개진하고 일반 청중들에게도 질문을 하거나 의견을 제시할 기회를 주는 것이 일반적이다. 발표가 있고 이에 대한 찬반이나 질문, 의견 개진이 수반된다는 점에서 연설과 취재 방식이 기본적으로 같다. 강연회 역시 유사하다. ('3장 연설 기사작성' 참고).

1. 김문수 경기도지사 연설

다음은 김문수 경기도 지사가 2010년 9월 한 토론회에서 행한 발언을 종합 일간지가 보도한 스트레이트 기사이다.

신문보도 사례

(i) 김문수 경기도지사는 10일 "대통령에게 너무 많은 권한이 집중돼 지금까지 우리나라 대통령이 모두 불행했다."라며 "분권을 해야 대통령이 행복해질 수 있다."고 말했다.

(ii) 김 지사는 이날 국회 의원회관 대회의실에서 열린 '지방행정체제 개편에 관한 특별법안 국민 대토론회'에 기조연설자로 나서 "대통령의 권력을 국회에 나눠주는 것과 언론의 자유, 지방분권 등 3가지 분권이 중요하다"며 이같이 말했다.

(iii) 이어 김 지사는 최근 국회에서 도(道)를 폐지하거나 기능을 축소하는 방안이 논의되는 것과 관련해 "도는 1015년 전에 생겨 조선총독부도, 김일성, 김정일도 없애지 못했다."라며 "어떻게 법을 만들어 방망이만 두들기면 없앨 수 있다고 생각하느냐"고 비판했다. 그러면서 "국회의원들은 '대통령이 뭐라고 그러나…'에만 신경 쓰지 말고 국민의 소리를 들어야 한다."고 '쓴소리'를 했다. 그는 "'김 지사 좀 조용하라'고 (주변에서) 말하지만 지방분권 문제만은 그럴 수 없다"며 "지방자치가 선진국으로 가는 길이고 지방자치를 강화해야 국민이 행복해진다."라고 주장했다.

(iv) 김 지사의 '거침없는' 발언을 두고 대권행보를 본격화하는 것이 아니냐는 관측이 나왔다. 이런 점을 의식한 듯 김 지사는 기조연설에 앞서 "대권행보에 나섰다느니, 대통령과 각을 세운다느니 하는 시각에서 보지 말아 달라"며 "평소 늘 하던 얘기를 하는 것"이라고 말해 확대해석을 경계했다.

(v) 하지만 김 지사 측 핵심인사는 이날 D신문 기자와 만나 "김 지사는 주변 인사들과 수시로 정책현안이나 국가적 어젠다를 놓고 논의하고 있다"며 "경기도지사만 하려면 그럴 필요는 없지 않겠느냐"고 말했다. 이 인사는 "다만 김 지사는 본인이 대선 후보가 되느냐 마느냐보다 한나라당이 미래 비전을 담을 수 있는 정당으로 탈바꿈하느냐에 더 관심이 많다."고 덧붙였다.

리뷰

(i) 김문수 지사가 행한 발언 중 가장 중요하다고 생각한 것을 직접 인용, 리드에 넣었다.

(ii) 김지사가 어디에서, 무엇을 주제로 삼아 연설했는지 즉 장소나 연설 타이틀을 리드 다음 문장에 넣었다. 이를 리드에 넣었더라면 문장이 길어졌을 것이다.

(iii) 동일 소주제에 관한 두 문장은 한 단락으로 처리했다. 동사 '비판했다' '쓴 소리를 했다' '주장했다'는 기자의 주관적 견해가 들어간 것이므로 바람직하지 않다. 원칙적으로 '말했다'가 옳다. 이 기사를 쓴 기자도 '쓴소리를 했다'는 자의적 해석임을 의식, 인용부호를 달았다. 이 기사에서 보듯, 우리 언론에서는 중립적

(객관적) 단어가 아니라도 어느 정도는 허용되고 있다.

(iv) '거침없는' 도 마찬가지. 기자의 주관적 판단에 의한 것이거나, 다른 사람들이 그렇게 말하고 있다는 것을 나타내기 위해 인용부호를 했다. '~말해 확대해석을 경계했다' 역시 해설식 표현이다. 따라서 여기서도 '말했다' 로 끝내는 것이 좋다.

(v) '핵심인사' 라는 표현도 가급적 피해야 한다. 이름, 직책 등을 밝혀야 기사가 더 신뢰를 얻을 수 있다. 물론 신원을 밝히지 않기로 약속했다면 지켜주어야 한다.

2. 정운찬 국무총리 토론회

다음은 정운찬 국무총리가 2009년 12월 관훈 토론회에서 행한 기조연설 전문(全文)과 이어 벌어진 기자들과의 질의응답 내용을 일부 발췌 한 것이다.

연설 전문과 질의응답 요약

일시 : 2009년 12월 2일 오전 8시

장소 : 한국프레스센터 내셔널프레스클럽

정운찬 국무총리 기조연설

저는 국무총리에 취임해서 두 가지 변화를 경험하고 있습니다. 하나는 대학에 있을 때는 사회나 정부정책에 대한 건설적 비판자였습니다만 지금은 정부정책을 수립하고 또 집행하는 위치에 있게 되었습니다. 공격보다 수비가 훨씬 어렵다는 것을 절감하고 있습니다. 전에 비해서 훨씬 더 여러 가지에 대해 많이 알아야 되는 것을 실감하고 있습니다. 또 하나는 조찬모임이 많아진 것입니다. 저는 원래 밤늦게까지 일하고 아침잠은 많은 편이었습니다. 그러나 이제 두 달 남짓 지나면서 겨우 적응이 되는 것 같습니다.

영국의 윈스턴 처칠 총리도 아침잠이 많았던 모양입니다. 1941년 말 처칠 총리가 미국을 방문해서 늦잠을 자고 아침에 느긋하게 샤워하고 있는데 프랭클린 루스벨트 대통령이 찾아옵니다. 서둘러 거실로 나오다 보니 공교롭게도 허리에 두르고 있던 타월이 미끄러져 바닥에 떨어지고 말았습니다. 그러자 처칠은 아예 두 손을 활짝 벌린 채 루스벨트 대통령을 환영했습니다. 그러고는 이렇게 말했습니다. "대영제국 총리는 미합중국 대통령 앞에서 실오라기 하나 감출 것이 없다."고 말입니다. 그 후 두 지도자는 서로 다른 성격과 목표를 우정으로 승화시켜 제2차 세계대전을 승리로 이끌었다고 합니다.

저는 오래전부터 '선진일류국가란 무엇일까? 10년 또는 20년 후의 한국의 모습은 어떤 것이었으면 좋을까?'에 대해서 많은 고민을 해왔습니다. 몇 가지만 간추려 말씀드린다면, 첫째 정치적으로는 민주주의가 성숙하고, 둘째 경제적으로 지속적 성장을 달성하며, 셋째 사회가 통합되고, 넷째 나라의 품격을 높이는 것이라고 생각합니다.

저는 이러한 믿음을 갖고 당면한 경제위기 극복과 서민생활 안정, 그리고 선진일류국가의 초석을 마련하는 데 최선을 다하고 있습니다. 다행히 우리나라는 지금 OECD국가 중에서는 가장 빨리, 그리고 G20국가 중에서도 경제위기를 극복하고 있는 모범국가로 인정받고 있습니다. 올해 3분기에 2002년 1분기 이후 처음으로 2.9%의 성장을 이루었습니다. 그러나 아직 긴장을 늦출 수 있는 단계는 아닙니다.

세계경제는 여전히 요동치고 있습니다. 세계 어느 나라도 내일을 장담할 수 없는 상황입니다. 우리 안으로도 여러 가지 어려움이 있습니다. 마치 한 발은 달려 나가려 하는데, 다른 한쪽은 발목이 묶여 있는 안타까운 모습이라고 할 수 있습니다.

지금이야말로 조화와 단결이 참으로 절실한 때입니다. 산업화와 민주화의 기적을 이루어낸 우리 국민의 위대한 저력을 하나로 모아야 합니다. 지금의 위기를 절호의 기회로 만들어야 합니다.

이것을 위해 정부부터 심기일전해서 더욱 노력하겠습니다. 우선 기업들의 야성적 투자마인드를 자극할 수 있도록 투자환경 개선을 위한 규제완화를 지속적으로 추진하겠습니다. R&D 재정투자, 창업절차 간소화 등 투자촉진 방안을 보다 강화하겠습니다.

위기 이후의 재도약을 위한 준비도 소홀히 할 수 없습니다. 녹색기술, 첨단융합기술, 고부가 서비스 분야의 새로운 성장동력 산업을 체계적으로 육성해 나가겠습니다.

서민과 취약계층을 지원하는 데 온 힘을 다하겠습니다. 시장의 효율성을 중시하면서도 사회구성원 서로가 보살피는 따뜻한 사회를 만드는 것이 바로 '중도실용, 친서민'의 철학일 것입니다. 서민의 어려움을 덜어주기 위해 내년도 복지예산을 사상 최대수준인 81조 원으로 확대하였습니다. 복지대상자를 꾸준히 늘려가고, 일과 복지를 연계한 탈빈곤 대책을 적극 추진해나갈 것입니다.

교육은 모든 사람에게 희망과 꿈을 실현시켜줄 수 있는 기회이며, 누구도 여기에서 소외되지 않아야 합니다. 소득과 계층에 구분 없이 양질의 교육을 받고 창의적인 인재가 배출될 수 있도록 노력하겠습니다.

존경하는 관훈클럽 회원 여러분, 저는 지난 주말 세종시 건설현장을 다녀오면서 참으로 안타까운 심정이었습니다. 어린 자식들의 먹을거리를 마련하기 위해 고향을 등질 수밖에 없었던 아버지의 모습이 떠올랐습니다. 한 겨울날 병원에서 얻은 빨랫감을 이고 언덕길을 올라오시던 어머니의 모습도 생각났습니다.

제가 탄 버스에 달걀과 깡통을 던진 분들의 심정을 누구보다 잘 알고 있습니다. 오랜 삶의 터전이던 농토를 잃고 조상 대대로 내려온 산소마저 이장해야 했던 분들의 심정을 어떻게 모르겠습니까.

저는 세종시를 원안 그대로 이행해야 한다는 분들의 우국충정도 충분히 이해하고 있습니다. 개인이든, 국가든 약속만큼 소중한 것이 없다는 것도 누구보다 뼈저리게 느끼고 있습니다. 그러나 세종시는 정치적 신뢰문제 이전에 국가의 명운이 달린 대역사입니다. 첫 단추가 잘못 끼워졌으면 한시라도 빨리 바로잡아야 합니다. 당리당략이나 개인의 정치적 이해득실에 따라 논란을 거듭하기에는 너무나 엄중한 국가대사가 아닐 수 없습니다. 우리가 지금 과거에 얽매여 미래를 결정하게 된다면 후손들에게 엄청난 부담을 끼칠 수도 있을 것입니다. 행정부 이전으로 국가경쟁력을 저해할 것이 아니라, 융합과 시너지를 통한 새로운 가치를 창조해야 합니다. 충청만이 아니라 대한민국이 30년, 50년 먹을 수 있는 '제3의 쌀'을 창조하도록 해야 합니다. 앞으로 민관합동위원회를 중심으로 다양한 국민의견을 수렴해서 가장 바람직한 세종시 발전방안을 적극적으로 모색할 것입니다.

관훈클럽 회원 여러분, 내년 11월에는 서울에서 G20정상회의가 열립니다. 정부는 이 회의를 계기로 대한민국의 품격과 이미지 향상을 적극 도모해 나가고자 합니다. 작년 국가브랜드 조사결과에 따르면 우리는 경제규모에 비해 국가브랜드 순위가 현저히 낮은 수준입니다. 이제 한국 기업이라는 것이 약점이 아니라 강점이 될 수 있도록 사회 전반에 걸쳐 제도와 관행 그리고 의식을 선진화해야 합니다. G20정상회의가 선진일류국가 실현의 확고한 발판이 되고, 국운상승의 불씨를 지피는 계기가 될 수 있도록 여러분의 성원을 당부 드립니다.

존경하는 관훈클럽 회원 여러분, 대한민국 국민은 위기 앞에서 강해지는 위대한 민족입니다. 지금까지 우리 앞에 쉬워 보이는 문제가 주어진 적이 있었습니까. 또 우리의 힘으로 풀어내지 못한 문제가 있었습니까. 이것이 바로 지난 한 세기 동안 우리가 이룩해온 기적의 역사입니다.

지금도 어렵다고 절망한다면 아무런 희망을 가질 수 없습니다. 흔히 교육이 큰 문제라고 합니다. 사교육비 등 실제로 문제가 많습니다. 그러나 얼마 전 방한했던 오바마 미국 대통령은 한국의 교육열을 여러 차례 높이 평가했습니다. 이처럼 문제가 있다면 함께 풀어내는 것이 중요합니다. 갈등과 대립이 아니라 힘과 지혜를 모아 새로운 희망을 찾는 것입니다.

저는 앞으로도 우리의 국가비전을 실현하고 시대정신을 구현하는 데 더욱 노력하겠습니다. 국민을 섬기면서 대화와 소통으로 우리 사회의 통합을 이루는 데 최선을 다하겠습니다.

얼마 전까지만 해도 신흥시장을 뜻하는 BRICs라는 말이 유행했습니다. 그러나 최근에는 러시아 대신 인도네시아를 넣은 BICIs라는 말이 나오고 있는 것을 언론에서 보았습니다. 그만큼 세상이 변하고 있습니다. 언젠가는 BICKs(Brazil, India, China, Korea)라는 말이 나올 수도 있을 것입니다. 이것은 막연한 저의 꿈이 아니라, 여러분과 함께 나누는 우리의 희망이 되기를 바라는 마음 간절합니다.

질의응답

A 기자 : 이명박 대통령께서는 지난달 27일 국민과의 대화에서 세종시 수정과 관련해서 원안을 바꾸는 것은 국가적으로 도움이 된다손 치더라도 혼란이 된 것에 대해 정말 죄송스럽게 생각한다고 사과했습니다. 그리고 지금 생각하면 조금 부끄럽기도 하고 후회스럽기도 했다고까지 말씀하셨습니다. 그런데 정 총리께서는 대정부질문에서 세종시 수정과 관련해서 사과할 필요가 없다고 답변하셨습니다. 지금도 그런 판단이 유효하십니까?

정 총리: 대국적 견지에서 그렇게 말씀드렸습니다. 나라의 장래를 위해서 세종시 설립안을 조금 바꾸는 것이 단기적인 약속이행보다 더 중요하

다고 생각했습니다. 질문이 다소 강하게 나와서 제가 제 입장을 지키기 위해 다소 강한 표현을 쓴 게 아닌가 생각합니다.

A 기자 : 그러면 사과해야 된다고 생각하셨는데도 질문이 강하게 나왔기 때문에 거기에 대한 대응을 하기 위해 사과할 필요가 없다고 말씀하신 건가요?

정 총리 : 지명을 받은 9월 3일에 아무래도 세종시는 원안대로보다는 좀 수정하는 것이 나라를 위해 바람직하다는 의사를 표했고 지금도 저는 제 방향이 옳다고 생각합니다. 그리고 저는 세종시의 아이디어를 만드는 일, 또 세종시와 관련된 여러 가지 법률을 만드는 과정, 그다음에 이루어진 일련의 정치과정에 참여한 일은 없습니다. 그래서 의견을 표출했었습니다.

A 기자 : 지금도 대통령이 사과한 판단에는 동의하지 않는 것으로 이해해도 되겠습니까?

정 총리 : 저는 대통령의 진정성을 믿습니다. 그리고 나라의 발전을 위해서 세종시는 수정하는 것이 원안 고수보다 옳다고 생각합니다.

B 기자 : 이 대통령께서는 27일 세종시 수정방침을 밝히면서 본인이 정치적으로 손해를 보는데도 나라를 위해 수정하겠다고 했습니다. 정치지도자가 판단하기에 자기가 정치적 손해를 보고 나라에 도움이 된다고 판단하면 이제까지 국민이 합의한 법률을 파기해도 된다고 생각하십니까?

정 총리 : 국민과 한 약속이건, 개인 간의 약속이건 약속은 굉장히 중요합니다. 그러나 과거에 약속한 것이 미래발전에 저해되는 것이라면 국민의 양해를 얻어서 새로운 아이디어를 내는 것이 더 바람직하다고 생각합니다.

B 기자 : 정치지도자가 이미 사법적, 입법적으로 모든 절차를 거쳐서 결정된 사안을 자기의 자의적 판단에 따라 파기하는 것은 어떻게 보면 독재

의 논리라고 볼 수도 있습니다. 이 부분에 대해서는 어떻게 생각하십니까?

정 총리 : 현재로서는 새로운 생각을 사회와 국민 앞에 보여서 판단 받게 될 것입니다. 지금 현재로서 아무것도 결정된 것이 없습니다.

B 기자 : 정 총리께서 취임하신 이후 세종시에 대한 성격이 첫날 기자회견 때의 송도형 도시부터 11월 23일 첨단녹색지식산업도시까지 7차례나 바뀌었다는 지적이 있습니다. 이 대통령께서는 지난달 27일 교육과학도시가 될 수 있을 것으로 본다고 말씀하셨습니다. 그리고 지난달 30일 민관합동위에서는 과학비즈니스벨트를 유치하는 것이 좋다고 건의했습니다. 이렇게 성격이 수시로 바뀌고 있는데 총리가 생각하시는 세종시의 변화된 성격은 무엇입니까?

정 총리 : 저는 한마디로 교육과학중심의 경제도시를 만들었으면 합니다. 지금 도시의 성격에 대해서 여러 차례 말이 바뀌었다는 말씀을 하셨습니다만 여러분도 다 동의하시리라고 믿으나 도시는 움직이는 생물입니다. 그래서 계속 변하는 것이고, 또한 그 도시를 좌에서 볼 때나 우에서 볼 때 또 앞에서 볼 때, 뒤에서 볼 때 전부 다른 모습을 보일 수도 있습니다. 단지 도시의 성격과 관련해서 그 표현이 바뀌면서 혹시 국민들한테 혼란을 드렸다면 대단히 죄송하게 생각합니다만 도시성격에 관한 저희들의 생각이 크게 바뀐 것은 없습니다. 단지 여러 사람이 각각의 여러 시기와 장소에서 그 도시를 묘사하다 보니 좀 다른 표현이 나온 것이 아닌가 생각합니다.

C 기자 : 정부는 세종시에 9부 2처 2청이 내려가는 것에 대해 반대하면서 행정비효율을 가장 큰 이유로 들었습니다. 이 대통령께서도 국회와의 관계, 행정부처와의 관계, 가족들이 함께 따라가지 않는 것에 대한 문제점을 지적하셨습니다. 저는 이 논리가 140개 정부산하기관을 10개 도시로 내려 보내는 혁신도시 논리에도 그대로 적용된다고 봅니다. 140개 정부산하기관도 역시 정부중앙부처와 긴밀하게 연락하면서

일할 수밖에 없고, 정부산하부처에 있는 사람들의 말을 들어봐도 가족이 전부 내려갈 생각이 없습니다. 그렇다면 정부는 세종시를 수정하며 혁신도시는 계속 실시하겠다는 얘기도 하고 있는데 이런 논리라면 세종시 뿐만 아니라 혁신도시도 포기하고 수정하는 것이 옳지 않습니까?

정 총리 : 세종시 문제와 혁신도시 문제는 조금 다릅니다. 지금 세종시 문제는 무엇이냐 하면 정부가 특히 행정부가 두 부분으로 나뉘어서 결과적으로는 과천, 대전과 함께 네 부분으로 나뉘게 될 것입니다만 지금 9부 2처 2청이 세종시로 가게 되면 지금까지 알려진 바와 같이 여러 가지 행정부 비효율도 있지만 나라의 장래에 대한 의사결정을 매일 매일 해야 하는데 어려움이 있습니다. 그러나 혁신도시에 관해서는 물론 거기에 비효율도 있을지 모르겠으나 그것은 공공기업들이 가는 것입니다. 지금 157개 기업이 갈 예정으로 있고 117개는 이미 승인이 났고 또 상당부분이 부지조성공사까지 벌이고 있는 상황이지만 그 성격이 다릅니다. 혁신도시는 세종시 수정이 가해진다 할지라도 틀림없이 추진할 것임을 국민들께 말씀드리고 싶습니다.

D 기자 : 저는 총리께서 구상 중인 세종시수정안의 구체적인 내용에 대해서 몇 가지 여쭙겠습니다. 지금 정부가 구상 중인 세종시 수정안의 핵심 파트 중 국민이나 많은 사람이 궁금해 하는 것 중 하나가 원래 내려가게 돼 있는 9부 2처 2청 중 정부부처 이전이 어떻게 되는 것인가 하는 문제일 것 같습니다. 그러니까 이미 축소 내지는 하나도 안 내려간다는 시사들은 있으셨지만 이에 대한 구체적인 정부의 답변은 없는 것으로 알고 있는데요, 아예 한 부처도 안 내려가는 겁니까, 아니면 일부 축소해서라도 몇 개 부처는 내려갈 가능성이 있는 겁니까?

정 총리 : 모든 가능성이 열려 있습니다. 하나도 안 갈 수도 있고, 다 갈 수도 있는 모든 가능성을 열어놓고서 지금 세종시 민관합동위원회에서 논

의 중입니다. 강용식 위원이라든지 김광석 위원은 아주 강하게 원안을 고수하자고 주장하고 있고 또 어떤 분은 하나도 가지 않아야 된다고 생각하는 분도 있습니다. 그래서 지금 모든 가능성을 열어놓고 진지하게 논의 중이라고 말씀드릴 수 있습니다.

D 기자 : 모든 가능성이 열려 있다고 그랬는데 내려가고 내려가지 않는 그런 기준 같은 것들에 대한 논의도 있나요?

정 총리 : 어느 정부부처가 완전히 갈 것이냐, 또는 전혀 안 갈 것이냐, 어느 정부부처를 옮길 것이냐에 관해서는 아직 논의가 안 돼 있습니다.

습작 1

(i) 정운찬 국무총리는 2일 세종시 이전 문제는 "국가의 명운이 달린 대 역사" 라며 "첫 단추가 잘못 끼워졌으면 한시라도 빨리 잡아야 한다." 고 말했다.

(ii) 이날 열린 중견 언론인 친목 연구단체인 관훈클럽 토론회에서 정 총리는 이같이 말하고 또 "당면한 경제위기 극복과 서민생활 안정, 그리고 선진 일류국가의 초석을 마련하는데 최선을 다하고 있다" 고 말했다.

(iii) 이를 위해 기업규제 완화와 R&D 재정투자, 창업절차 간소화 등 투자촉진 방안을 보다 강화하겠다고 말했다.

(iv) 서민과 취약계층을 지원하겠다고 말한 정 총리는 "내년도 복지예산을 사상최대 수준인 81조 원으로 확대하였다" 고 말했다.

(v) 세종시 문제와 관련, 정 총리는 "당리당약이나 개인의 정치적 이해득실에 따라 논란을 거듭하기는 너무나 엄중한 국가대사" 라며 과거에 얽매여 미래를 결정한다면 후손들에게 엄청난 부담을 끼칠 수 있을 것이라고 덧붙였다.

(vi) 대한민국은 "위기 앞에서 강해지는 위대한 민족" 이라고 말한 정총리는

"갈등과 대립이 아니라 힘과 지혜를 모아 새로운 희망을 찾는 것"이 중요하다고 말했다.

(vii) 기조연설을 마친 후 세종시안 수정과 관련하여 "사과할 필요가 없다는 판단이 유효하냐"는 기자의 질문에 정 총리는 "대국적 견지에서 그렇게 말씀드린 것"이라며 "나라의 장래를 위해서는 세종시 설립안을 조금 수정하는 것이 단기적으로 약속이행 보다 더 중요하다고 생각했다"고 말했다.

(viii) 또한 정 총리는 "정치지도자가 국민이 합의한 법률을 파기해도 되는 것이냐"는 질문에 "그것이 미래 발전에 저해되는 것이라면 국민의 양해를 얻어 새로운 아이디어를 내는 것이 더 바람직하다"고 답했다.

(ix) 또 세종시의 성격이 수시로 바뀌고 있는 것이 아니냐는 질문이 제기되자, 정총리는 "도시성격에 관한 저희들의 생각이 크게 바뀐 것은 없다"고 말했다.

리뷰 1

(i) 시사 문제에 관심이 있는 사람이라면 리드의 의미를 곧 이해할 수 있다. 아니면 "세종시 문제에 첫 단추가 잘못 끼워졌다"는 말이 무슨 뜻인가. 잠시 고개를 갸우뚱 할 지도 모른다. 축약의 성격이 짙은 리드를 쓸 때 독자, 시청자가 바로 알아들을 수 있겠는가를 고려해야 한다. 만일 이에 대해 별 의문이 없다면 이 리드는 좋다.

(ii) '중견 언론인 친목 연구단체인 관훈클럽 토론회'를 리드에 넣지 않고 다음 문장으로 돌린 것은 바람직하다. 단 주어, '정 총리'가 앞에 나오는 것이 좋다.

(iii) 주어, '정 총리'를 생략한 것은 앞에 나왔기 때문일 것이다. 만일 이 문장이 앞의 것과 같은 단락으로 묶어진다면 괜찮다. 그러나 이 습작에서처럼 별행으로 정리한다면 생략하지 말아야 한다.

(iv) 역시 주어가 앞으로 나와야 좋다. 이 습작에서 가장 유감스러운 점은 바로 이처럼 주어를 문장 중간에 넣은 것이 너무 많다 것이다. (ii), (iv,) (vi), (vii), (ix) 모두가 그렇다. 습관적이다.

(vii) 이 기사의 초점은 정 총리에게 모아져야 한다. 기자의 물음은 정 총리의 발언을 듣기 위한 것이다. 기자의 질문을 길게 인용하거나 특히 기자의 질문을 " " 로 직접 인용하는 것은 바람직하지 않다. 이 때문에 이 문장에는 " " 가 3번 반복되는 번거로움이 나타났다.

(viii) 앞의 지적과 같다. 또 이 문장에서는 '법률을 파기한' 사람이 정 총리처럼 오해될 소지가 다분히 있다. '답했다'는 '말했다'.

(ix) '질문이 제기되자'는 '질문에' 라고 고치면 간단해 진다.

습작 2

(i) 정운찬 국무총리는 2일 오전 한국 프레스센터에서 열린 관훈토론회에서 세종시 원안이 수정되어야 한다고 말했다.

(ii) 정 총리는 세종시 원안 수정이 국민이 합의한 법률을 파기하는 것이 아니냐는 질문에 "과거에 약속한 것이 미래발전에 저해되는 것이라면 국민의 양해를 얻어서 새로운 아이디어를 내는 것이 더 바람직하다" 고 말했다.

(iii) 정 총리는 이를 위해 "앞으로 민관합동위원회를 중심으로 다양한 국민의견을 수렴해서 가장 바람직한 세종시 발전 방안을 적극적으로 모색할 것" 이라고 말했다.

(iv) 정 총리는 세종시의 성격을 묻는 질문에 "교육과학 중심의 경제도시" 를 만들고 싶다며 그동안 세종시의 성격이 계속 바뀌었다는 지적에 대해서는 "여러 사람이 여러 시기와 장소에서 묘사하다보니 좀 다른 표현이 나온 것 같다" 고 말했다.

(v) 또 정부부처 이전 계획을 묻는 질문에 대해서 정 총리는 "모든 가능성이 열려있다" 며 현재 세종시 민관합동위원회에서 논의 중이라고 말했다.

(vi) 정 총리는 혁신도시 문제에 대해서는 "세종시 수정이 가해진다 할지라도 틀림없이 추진할 것" 이라고 말했다.

(vii) 또한 정 총리는 세종시 성격이 녹색 첨단도시 등 7차례나 바뀌었다며 총리

가 생각하는 세종시의 성격이 무엇이냐는 질문에 대해서 "도시는 움직이는 생물로 앞, 뒤, 옆에서 보면 다른 모습일 수 있으나 도시 성격은 바뀌지 않았다"며 "교육과학 중심의 경제도시가 됐으면 한다."고 답했다.

(viii) 이날 토론회에 앞서 이루어진 기조연설에서 정 총리는 "경제 위기 극복과 서민생활 안정, 선진 일류국가의 초석을 마련하는데 최선을 다하고 있다" 고 말했다.

(ix) 정 총리는 이를 위해 투자환경 개선을 위한 규제완화를 지속적으로 추진하고, R&D 재정투자, 창업절차 간소화 등 투자촉진 방안을 강화하겠다고 말했다.

(x) 정 총리는 또 서민과 취약계층 지원에 힘쓰고 내년도 복지예산을 81조 원으로 확대하겠다고 말했다.

(xi) 이날 정 총리는 "국민을 섬기면서 대화와 소통으로 우리사회의 통합을 이루는데 최선을 다하겠다."며 언젠가는 BICKs (Brazil, India, China, Korea)가 이루어지길 바란다고 말하며 기조연설을 마무리했다.

리뷰 2

(i) 리드, '세종시 원안이 수정되어야 한다.' 는 어떻게 수정되어야 한다는 것인지 궁금증을 불러일으킨다. '한국 프레스센터', '관훈 토론회' 등 부차적인 정보보다 '수정의 내용' 을 알려주는 것이 낫다.

(ii) 앞 습작에서 지적한대로 '국민이 합의한 법률을 파기한' 사람이 정 총리로 오해될 소지가 있다.

(iv) 〈"교육과학 중심의 경제도시" 를 만들고 싶다며〉는 〈~~만들고 싶다고 말하고〉 라고 의미를 끊어줘야 한다. 다음에 나오는 '세종시의 성격이 계속 바뀌었다는 지적'은 정 총리가 아닌 기자의 발언. 질문 앞의 서술이 너무 길어 문장 전체가 늘어졌다. 앞의 것을 축약하거나 두 문장으로 만드는 것이 바람직하다. 즉 〈 7차례나 바뀐 세종시의 성격이 무엇이냐는 질문에 정 총리는 "도시는 움직이는 생물

로 앞, 뒤, 옆에서 보면 다른 모습일 수 있으나 도시 성격은 바뀌지 않았다" 고 말했다. 그러면서 정 총리는 세종시가 "교육과학 중심의 경제도시가 됐으면 한다." 고 말했다〉.

(viii) 기조연설은 토론회의 한 부분. 따라서 '토론회에 앞서' 는 '질의응답에 앞서'

(ix) " ~바란다고 말하며 기조연설을 마무리했다." 는 〈~바란다고 말했다〉.

연설과 질의응답의 구분

이 기사를 쓸 때 리드는 기조연설, 다음 2~3문장은 질의응답, 다시 다음 1~2문장은 기조연설, 그리고 다음은 질의응답 식으로 번갈아 가며 전개한 습작이 있다. 이는 읽는 사람들에게 혼란을 줄 우려가 있으므로 피하는 것이 좋다. 발언자의 비중에 따라 순서대로 쓰다보면, 또는 내용의 연관성 때문에 묶어 쓰다보면 이런 일이 일어나는 경우가 있으나 기조연설, 질의응답을 나누어 써주는 것이 바람직하다. 즉 리드 내용을 따온 쪽을 먼저 정리해주고 다른 쪽은 다음에 처리한다. 앞부분과 뒷부분을 이어주는 문장 형식은 '이어 계속된 질의응답 시간에 정 총리는 ~~라고 말했다〉 또는 〈이에 앞선 기조연설에서 정 총리는 ~~라고 말했다〉.

모범기사

- 정운찬 국무총리는 2일 "혁신도시는 세종시 수정이 가해진다 할지라도 틀림없이 추진할 것"이라고 말했다.
- 정 총리는 이날 한국프레스센터 내셔널프레스클럽에서 열린 관훈토론회 질의응답 시간에 이 같이 말하고 세종시 설립안을 수정하는 것이 "단기적인 약속이행보다 더 중요하다고 생각한다"고 덧붙였다. 정 총리는 이어 "과거의 약속이 미래발전에 저해가 된다면 새로운 발상을 하는 것이 바람직하다."고 말했다.
- 정 총리는 세종시처럼 혁신도시도 포기하고 수정하는 것이 옳지 않느냐는 기자의 질문에 세종시는 "행정부가 두 부분으로 나뉘는 것"이지만 혁신도시는 "공기업들이 가는 것"이라면서 그 둘은 서로 다르다고 말했다.
- 세종시의 성격이 계속 변한다는 지적에 대해서는 "세종시는 교육과학 중심의 경제도시로 만들었으면 한다."고 말했다.
- 세종시로의 정부 부처 이전과 관련, 정 총리는 "행정부 이전으로 국가 경쟁력을 저해할 것이 아니라 융합과 시너지를 통한 새로운 가치를 창조해야 한다."고 말했다.
- 정 총리는 또 "앞으로 민관합동위원회를 중심으로 국민의견을 반영한 세종시 발전방안을 모색할 것"이라고 말했다.

3. 백낙청, 이문열의 강연

다음은 한국 진보-보수 진영의 대표적 지성인 백낙청 씨와 이문열 씨가 2009년 2월 관훈포럼에서 행한 강연의 일부를 발췌한 것이다.

비상시국 타개를 위한 국민통합의 길

백낙청(서울대 명예교수)

대한민국은 지금 단순한 경제위기를 넘어 국가적인 비상시국에 처해있다는 것이 저의 생각입니다. 그 어느 때 보다도 각계각층의 다양한 소통과 참신하고 과감한 발상을 요구하고 있습니다. 완전한 국민통합은 불가능할 뿐더러 바람직한 목표도 아닙니다. 하지만 분단의 세계화시대건 분단시대건 또는 다문화사회이건 한 나라가 제대로 돌아가기 위해 일정한 수준의 국민통합이 필요하다는 것은 상식에 속하겠지요. 더구나 지금과 같은 국가적 위기에는 평상시 보다 훨씬 높은 수준의 통합이 필요하다는 점은 너무도 명백합니다.

그러나 현재 우리나라는 국민통합이 잘 안 되고 있는 것이 사실입니다. 그 책임이 어느 한사람에게, 어느 일방에 있다고 생각하지는 않습니다. 그러나 국정의 최고 권한을 쥔 대통령과 집권세력이 가장 직접적인 책임을 지는 것은 당연합니다. 실제로 지난 1년간 이명박 정부의 정책과 행태가 국민통합을 저해한 바는 너무나 많았습니다. 국민들을 전혀 설득하지 못한 일련의 인사결정이 그렇고 계층 간의 격차를 줄이기보다는 확대하는 방향의 경제, 사회 정책들이 그러합니다. 미국 경제가 나쁘고 세계경제가 나쁘기 때문에, 야당과 일부 불순세력이 발목을 잡기 때문에, 그리고 국민들이 너무 몰라주고 너무 말을 안 들어주기 때문이라는 거지요.

그러나 우리가 대통령더러만 반성하라고 다그친다면 우리 또한 통합에 아무런 기여도 못할 것입니다. 대한민국이 민주공화국이고 나라의 주인이 국민이라면 대통령이라는 상머슴의 잘못도 궁극적으로는 주인의 책임입니다. 노예는 주인을 탓하면서 노예생활을 할 수 있지만, 주인은 머슴을 탓하면서도 결국은 자신을 돌아봐야 진정한 주인입니다. 그렇다면 어떻게 해야 이명박 정부를 출범

시킨 국민이 책임을 다하는 길일까요? 우리가 뽑은 책임이 있으니까 다음 선거 때까지 꾹 참는 게 도리라는 주장은 극도의 무책임일 뿐입니다.

민주시민의 권리와 책무가 법에 정해진 시기에 투표만 하는 걸로 끝난다는 논리야 말로 모든 반미주적 정권이 애호하는 논리인 것입니다. 물론 국민들이 들고 일어나 당장에 정권을 갈아치우자는 주장도 무책임합니다. 그 점에서 '이명박 OUT' 구호를 외치기는 했지만 정권퇴진 운동까지는 안 가고 정권에 대한 엄중한 경고에 멈추면서 주권자들이 한바탕 축제를 벌인 작년의 촛불 시위는 이명박 정부 출범 벽두의 시점에서 국민들이 자기 책임을 이행하는 적절한 수준과 창의적 방식이었다고 생각합니다. 그러나 올해는 상황이 달라진 만큼 국민의 책임지는 방식도 달라져야 할 것입니다.

기본적으로는 우리사회의 합리적인 보수와 책임 있는 진보가 협력하여 폭넓은 중도세력을 형성하면서 정부 및 정치권과 시민사회가 동참하는 새로운 거버넌스 체계, 일종의 거국체계를 구성해야 될 것입니다. 이런 시도가 어떻게 진행되고 얼마나 성공할지를 생각해 보면 아슬아슬한 느낌을 금할 수 없습니다. 우리의 목표는 상생이지만 이를 위해 상극의 다툼을 일단 거쳐야 한다는 쓰라린 현실이 있기에 그렇습니다. 이명박 정부가 '입법전쟁' 이나 특공대 투입식의 공권력 지상주의로는 입법도 안 되고 법질서 확립도 안 되고 경제회생도 안 된다는 것을 스스로 깨달아서 바뀌어 주면 더 바랄 나위가 없지만, 자발적인 변화가 없을 때는 뼈아픈 체험을 통해 깨닫도록 만드는 수밖에 없을 것입니다.

아무튼 지금은 폭넓은 국민통합을 위해 온갖 방도를 시험해 볼 때입니다. 그렇다면 거버넌스 개편을 위한 여러 층위, 여러 범위의 노력을 어떻게 추진해야 할까요? 큰 방향은 시민사회가 국민통합 경륜을 갖추고 동참하는 일종의 거국체제입니다. 너무나 막연하고 비현실적인 이야기로 들리지요. 무엇보다도 거국체제 건설을 위한 동력이 제대로 마련돼 있지 않기 때문이지요. 동기 부족의 가장 큰 원인은 이 문제에 정부의 협조를 기대하기 어렵기 때문입니다. 이명박 대통령과 정부 여당은 지금까지와 같은 방식으로 경제위기를 극복하고 비상시국을 돌파할 수 있다는 환상을 버리지 않을 것 같습니다. 사실 어느 권력자도 자신이 잡은 권력을 선선히 나눠 가지려 하지 않는 법이지요.

그러나 거듭 말하지만 지금은 단순한 경제난을 넘어 국난(國難)이라 불러 마땅한 비상시국입니다. 이런 때에야말로 또 한 번의 비약을 이룩할 절호의 기회입니다. 비상한 처방이 아니고는 넘길 수 없는 고비에 왔다는 인식은 어차피 확산될 것입니다. 거버넌스 개편이 막연한 이야기만은 아닙니다. 우선 국회 기능이 정치권과 사회공조를 통해 약간이나마 소생한 것처럼 거버넌스 개편을 위한 범사회적 노력이 확산되면 그 사실만으로도 민주정치의 전통적인 장치들이 다시 활성화되게 마련입니다. 삼권분립과 '제4부'로서의 언론의 기능이 그럴 것이고, 독립적인 국가기관이나 전문성이 중시되는 공공기관과 연구기관들에 대한 무력화 내지 어용화 압력도 한결 줄어들 것입니다.

새로운 기구와 관행의 창출도 중요합니다. 이를 위해서도 기존의 여러 협의 심의 합의 기구들이 풍부한 참고자료를 제공합니다. 예컨대 가장 강력한 집행력을 갖는 민간참여형태로는 특별검사제도가 있습니다. 그러나 이것은 아마 당장에 유용한 모델은 아니기 쉽지요. 일정한 권한을 갖는 국가기구이면서도 독립적으로 존재하는 기구의 예로는 국가인권위원회가 하나의 모델을 제공합니다. 노사정위원회는 민간기구이면서도 국가의 제도적 뒷받침으로 운영된다는 점에서 민관 협력에 더욱 어울리는 모델일지 모릅니다.

그중에서 어느 것 한 가지 유형을 고집할 이유는 없으며 끊임없이 새로운 유형을 창안하는 노력도 필요합니다. 나라 다스리기 체계의 개편 문제를 두고 정치권과 시민사회의 지도급 인사들이 형식에 구애됨이 없이 소통하며 원칙적인 합의를 도출하는 작업이 긴요하다는 생각입니다. 그렇다고 새로운 기구를 무조건 많이 만들어 낸다는 게 장기는 아닙니다. 요는 과감하고 창의적인 국민통합 작업이 진행될 때 민주적 통치를 위한 기존의 장치가 활력을 되찾고 기업과 노조, 언론과 각종 전문가 집단, 사회단체와 비영리 단체 등도 자기 고유의 영역에서 더욱 충실한 기여를 하게 되리라는 것입니다.

지친 대의(代議) 민주정과 불복(不服)의 구조화

이문열(한국외대 석좌교수)

시위 문화는 어떤 면에서는 직접적인 참여욕구의 한 표현입니다. 그런데 우리 사회는 미 군정에 이은 건국초기부터 시위문화에 침윤되어 있었고, 제1공화국의 독재와 제 2공화국의 무능을 경험하면서 그 전통은 두께를 더해갔습니다. 그러다가 군사정권으로 시작한 제3공화국의 정당성과 정통성 결여는 시위를 통한 의사표현을 관행으로 자리 잡게 했습니다. 곧 권위주의 체제의 반사이익으로 우리 시위문화는 때로 정의까지 독점하며 더욱 활성화되었고, 제 5공화국 말기에 이르러서는 거의 일상적이 되었습니다.

거기다가 때맞춰 나타난 인터넷 광장은 직접 참여의 욕구를 폭발적으로 확대시켰습니다. 기술적으로는 4천만을 일시에 그 광장으로 모으는 것이 가능해지면서 그 광장을 선점한 소수는 억눌렸던 직접 참여의 욕구를 거침없이 드러냈습니다. 일찍이 우리경험에서 없었기 때문에 생겨난 오해와 착시를 활용한 여론조작과 다수 위장은 집단 지성이란 허구를 드러냈으며, 감각적으로 수용한 정보의 파편들을 지성으로 착각한 사팔뜨기 지식인들은 마침내 대의 민주정의 폐지까지 공공연히 외치는 지경에 이르렀습니다.

하지만 보다 섬뜩한 것은 대의제의 다수결에 대한 불복의 구조화 과정입니다. 대의 민주정체의 다수결에 대한 불복의 유혹은 모든 다수결에서와 마찬가지로 오랜 역사를 가졌습니다. 인간의 절대 평등이 전제되지 않는 한 패배한 소수들의 의심을 면할 길 없는 그 태생적 한계 때문입니다. 패배한 소수들일수록 자신들의 우월성을 과신하고 누구나 한 표씩 행사하는 다수결을 부당하게 여기는 경향이 있습니다. 자기들은 셋이라도 멍청한 일곱을 이길 수 있다고 자만하는 비뚤어진 엘리트 의식 같은 것입니다.

대의제 다수결의 불완전성에 대한 보완장치로만 오해될 수도 있는 흐릿한 법률조항들도 불복의 유혹을 키운 듯합니다. 사람들은 대의제 민주정치에서 선거를 통해 만들어진 다수당이라 할지라도 그들이 무엇이든 마음대로 해도 좋다고 위임한 것은 아니며, 그들이 불법이나 부정을 저지를 때는 불복할 권리가 자신들에게 남아있다고 믿습니다. 특히 사람들은 다수당의 정책 방향이 자신의 그것과 맞지 않는다는 이유만으로도 그들의 결정에 적극적으로 불복할 권리가 있다고 믿기까지 합니다. 그러나 집회결사의 자유나 다중의 위력에 기초한 시위의 보장이 바로 대의민주정의 약점 보완을 넘어, 대의 민주제의 다수결에 대한 합법적인 불복의 수단으로 부여되었다는 해석에는 의문이 있습니다. 만일 자의적인 기준이 남용되고, 정당한 판단의 주체가 주관적인 가치관으로 재단하는 경우, 거기서 비롯된 불복은 무책임과 혼란으로 직결될 것입니다.

다수에 대한 오해와 착시 대의민주정의 다수결에 대한 불복의 유혹을 키운 듯합니다. 특히 인터넷 광장의 착시현상은 소수를 다수로 보이게 하고, 익명성 뒤에 숨은 조작은 터무니없는 소수에게 대표성을 안겨주어 다수로 혼동하게 만듭니다. 단언하건대, 전일적인 직업과 게을리 할 수 없는 전공을 가지고 있으면서 하루 종일 컴퓨터에 붙어 앉아 그 광장에 영향력을 발휘할 수 있는 사람은 그리 많지 못합니다. 하지만 또한 하루 종일 인터넷 광장 속에 살다가 가끔씩 일상으로 외출 나오면서도 제대로 된 삶을 영위하는 사람 또한 그렇게 많지는 못할 것입니다. 댓글 속에서 서로 비아냥거리듯 일당 받는 알바(아르바이트)들도 있겠지만 그들 또한 그리 수는 많지 못합니다. 그런데 인터넷 광장을 장악하고 다수를 위장하는 것은 대개 그들입니다. 건전한 일상에서 틈틈이 그 광장을 방문하는 이들은 결코 다수를 조작할 수 없습니다.

그런 인터넷 광장을 통해 불려나온 촛불시위의 군중도 마찬가지입니다. 밤새도록 경찰의 물대포와 맞서거나 몸싸움을 하다가 다음 날 직장에 나가 업무를 제대로 수행할 수 있는 사람은 제한 적일 수밖에 없습니다. 진정성을 유지하면서 그 여러 날 밤을 내리 촛불을 들고 나선 사람도 그리 많지는 못할 것입니다. 그런데도 우리에게 그토록 다수로 비친 것은 대의제 다수결(대선과 총선)에 대한 불복이 거기에 집결했기 때문이었습니다. 곧 소고기 수입을 반대하는 다수가 아니라 몇 달 전에 있었던 대선 불복 세력이 그 사안을 계기로 한 곳에 모여 다수를 조작한 것입니다.

따져보면 우리 대의민주정의 불복이 구조화되는 과정에서 우리 현대사 특유의 피로가 묻어있기 때문입니다. 지난 권위주의 정권의 불행한 유산은 이른바

문민정부가 와도 불복의 유혹에서 벗어나기 어렵게 만들었고, 국민정부 탄생 때부터 새로운 현상이 된 5% 미만의 득표율 차이는 그 유혹을 한 층 더 키웠습니다. 그러다가 참여정부 시절이 되면 불복은 이제 구조화의 기미마저 보입니다.

참여정부 시절 어떤 입법을 반대하는 촛불시위가 시청 앞 광장에서 벌어졌을 때, 당시 야당의원들이 대표부터 중진까지 모두 그 시위에 앞장을 서고 있는 것을 보고 짐작 있는 사람들은 적지 아니 걱정했을 것입니다. 의회에서 대의권을 행사하라고 뽑힌 그들이 의회를 비워놓고 총선에 불복하는 시위대에 합세했기 때문입니다. 지금 여당이 된 당시 야당은 결국 온전히 그 법안을 저지하지도 못했으면서 대의제 다수결이 부여한 의회의 입법권에 정면으로 불복한 선례만 남긴 셈입니다.

하지만 그 불복이 상시(常時)적인 구조로 자리 잡은 것은 지금 정권이 들어서고 난 뒤 같습니다. 오랜 불복의 경력을 가진 '그 때 그 사람들'과 지난 10년 동안 신 기득권층으로서의 단맛을 즐긴 사람들, 그리고 지난 정권이 정성을 들여 기른 일부 시민단체가 카르텔을 형성하고, 의회를 뛰쳐나온 야당의원들이 그 앞장을 섬으로써, 이제 불복은 정교하고도 견고한 구조로 우리 사회에 자리 잡게 되었습니다. 촛불 마당은 상시적으로 열려있고, 구실만 생기면 자동적으로 작동합니다. 불복의 카르텔은 서로가 서로를 부추기며, 촛불은 또 촛불대로 그 방송을 지켜주려고 시청 앞 광장과 그 방송사 주위를 분주하게 오락가락합니다.

그런데 유감스럽게도 그 불복의 대상은 이 정권이 아니라 이 나라 헌법체계의 근간인 대의 민주제입니다. 그 구조화된 불복으로 대선을 통해 뽑힌 대통령의 통치권은 백일도 안 돼 퇴진의 요구에 부딪히며 불구가 되고, 그가 내건 공약들은 촛불에 그슬려 잿더미만 남게 될 판이 되었습니다. 지난 총선의 다수결에 따라 여당에게 넘긴 입법권도 그 완강한 불복의 구조에 걸려들어 무력화되었으며, 검찰의 기소권과 법원의 판결권까지도 촛불의 승인을 받아야할 처지에 이른 것입니다.

신문보도 사례

다음은 위 두 사람의 강연 내용을 토대로 종합 일간지가 보도한 기사이다.

사례 1

《진보와 보수를 대표하는 지성으로 꼽히는 문학평론가 백낙청 서울대 명예교수와 소설가 이문열 한국외국어대 석좌교수가 관훈포럼에서 시국을 진단하는 강연회를 각각 가졌다. 이번 강연회는 18, 19일 서울 중구 태평로 한국프레스센터 20층에서 열렸다.》

이문열 교수는 19일 '지친 대의민주정과 불복의 구조화'라는 제목의 강연에서 "현 정권 들어 대의제 다수결에 대한 불복종이 구조화되며 우리의 대의민주정이 어느 때보다 거센 도전에 직면해 있다"고 진단했다.

이 교수는 "미군정에 이어 건국 초기부터 자리 잡은 시위문화가 직접 참여 욕구를 폭발적으로 확대시키는 인터넷 광장을 만나며 본격화됐다"며 "인터넷을 선점한 소수가 집단지성이란 허구를 만들어 냈고, 이를 지성으로 착각한 사팔뜨기 지식인들이 마침내 대의민주정의 폐지까지 공공연히 외치는 지경에 이르렀다"고 말했다.

그는 "지난해 봄 촛불시위 군중은 쇠고기 수입을 반대하는 다수가 아니라 대선 불복세력이 그 사안을 계기로 한곳에 모여 다수를 조작한 것일 뿐"이라며 "하지만 그 불복의 대상은 이 정권이 아니라 이 나라 헌법체계의 근간인 대의민주제"라고 지적했다.

이 교수는 "역사적 경험에 비춰 볼 때 불복의 구조화로 지친 민주정은 종종 비극적 결말로 끝났다"며 불복종의 구조화를 해소하기 위한 방안으로 '국민통합 회복, 불복세력의 자제, 대의민주제의 수호를 위한 정권의 결단' 등을 제시했다.

백낙청 교수는 18일 "대한민국은 단순한 경제위기를 넘어 국가적인 비상시국에 처해 있다"며 "합리적인 보수와 책임 있는 진보가 협력해 폭넓은 중도세력을 형성하고 시민사회가 동참하는 새로운 거버넌스 체계를 구성해야 한다."고 말했다.

백 교수는 '비상시국 타개를 위한 국민통합의 길' 이란 제목의 강연에서 "국민의 지지를 받지 못하는 국정운영으로 정부가 국민통합을 주도하지 못하고 있으며 본격화된 경제위기, 남북 당국 간 단절, 정부의 소통 노력 부재 등으로 2009년 최악의 위기상황을 맞았다" 고 말했다.

그는 이를 타개하기 위한 방법으로 거버넌스 개편을 통한 국민통합을 제안했다. 그는 "삼권분립과 '제4부' 로서의 언론 기능 등 민주정치의 전통적 장치들을 활성화하고 기존의 협의심의, 합의기구를 참고로 한 새로운 기구와 관행을 창출해 나가야 한다" 고 말했다. 중국 베이징 6자회담을 모델로 정치권과 시민단체 지도인사들의 만남, 초당적 추진이 필요한 남북문제 등의 과제를 위한 상설심의 · 합의기구 설립을 거버넌스 개편의 한 예로 내놨다.

(A신문)

리뷰 1

강연회의 날짜, 장소, 계기 등을 공통 전문(前文)에 담아 쓰고 강연 내용은 스트레이트 기사로 다루었다. 백낙청 교수가 이문열 교수 보다 하루 먼저 강연을 했다. 그러나 이 신문은 두 교수가 각각 진보－보수 진영을 대표하고, 그 강연 역시 대비되는 내용이라는 점에서 백 교수 강연을 하루 늦춰 다음 날 같은 페이지에 묶어서 보도했다. 속보보다는 내용이 중요하다고 판단, 두 강연을 좌우대칭으로 편집해서 독자들이 비교하기 좋게 한 것이다.

공통 전문에 강연 날자가 나왔음에도 리드에 다시 쓴 것은 이씨의 강연 일자를 분명히 하기위한 것이다. 각 문장의 동사는 '진단했다' '말했다' '지적했다' '제시했다' '내놨다' 로 바꾸어 가며 사용했다. 그렇게 하지 않는 것이 바람직하나 지나치게 주관적인 용어가 아니므로 묵인되고 있는 것이 현실이다.

사례 2

《대표적 진보·보수 지식인인 백낙청 서울대 명예교수와 소설가 이문열씨가 18일과 19일 관훈클럽이 주최한 관훈포럼 연사로 한국프레스센터 20층 프레스클럽에서 잇달아 강연을 했다. 촛불시위, 용산 철거민 참사, 경제위기, 남북관계 경색 등을 둘러싸고 여야가 극한 대립하는 한국의 현 상황에 대해 두 사람은 한목소리로 '위기'라는 진단을 내렸다. 그러나 위기의 원인에 대한 분석과 극복을 위해 제시한 해결책은 극과 극으로 갈렸다》

백 교수는 18일 〈비상시국 타계를 위한 국민 통합의 길〉이라는 주제 발표문에서 '나라 다스리기 체제의 붕괴'라는 말로 현 정부 집권 1년을 평가했다. 그는 "정권 교체의 구체적 절차를 규정하는 헌법에 동의했던 국민은 봉기를 통한 초(超)헌법적인 정권 교체는 삼가는 게 옳다"는 말로 일부 진보 진영의 '이명박 정권 퇴진 주장'과는 선을 그었다.

백 교수는 그러나 "지금과 같은 국가적 위기에서는 평상시보다 훨씬 높은 수준의 통합이 필요하다"는 말로 국민 통합의 중요성을 강조하고, 구체적 방안으로 보수·진보 정치권과 시민단체 등이 국정에 참여하는 '거국체제'의 구성을 촉구했다.

그는 구체적인 모델로 국가인권위원회와 노사정위원회 등을 들었으며, 국정 참여 세력들의 합의방식으로는 '전원합의제'를 제안했다. 백 교수는 "합법적 정부가 엄존하는 마당에 이들의 결정이 법적 구속력을 가질 수 없지만, 이런 임의적 성격 때문에 이들의 합의는 그 내용의 합리성과 국민적 지지에 의존하게 된다"고 했다.

〈지친 대의민주정과 불복(不服)의 구조화〉라는 주제로 19일 강연한 이씨는 위기에 대한 인식부터 백 교수와 달랐다. 그는 세계 금융위기에서 촉발된 경제위기를 현 정부 탓으로 돌리는 견해에 대해 "함께 당하는 화(禍)는 화가 아니다."라고 반박했다.

지난해 촛불집회가 국민 다수의 견해를 대표했다는 주장에 대해서도 "인터넷 광장의 착시현상은 소수를 다수로 보이게 하고, 익명성 뒤에 숨은 조작은 터무니없는 소수에게 대표성을 안겨주어 다수로 혼동하게 만든다."라며 "소고기 수입을 반대하는 다수가 아니라 몇 달 전에 있었던 대선 불복세력이 그 사안을 계기로 한곳에 모여 다수를 조작한 것일 뿐"이라고 지적했다.
그는 "이런 이들은 오랜 불복 경력을 가진 '그때 그 사람들'이며 10년 동안 신기득권층으로 단맛을 즐긴 사람들과 지난 정권이 정성을 들여 기른 일부 시민단체, 의회를 뛰쳐나온 야당 의원 등이 함께 불복의 카르텔을 형성해 정교하고도 견고한 구조로 우리 사회에 자리 잡았다."라고 비판했다.
이씨는 또 "오랫동안 은밀하게 우리 대의민주정의 지반을 침식해온 직접 참여의 유혹과 대의제 다수결에 대한 의심은 이제 불복의 구조화로 자리 잡고 있다"라는 말로 백 교수가 제안한 '거국체제'를 정면 비판했다.
그는 국민통합을 위한 방법으로 "보다 상위의 공동선(共同善)을 개발하여 불복을 조장해온 자질구레한 대의를 압도해야 한다."라며 거국체제방식의 국정 운영에 대해 반대 입장을 거듭 밝혔다.

(B신문)

리뷰 2

이 신문 역시 두 사람의 강연을 같은 날짜에 게재하고 공통전문을 실었다. 그러나 이 기사는 앞 기사와는 달리 전문에 강연 내용 중 공통되는 내용과 서로 대치되는 내용도 줄여서 포함시켰다. 즉, 두 강연자가 모두 '위기 진단'을 내렸으나 위기의 원인과 극복을 위한 해결책은 극명하게 달랐다고 요약했다. 모두 흔히 사용되고 있는 전문 사례이다.
앞의 기사보다 동사에서 더 다양성을 보였다. '평가했다' '선을 그었다' '촉구했다' '제안했다' '반박했다' '비판했다' '거듭 밝혔다'. 가치중립적인 단어의 범위에서 벗어났다.
또 위 두 기사 모두 문장이 너무 길어지는 경향을 보이고 있다. 제한된 시간 내에 급히 기사를 정리하다보면, 또 제한된 지면(문장)에 더 많은 내용을 넣으려다보면 문장에 신경이 덜 가는 것이 사실이다. 그러나 그것이 바람직하지 않다는 것은 기사를 읽어 보면 안다. 읽기에 숨이 차다. 정독을 해가면 읽어야 하는 이 같은 기사에서는 더욱 그렇다.

5장 외신 기사작성

외신은 외국 통신사, 신문, 잡지 또는 방송 등이 보도한 뉴스를 말하는 것으로 국내 언론은 이중 관심이 가는 아티클(article)만을 골라 한글로 옮겨 전한다. 통신 기사는 하루 24시간 내내 전송되어 들어오기 때문에 국제부 기자들은 교대로 밤을 새워가며 이를 지켜본다. 외신도 보통 지역별로 담당자를 정하므로 당번은 기사를 살펴보고 골라 해당 기자에게 갖다 준다. 담당 기자는 다시 꼼꼼히 살펴보고 선별해 데스크와 상의, 기사화 한다.

국제부 기자들은 통신 외에도 외국 신문, 잡지를 뒤적이며 그날의 뉴스거리를 찾는다. 자사(自社) 특파원과 계약사인 연합뉴스 특파원만 가지고는 전 세계 뉴스를 커버할 수 없다. 신문, 잡지의 경우 요즈음은 모두 온라인으로 체크하지만 전에는 속달 우편으로 구독해 보았다. 따라서 며칠 뒤진 뉴스가 우리 언론에 보도되는 일이 흔했다. 물론 해설 기사의 경우 속보가 중요한 것이 아니므로 자료를 모아두었다가 이용하기도 한다.

외신 기사작성의 유형

외신을 국내 독자에게 전하는 기사작성법에는 4가지 유형이 있다.

원문(영어)에 충실, 단어 하나까지, 문장 그대로, 순서대로 전재(轉載)하는 방식이다. 스트레이트 기사에서 이 방법이 흔히 사용되는데 미국 등 외신 기자들도 우리 이상으로 기사작성법에 충실하기 때문에 그대로 번역하면 바로 스트레이트 기사가 된다. 원문에 충실하되 자연스럽고 정확한 우리말, 문장으로 가다듬어야 한다. 이 경우 기사가 언제, 어디서, 어느 매체가 보도한 것인가를 앞(리드나 그 다음 문장)에서 밝혀준다. 즉 우리나라의 조선일보, 한겨레 또는KBS, MBC가 직접 현장에서 보도하는 것이 아니라 외국매체가 전하는 뉴스를 우리가 번역해서 보도하는 것임을 분명하게 알려주는 것이다.(**유형 (가)** 다빈치 코드)

외신을 스트레이트 기사로 정리하는 방식 2번째는 **외신 스트레이트 기사에서 주요 내용만 골라 정리하는 것이다.** 형식은 외신 스트레이트 기사를 한글 스트레이트 기사로 정리하는 위의 방식과 같다. 다만 외신의 주요 내용만 선택해 전달하기 때문에 앞부분, 중간부분, 뒷부분 가리지 않고 뽑아서 쓴다. 또 외신 순서와는 상관없이 우리가 중요하다고 생각하는 내용부터 기사에 옮기므로 외신이 하나의 보도자료로 이용되는 셈이다.(**유형 (나-i)**, 반기문 유엔사무총장. **유형 (나-ii)**, 6자회담)

외신 피처 기사(기획 기사)를 스트레이트 기사로 작성할 경우도 마찬가지다. 언제, 어디서, 누가 보도한 것인가를 밝혀준다. 때에 따라서는 기사의 제목까지 소개한다. 예컨대 미국의 '뉴욕 타임스(NYT)'는 얼마 전 '테크노(IT) 강국, 한국에서 샤머니즘이 부활하고 있다'라는 제목의 피처 기사를 게재했다. 이 기사는 많은 부분이 우리에게는 낯익은 것이어서, 새삼스러울 것이 없으나 일부 내용은 우리가 잠시 잊고 있는 현실을 묘사한 것이었다. 한국 언론들은 당시 이를 발췌, 번역해서 스트레이트 기사로 소개했다.(**유형 (다)**, 한국의 샤머니즘)

그러나 위 'NYT'기사에 흥미로운 내용이 많을 경우, **전문(前文)을 간단히 쓰고** 이어서 'NYT 기사 내용은 다음과 같다.'라면서 **일부, 또는 전부를 옮겨주는 방식**도 있다.(**유형 (라)**, 한국의 샤머니즘)

1. 다빈치 코드

외신기사 본문

Controversy fuels 'da Vinci code' opening

Los Angeles, May 22 (AP)– Director Ron Howard's adaptation of Dan Brown's best-selling thriller 'The Da Vinci code' raked, in an estimated $224 million worldwide, it was reported Monday.

The figure is second only to 'Star Wars; Episode III' which reported worldwide box office receipts of $253.9 million on its opening weekend, the Hollywood Reporter said.

In the United States, the film starring Tom Hanks had an estimated opening weekend tally of $77 million in ticket sales, which would place it at no.17 on the list of the highest all-time film openings, the Reporter said.

The film opened at 3,735 domestic cinemas and each one averaged an impressive $20,616 in weekend box office receipts.

It was different story on the international side, where the film was on 12,000 screens in 90 markets and brought in a whopping $147 million, making it the largest international debut in history.

유형 (가)
외신 스트레이트 기사를 한글 스트레이트 기사로 작성하기

습작 1

(i) AP통신은 LA에서 댄 브라운의 베스트셀러 소설을 원작으로 한 론 하워드 감독의 영화 '다빈치 코드'가 약 224백만 달러의 수익을 올린 것으로 추정된다고 월요일 보도했다.

(ii) 이 통신은 이 수치가 개봉 첫 주 253.9백만 달러의 수익을 올렸던 '스타워즈 에피소드 3'에 이어 전 세계 박스 오피스 사상 2번째 기록이라고 말했다.

(iii) 톰 행크스가 출연한 이 영화는 개봉 첫 주에 77백만 달러를 벌어들였으며 이는 미국 내에서 통산 17번 째 기록이라고 말했다.

(iv) AP통신은 이 영화가 3735개 극장에서 상영돼 각각 평균 20.616 달러의 수익을 올렸다고 전했다.

(v) 국제적으로 보면 90개 시장의 12,000개 극장에서 상영되었고 가장 큰 수익은 147백만 달러라고 AP통신은 말했다.

리뷰 1

(i) 'AP통신은 LA에서' 는 문장 뒤로 배치하는 것이 좋다. 핵심적인 정보가 아니다. 리드가 너무 길어지면 이 부분을 2번째 문장에 배치해도 좋다. 아니면 두 개의 정보 중 하나만을 2번째 문장으로 돌려도 된다. '스릴러' 를 번역하기가 만만치 않다. 〈약 224백만 달러의 수익을 올린 것으로 추정된다.〉에서 '약' 과 '추정' 은 같은 의미의 반복. '약 5,000만원 상당(정도)' 도 마찬가지다. 숫자는 독자들이 이해하기 쉽게 해주면 된다. '224백만 달러' 는 '2억 2,400만 달러'. 4자리까지는 아라비아 숫자로 표기하는 것이 보통이다. 예, 〈1. 150. 1,500. 1만 5,000〉. 달러를 원화로 환산해 ( )속에 넣어주면 좋다. '약 2억 2,400만 달러(약 2천 464억

원)'. 기사 중 달러로 표기된 액수를 모두 원화로 환산할 필요는 없지만, 가장 대표적인 것, 또는 관심 가는 것을 독자들에게 서비스해 준다. 요일 대신 날짜로 쓴다.

(ii) '253.9백만 달러'는 '2억 5,390만 달러'. (iii)의 '77백만 달러'는 '7천700만 달러'. (iv)의 '20,616 달러'는 '2만 616달러(약 2,268만 원)'.

(v) '12,000'은 '1만 2,000'. '147백만 달러'는 '1억 4,700만 달러'. '90개 시장'은 '90개국'이 원문의 의미에 더 가깝다. 'AP통신은 말했다'가 반복되므로 '이 통신은 보도했다'로 고치면 좋다. 문장 번역이 잘못되었다. 〈모범기사 참고〉

습작 2

(i) 22일 월요일, 댄 브라운의 베스트셀러를 원작으로 영화한 론 하워드 감독의 '다빈치 코드'가 2억 2천 4백만 달러를 전 세계로부터 쓸어 담았다고 AP통신이 LA에서 보도했다.

(ii) 이 수치는 전 세계적으로 개봉 첫 주에 253.9만 달러를 벌어들인 '스타워즈 에피소드 3'의 뒤를 잇는 2번 째 기록이라고 이 통신은 전했다.

(iii) 미국 내에서, 톰 행크스가 주연한 이 영화는 개봉 첫 주에 77만 달러의 티켓 판매량을 기록했으며 이는 지금껏 상영했던 모든 영화상 17위에 달하는 기록이라고 '헐리우드 리포터'지가 전했다.

(iv) 이 영화는 미국 내 3,735곳의 영화관에서 상영했으며 한 극장 당 주말 평균 20,616달러를 벌어들인 셈이다.

(v) 이 기록은 전 세계적으로는 완전히 다른 이야기다. 이 영화는 90개의 나라에서 12,000곳의 상영관에서 상영했으며, 147만 달러를 벌어들였다. 전 세계 역사상 가장 성공적인 데뷔 식이었다.

리뷰 2

(i) 날짜는 문장 끝 부분, '보도했다' 앞에 놓는 것이 좋다. 요일을 쓰지 않고 해당 날짜만 쓰면 된다. 〈2억2천4백만 달러를 전 세계로부터 쓸어 담았다.〉는 〈2억

2,400만 달러의 흥행수입을 올렸다〉.

(ii) '253.9만 달러'는 '253만 9,000달러'.

(iii) 앞 '미국 내에서는'는 주어 뒤에 배치, 〈톰 행크스가 주연한 이 영화는 미국 내에서〉.

(iv) '20,616달러'는 '2만 616달러(2천 2백68만 원)'. '벌어들인 셈이다'는 '벌어들였다'.

(v) '12,000곳'은 '1만 2,000곳'이라고 표기해야 빠르게 이해된다. '147만 달러'는 '1백 47만 달러'. 의역을 하는 것은 좋지만 그 때도 가능한 원래의 의미에 가까워야 한다.

모범기사

(i) 댄 브라운의 베스트셀러 스릴러 소설을 각색한 론 하워드 감독의 영화 '다빈치 코드'가 전 세계적으로 2억 2,400만 달러(약 2,464억 원)의 흥행 수입을 올렸다고 AP통신이 22일 보도했다.

(ii) AP통신은 이 같은 실적이 개막 첫 주 전 세계에서 2억 5,390만 달러의 흥행을 기록한 영화 '스타워즈: 에피소드 III' 다음 가는 것이라고 로스앤젤레스에서 전했다.

(iii) 톰 행크스가 주연한 이 영화는 미국에서만도 개봉 첫 주말 7천700만 달러어치의 입장권이 팔린 것으로 추산되고 있다. 이 통신은 이 같은 판매고가사상 17번째의 기록이라고 리포터지를 인용, 보도했다.

(iv) 이 영화는 지난 주말 미국 내 3,735개 영화관에서 개봉되어 영화관 마다 평균 2만 616달러에 이르는 많은 수입을 얻었다.

(v) 그러나 국제적으로 살펴보면 이야기는 달라진다. 세계 90개국, 1만 2,000개 극장에서 1억4,000만 달러의 흥행 수입을 올려 전 세계계적으로 사상(역대) 최고의 데뷰 기록을 세웠다. (그러나 국제적으로 보면, 90개국 1만 2,000개 극장에서 1억 4,000만 달러의 흥행 수입을 올려 전 세계계적으로 사상(역대) 최고의 데뷰 기록을 세웠다).

리뷰

(i) 소스(외국매체)를 밝히는 문제는 마치 우리가 보도자료를 기사화할 때 정보 출처를 밝히는 것과 같다. '교육부는 ~라고 발표했다(말했다. 밝혔다).' 또는 '~라고 교육부는 발표했다(말했다. 밝혔다)' 하듯이 '뉴욕 타임스'에 따르면~. 또는 '~라고 뉴욕 타임스는 보도했다(전했다)'.

날짜, 장소를 밝히는 것도 일반 스트레이트 기사와 같다. '뉴욕 타임스(NYT)가 7일 보도했다'. 또는 '뉴욕 타임스(NYT)가 7일 로스앤젤레스 발(發)로 보도했다'. 이때 '로스앤젤레스 발'이란 뉴욕타임스(NYT)의 로스앤젤레스 기자가 현지에서 보도했다는 의미가 된다. 어떤 경우는 〈워싱턴 포스트지가 6일 로스앤젤레스 발로(에서) 보도했다고 뉴욕 타임스(NYT)가 7일 전했다.〉는 표현을 쓰기도 한다. 또 앞에서 '뉴욕 타임스(NYT) 지(紙)'라는 말이 나왔으면 그 다음 문장부터는 약자로 '더 타임스' 'NYT' 또는 '이 신문'이라고 쓴다. 이는 처음 '이명박 대통령'이라고 했다가 '이 대통령' 또는 '그'라고 하는 것과 같은 이치다.

신문 이름 앞에는 'the(더)'를 붙인다. 따라서 '타임스'하면 주간잡지를 말하고, '더 타임스'하면 신문을 가리킨다. 한국 신문의 영어표기가 'The Chosun Ilbo', 'The Dong-A Ilbo'인 것은 이 때문이다. 또 다른 예, 부처 이름이 처음 나올 때는 '행정안전부'라고 풀 명칭(full name)으로 밝히지만 그 다음부터는 '행안부' 라고 하는 것과 같다. 날짜의 경우 외국에서는 '월요일' 등 요일로 표기한다. 그러나 한국 언론은 반드시 날짜로 적는다.

(ii) 주어가 AP임에 주의한다.

(iii) 첫 문장에서도 '~~추산된다고 AP가 보도했다'라고 쓰는 것이 맞지만(모든 내용은 AP 보도가 한 것이므로), 반복되므로 한번 쯤 생략하고 대신 다음 문장에서 다시 AP를 써줬다. 즉 한 단락이 2 문장뿐이므로 하나에서는 생략하고 다른 하나에 붙여줘 모든 것이 AP 보도 내용임을 나타내주고 있다.

(iv) (v)의 문장도 AP 보도내용이지만 앞에서 충분히 밝혀주었기 때문에 생략해도 무방하다. 물론 (iv)(v)에서도 이를 밝히는 것이 옳지만 관례상 그대로 넘어가도 무방하다는 의미다.

외신이기 때문에 달러수치가 자주 나오는데, 이때 액수는 원문대로 달러로 표시해주고 ( )에 원화로 환산한 수치를 적어주면 좋다. 독자들이 스스로 속셈하는 수고를 덜어주는 것이다. 정확한 액수가 필요한 것이 아니라면 보통 '약 45억 원' '약 45억 6,000만 원' 식으로 근사치만 적어준다.

내용 모두를 번역, 보도해야 하는가? 아니다. 스트레이트 기사에서는 특히 필요하다고 생각하는 만큼만 전한다. 따라서 처음 또는 중간을 생략하거나 후반부를 생략하거나 상관없다. 우리에게 필요한 부분만 발췌, 보도하는 것이다. 또 외신 문장의 순서를 바꾸어서 기사를 써도 좋다.

한 기사 안에 그 소스나 장소 날짜가 하나 이상 나오는 기사라면 각각의 소스, 장소, 시간을 각각 정확하게 밝혀준다. 처음 NYT 보도, 그 다음에 워싱턴 포스트(WP) 보도가 나와 이를 인용할 경우 〈'NYT'는 21일 ~라고 보도 보도했다. 한편 'WP'는 22일 ~라고 전했다〉. 만일 동시에 두 신문이 같은 팩트를 전했다면 〈'NYT'와 'WP'는 21일, 22일 각각 ~라고 보도했다〉.

2. 반기문 유엔 사무총장 취임

외신 기사 본문

Ban sets priority as he begins UN leadership

New York (AP)– As secretary General Ban Ki–Moon took over the UN leadership mantle, he said Tuesday problems in the Middle East, North Korean nuclear issues and the continued ethnic fighting in Sudan' s Darfur region are among his priorities.

Ban, 62, a former South Korean foreign minister, arrived for his first day of work at UN headquarters and spent a few minutes in the Meditation Room to pay tribute to UN staff who lost their lives during missions.

"I start my day as secretary general of the UN with much expectation and hope and promise," he told reporters. He said the challenges he faces are daunting and need to be dealt with collectively.

"Not a single person, including the secretary general of UN, not a single country, however strong, powerful, and resourceful… can address (the challenges)," he said.

Ban said the North Korean Issue is 'one of the priorities on my agenda.'

"As secretary general, I will first try to facilitate the smooth progress of the six–party talks, and I will discuss this matter very closely with the members of the six parties, as well as Security Council members, so that I can be able to do my own role." Ban said.

The six party talks held in Beijing last month, after more than a year of inaction, failed to convince the North Koreans to abandon their nuclear ambitions. Pyongyang tested a nuclear device in October,

triggering sanctions by the UN security council.
Ban said he was closely involved in the talks as South Korean foreign minister and he would pay 'more attention and priority on the issue'.

유형 (가)
외신 스트레이트 기사를 한글 스트레이트 기사로 작성하기

모범기사

- 유엔(UN) 수장에 취임한 반기문(62) 사무총장은 2일 중동, 북한 핵, 수단 다푸르 지역에서 계속되고 있는 종족 간 전쟁 등이 그가 우선적으로 풀어야 할 문제들이라고 말했다고 AP통신이 이날 뉴욕 유엔본부에서 전했다.
- AP통신은 이날 한국 외교부 장관을 역임한바 있는 반 사무총장이 유엔본부에서 그의 첫날 일과를 시작하면서 잠시(수분 동안) '묵상의 방,(Meditation Room)에 들러 업무 수행 중 목숨을 잃은 유엔 직원들에게 조의를 표했다고 말했다.
- 그는 기자들에게 "나는 유엔 사무총장으로서 많은 기대, 희망과 약속 속에 업무를 시작한다."고 말했다고 이 통신은 전했다. 그는 또 그가 당면하고 있는 도전은 위협적인 것들이며 집단적으로 처리해야 할 것들이라고 말했다.
- "유엔 사무총장인 나를 포함 어느 누구도 한 사람으로는, 아무리 강하고, 힘 있고, 자원이 풍부한 나라라 할지라도 어느 한 국가만으로는 (이 도전들을) 처리할 수 없다."고 반 사무총장은 말했다. (여기서 strong은 군사력, powerful은 정치, 외교력, resourceful은 경제력이 강한 국가로 해석하면 그 의미가 더욱 분명해진다.)
- 반 사무총장은 북(한) 핵문제가 "나의 주요 의제 중 하나" 라고 말했다. "유엔 사무총장으로서 나는 우선 6자회담이 순조롭게 진행되도록 도울 것이며 이 문제를 6개 당사국 및 안전보장 이사회 회원국들과 긴밀히 협의할

것이며 (이 과정에서) 나 자신의 역할을 할 수 있도록 할 것" 이라고 그는 말했다.

- (한반도 평화를 위한) 6자회담은 지난 1년 이상 휴회되었다가(열리지 못하다가) 지난달 베이징에서 (다시) 열렸으나(개최되었으나) 북한의 핵 보유 야심(야욕)을 포기하도록 설득하는 데는 실패했다. 북한(평양)은 지난해 10월 핵폭발 실험을 해(강행) 유엔의 안전보장 이사회의 제재를 촉발시킨바 있다. (6자회담의 당사국들은 한국, 북한, 미국, 중국, 일본, 러시아이다)
- 반 사무총장은 당시 한국 외교부 장관으로서 이(6자) 회담에 직접 관여했으며 앞으로) 이 문제에 대해 "더 많은 관심과 비중을 둘 것" 이라고 말했다.

이 기사에서 가장 눈여겨보아야 할 점은 반 총장이 말한 것이 모두 같은 동사(말하다)로 끝난 것이다. 즉, 모든 문장의 동사가 tell(타동사) 아니면 say(자동사)이다. 앞서 언급했듯이 '말하다' 는 단어나 '덧붙였다' 는 단어 정도만이 가치중립적이라는 것이다. '주장하다' '역설하다' 심지어 '밝히다' 라는 단어도, 쓰는 사람(기자)의 의견, 판단이 들어가 있기 때문이다. UN을 담당하는 AP기자가 영어 어휘가 부족해서 '말하다' 만 되풀이 한 것이 아니다.

유형 (나-i)
외신 스트레이트 기사를 한글 스트레이트 기사로 작성하기

습작 1

(i) 반기문 유엔 사무총장은 2일 한반도 평화정착을 위한 "6자회담이 순조롭게 진행되도록 도울 것이며 이 문제를 6개 당사국 및 유엔 안전보장 이사회회원국들과 긴밀히 협의할 것"이라고 말했다.

(ii) AP통신에 따르면 (신임) 반 총장은 이날 북한 핵, 중동, 수단 다푸르 지역에서 계속되고 있는 종족 간 전쟁 문제 등이 그가 우선적으로 풀어야할 과제들이라면서 이같이 말했다.

(iii) AP통신은 또 반 총장은 이날 취임 후 첫 공식 일과를 시작하며 "유엔 사무총장으로서 많은 기대, 희망과 약속 속에 업무를 시작한다."고 말하고 그가 당면하고 있는 도전은 "위협적인 것들이며 집단적으로 처리해야 할 것들"이라고 말했다고 전했다.

(iv) "유엔 사무총장인 나를 포함 어느 누구도 한 사람으로는, 아무리 강하고, 힘있고, 자원이 풍부한 나라라 할지라도 어느 한 국가만으로는 (이 도전들을) 처리할 수 없다."고 반 총장은 말했다.

(v) 반 총장은 이에 앞서 유엔 본부의 묵상의 방(Meditation Room)에 잠시 들러 업무 수행 중 목숨을 잃은 유엔 직원들에게 조의를 표했다고 이 통신은 보도했다.

리뷰 1

(i) 리드가 좋다. 첫 문장이므로 이름과 직책을 풀(full)로 썼다. AP기사의 순서와는 상관없이 한국 독자들에게 필요하다고 판단한 정보를 먼저 담았다. 또 '한반도 평화정착을 위한' 이라는 말을 넣음으로써 6자회담이 무엇인지를 모르는 사람들의 이해를 도왔다. 직접 인용도 했다. 이 뉴스를 보도한 매체 이름(AP)은 다음 문장에 나온다.

(ii) (신임)은 반 총장이 취임한지 얼마 되지 않으므로 넣는 것이 좋다. AP기사의 앞부분을 제쳐놓아 이 발언이 반 총장의 첫 일과에서 나온 것인지 잘 모르기 때문에 더욱 그렇다. 번역하기가 까다로운 부분은 의역을 하되, 원래의 의미에 최대한 가까워야 한다. 이런 점에서도 이 부분은 잘 정리되었다.

(iii) 잘 정리되었다. 그러나 (i)을 리드에 내세웠다면, 그 다음에 6자회담에 관련된 상세정보를 담은 문장을 1~2 개쯤 더 만들어 (iii) 앞에 배치하는 것이 바람직하다. 이는 (iii)과 (iv)가 연관된 정보로, 상세한 내용까지 밝히고 있다는 점을 보더라도 그렇다. 즉, (iii)에서 반 총장은 국제문제는 '집단적으로(collectively) 처리해야 한다' 고 말하고 그 다음 (iv) 문장에서 그 '집단적으로' 라는 말을 다시 부연

설명하고 있다. 이처럼 가장 중요하다고 판단한 리드 정보는 간단히 처리하고 다음에 나오는 정보는 상세정보까지 소개한 것은 리드의 중요성을 완전히 이해하지 못했기 때문이다.

(iv) (iii)과 (iv)를 같은 단락으로 묶는 것이 정상이다. (iv)는 (iii)을 부연 설명해주고 있기 때문. 이렇게 별행(別行)으로 정리하면 (iii)과 (iv)의 연관성에 대해 독자들은 선뜻 이해하지 못할 수 있다.

(v) 앞서 언급했듯이 외국의 고유명사는 현지 명칭(발음) 대로 적어주데, 그것이 의미를 지닌 것이면 ( )속에 한글로 소개해 독자들의 이해를 돕도록 한다.

습작 2

(i) 한국 외교부 장관 출신 반기문 UN 사무총장은 12일 북한의 핵문제와 수단 다푸르 지역의 인종문제를 해결하는 것이 가장 시급한 문제라고 말했다.

(ii) 반 총장은 북한 문제가 자신이 해결해야할 과제 중 하나라고 되풀이 말하며 6자회담 성립을 위해 노력하고, 6개국 및 안보리 회원국들과 이 문제에 대해서 긴밀히 논의하여 총장으로서의 역할을 다하겠다고 말했다.

(iii) 1년간 성립되지 못했던 6자회담은 지난달 베이징에서 열렸으나 북한의 핵야망을 무력화시키는데 실패했다. 평양은 지난 10월 핵실험을 시행함으로서 UN 의회의 제제를 촉발시켰다.

(iv) 반 총장은 한국 외교부 장관 시절 북한의 핵문제와 관련해 긴밀한 경험이 있었음을 들어 이 문제에 '많은 관심과 우선순위'를 두겠다고 말했다.

(v) 한편 반 총장은 이날 UN본부에 처음으로 출근, 직무 수행 중 목숨을 잃은 UN직원을 기리기 위해 메디테이션 룸에 들러 추모했다.

(vi) 반 총장은 이어 UN 사무총장으로서 많은 기대와 희망 그리고 약속을 가지고 업무에 임하겠다는 각오를 언론에 밝히며 그가 해결해야할 문제가 다소 부담이 되지만 집단적으로 해결해 나갈 것이라고 말했다.

리뷰 2

(i) '한국 외교부 장관 출신' 이라는 말이 리드 앞에 들어가야 할 만큼 한국 독자들에게 필요한 정보인지 생각해 볼 필요가 있다. 반 총장이 시급히 해결해야 할 문제 중에는 북한 핵, 수단 인종분쟁 외에도 중동문제가 있다고 말했다. 따라서 이를 빼려면 '인종문제를 해결하는 것 등' 이라고 해서 기사에 적시한 것 외에도 다른 것이 있음을 나타내 주어야 한다.

(ii) 직접 인용을 전혀 하지 않고 많은 부분을 의역하여 간단히 기사를 썼다. 문장과 내용이 단순해져 독자들이 이해하기는 좋으나 외신 기사 본래의 맛을 느끼기 어렵다. 수박 겉핥기식이 되었다.

(iii) 주어를 앞세우고 문장을 다시 정리해보면 〈6자회담은 1년 이상 열리지 않다가 지난달 베이징에서 열렸으나~〉. 스트레이트 기사에서는 주어가 앞에 나오는 것이 좋다.

(iv) 반 총장이 긴밀히 관여한 것은 6자회담이다. '긴밀한 경험이' 이 아니라 '긴밀히 관여한 경험'. '더 많은 관심과 우선순위' 는 '더 많은 관심과 비중' 이라고 하는 것이 나을 것 같다.

(v) 앞까지는 한국 독자들에게 중요하다가 생각되는 정보를 담았다. 이 문장부터는 반 총장이 어떻게 첫 일과를 시작했는지를 전하고 있다. 올바른 스트레이트 기사 정리방식이다. '한편' 이라는 단어가 적절히 사용되었다. 기사 전개의 패러다임이 이 문장에서 바뀌었기 때문이다. 〈UN직원을 기리기 위해 명상실에 들러 추모했다.〉는 문장이 잘 못되었다. '기리기 위해' 와 '추모했다' 가 의미 중복. 〈~처음으로 출근, 명상실(메디테이션 룸)에 들려 직무 수행 중 목숨 을 잃은 직원들을 추모했다.〉라고 고친다. 메디테이션 룸은 고유명사이므로 현지 발음대로 적어야 하나 명칭에 의미가 있음으로 이를 알려주는 것이 친절해서 좋다고 했다.

(vi) '업무에 임하겠다는 각오를 언론에 밝히며' 는 해설식 표현이다. 스트레이트 기사는 반 총장이 한 말을 그대로 옮겨주기만 하면 된다. 그 의미에 대한 해석은 삼가는 것이 바람직하다. '다소 부담이 되지만' 은 오역.

3. 6자 회담

외신 기사 본문

GENEVA (Reuters) – The United States would be ready to resume six-party talks on North Korea if Pyongyang showed "concrete indications" it would try to implement a 2005 nuclear disarmament deal, the U.S. No. 2 diplomat said on Saturday.

U.S. Deputy Secretary of State Jim Steinberg told a Geneva meeting of the International Institute for Strategic Studies think tank that Washington was opposed to resuming discussions without prospects of meaningful progress.

"We need to have concrete indications that North Korea is prepared, and wants, to return to the talks to seriously implement its commitments in the September 2005 joint statement," he said, adding Washington sought a "meaningful way forward" rather than just talks for the sake of talks.

The discussions, which were last held in 2008, involve the two Koreas, China, Japan, Russia and the United States.

Washington views the atomic capabilities of the North, which tested nuclear devices in 2006 and 2009, as a threat to its allies South Korea and Japan and a proliferation risk.

In the 2005 statement, North Korea promised to give up its nuclear weapons program in return for energy assistance, security guarantees and greater diplomatic recognition.

The agreement says Pyongyang could have a nuclear energy program in the future if it meets strict safeguards.

But the deal appeared to lose relevance only a year later when North Korea first tested a nuclear device.

U.S.-North Korean relations have worsened since President Barack Obama took office, and aides have expressed deep concern about the March 26 sinking of the South Korean corvette Cheonan. Washington and other nations blame the North for the incident. Pyongyang denies the accusation.

"BLAMING THE VICTIM"

China, the North's sole powerful ally, has urged regional powers to put the sinking, in which 46 South Korean sailors died, behind them and return to the discussions.

It has also expressed alarm at U.S.-South Korean military exercises held in international waters off the west coast of the Korean peninsula on September 5-9, saying they threatened Chinese security interests and could destabilize the region.

Steinberg said that "to somehow blame these exercises for raising the tensions on the peninsula is like blaming the victim for the crime."

He said the exercises were a stabilizing factor because they would encourage the North to think again before behaving in ways that were "provocative, dangerous and destabilizing."

Steinberg said Washington had contacts with the North among others about the importance of making progress, and hoped Pyongyang realized a strategy of "provocation and expecting to be rewarded for ending the confrontation" would not be rewarded.

"We have had some very good conversations not just with our South Korean and Japanese partners, but also with China and spent some time talking to the North Koreans about the importance of having a meaningful way forward rather than talks for their own sake," he said.

"There is a cost to returning to talks when you have reason to believe they are not going to be successful. It undermines confidence in the

process." Hosted by ...
(이하 생략)

번역문

제네바(로이터)-미국은 만일 북한이 2005년도의 비핵화 합의를 이행하기 위해 노력할 것이라는 '구체적인 신호'를 보인다면 북한 문제에 대한 6자회담을 재개할 용의가 있다고 미국 외교의 제2인자가 토요일 말했다.
짐 스타인버그 미 국무부 부(副)장관은 싱크 탱크(두뇌집단, 종합 연구소)인 국제전략연구소(IISS) 제네바 회의에서 미국은 의미 있는 진전의 가능성이 없다면 회담을 재개하는 것에 반대한다고 말했다.
"북한이 2005년 공동성명에 들어 있는 약속을 진지하게 이행하기 위해 회담에 돌아올 준비가 되어 있고, 또 돌아오기를 원한다는 구체적인 신호가 우리는 필요하다"고 그는 말했다. 그는 그러면서 미국은 회담을 위한 회담 보다는 '의미있는 진전'을 모색하고 있다고 덧붙였다.
2008년 마지막으로 열렸던 그 회담(6자회담)은 남북한, 중국, 일본, 러시아, 그리고 미국이 참여했다.
미국은 2006년, 2009년 핵폭발 실험을 한 바 있는 북한의 핵 능력이 한국 동맹국들과 일본에 위협이 되고 핵확산으로 번질 위험이 있다고 보고 있다.
북한은 2005년 공동성명에서 에너지 지원, 안전 보장 그리고 보다 폭넓은 외교적 승인을 해주는 대가로 핵무기 개발 계획을 포기하겠다고 약속했다.
이 공동성명은 북한이 핵에 대한 엄격한 안전기준을 준수한다면 장차 핵에너지 개발 프로그램을 운용할 수 있도록 했다.
그러나 이 같은 약속은 북한이 1년 후 첫 핵폭발 장치 실험을 하면서 효력을 잃어버린 것 같다.
북한과 미국의 관계는 버락 오바마 대통령이 취임한 이래 악화되고 있다. 보좌관들은 3월 26일 한국 해군 함정인 천안함의 침몰에 대해 깊은 우려를 나타내고 있다. 미국 및 다른 국가들은 그 사건의 책임이 북한에 있다고 비난하고 있다. 북한은 이를 부인하고 있다.

"희생자를 오히려 비난하다"

북한의 유일, 강력한 동맹국인 중국은 이 지역 관련, 강대국들에게 46명의 한국 해군 장병들이 숨진 천암함 침몰 사건을 뒤로 하고 회담(6자 회담)에 나서라고 촉구하고 있다.

중국은 또 9월 5~9일 한반도 서해 쪽 공해상에서 진행된 한-미 군사훈련에 경종을 울리고 있다. 이 군사훈련이 중국의 안보를 위협하고, 이 지역을 불안하게 하고 있다는 것이다.

스타인버그 부장관은 "군사훈련이 한반도의 긴장을 제고시키고 있다고 비난하는 것은 범죄의 희생자를 비난하는 것과 같다."라고 말했다. 그는 이 군사훈련이 북한으로 하여금 "도발적이고 위험하며 불안정한" 방법으로 행동하기 이전에 다시 한 번 생각하도록 하기 때문에 (오히려) 안정화 요인이 될 것이라고 말했다.

스타인버그 부장관은 미국이 진전의 중요성에 대해 다른 나라들과 함께 북한과 접촉을 해왔다면서 "도발을 하고 그로인한 충돌을 끝내기 위한 보상을 기대하는" 북한의 전략은 (이제 더 이상) 보상을 받지 못한다는 것을 깨달았으면 한다고 말했다.

"우리는 동반자인 한국과 일본뿐 아니라 중국과 매우 훌륭한 대화를 나눠왔으며, 북한과도 단지 회담을 위한 회담 보다는 의미 있는 전진을 이루는 것이 중요하다는 것을 상당한 시간 동안 이야기했다."라고 그는 말했다.

"회담이 성공을 거두지 못할 것 같다고 생각하면서 다시 회담에 임한다면 대가를 치루어야 한다. 회담 진행 과정에서 신뢰가 무너질 수밖에 없다."라고 그는 덧붙였다.

(이하 생략)

유형 (나-ii)
외신 스트레이트 기사를 한글 스트레이트 기사로 작성하기

습작 1

(i) 로이터 통신은 미국의 제2인자 외교관이 "북한이 2005년 비핵화 약속을 이행하려는 '구체적인 징후'를 보인다면 미국은 북한에 관한 6자회담을 재개 할 준비에 나설 것"이라고 말했다고 11일 보도했다.

(ii) 스타인버그 국무부 부장관은 이날 제네바에서 열린 국제전략연구소 회의에서 "미국은 유의미한 전전 전망이 없으면 회담을 재개하는데 반대한다." 고 말했다.

(iii) 그는 "북한이 회담을 원하고 진지하게 약속을 이행하기 위한 분명한 신호가 있어야 한다."고 말하고 "미국은 단지 회담을 위한 회담이 아닌 의미 있는 진전을 모색하고 있다."고 말했다.

(iv) 북한은 2005년 공동성명에서 에너지 지원, 안전 보장, 보다 폭 넓은 외교적 승인 등을 대가로 핵무기 프로그램을 포기할 것이라고 약속한 바 있다. 그러나 1년 뒤 북한이 1차 핵실험을 하면서 이 약속은 무의미해졌다.

(v) 부장관은 서해 한미군사훈련에 대해 중국 측의 비난과 관련, "한반도 긴장을 고조시킨다는 이유로 이 훈련을 비난하는 것은 범죄 피해자를 비난하는 것 같다." 라고 말했다.

(vi) 스타인버그 부장관은 "북한이 위협적인 행동만으로는 더 이상 원조를 받지 못할 것이라는 사실을 깨닫기를 기대한다."라고 말했다.

(vii) 스타인버그 부장관은 "한국과 일본, 중국 측과 매우 유익한 대화를 갖고 있다" 며 "북한과도 대화를 위한 대화가 아닌 의미 있는 진전의 중요성에 대해 대화를 나눴다." 라고 말했다.

리뷰 1

(i) 외신(로이터)임을 분명히 해주는 것은 좋다. 그만큼 정보출처를 밝히는 것이 중요하다. 아니면 국내 언론사가 직접 취재한 것처럼 된다. 그렇다고 리드 문장의 첫머리에 이를 명시해주어야 하는가는 생각해 보아야 한다. 리드에서 밝히되 문장 뒤로 돌리거나, 그 다음 문장에서 밝히는 것이 보통이다. 리드에는 핵심정보가 우선이므로 같은 문장에서라도 순서를 두는 것이다.

'미국의 제 2인자 외교관'은 원문대로 번역한 것이다. 이대로는 그가 누구인지 모른다. 그러나 원문 기사를 이해했다면 그가 짐(제임스) 스타인버그라는 것을 알게 된다. 그렇다면 리드에서 '제2인자' 대신 '짐 스타인버그'라고 적시해야 한다. 또는 '미 국무부의 제2인자인 짐 스타인버그'라고 한다. State Department(국무부)는 우리의 외교부에 해당된다. 또 Secretary는 장관, Deputy Secretary는 부장관인데 우리에게 없는 직제여서 생소한 느낌을 준다. 또 그 밑에 under secretary(차관), assistant secretary(차관보)가 있다.

원문에는 '북한이 2005년 비핵화 약속을 이행하려는' 부분에 인용부호가 없는데 한글 기사에서 해주어도 되는가? 된다. 원문에서 직접 인용을 했건, 간접 인용을 했건 상관없다. 우리기사에서 필요하면 하고, 아니면 그만이다. 다시 말하면 외신을 하나의 보도자료처럼 생각하면 된다. 다만 위 '구체적인 신호' 처럼 로이터 기자가 직접 인용을 했다면 그럴만한 이유가 있을 것이다. 말하자면 중요하거나 생동감 있는 표현이므로 한글 기사에서도 해주면 좋지 않겠는가.

(ii) 리드에서 '짐(제임스) 스타인버그' 이름이 나왔으면 여기서는 '스타인버그 부장관'이라고 약칭하면 된다. 아니면 '그'라고 해도 좋다. 리드에서 로이터가 보도한 것임을 밝혔으면 여기서는 〈이 통신은 스타인버그 (국무부) 부장관이 이날 제네바에서 "~~라고 말했다"고 전했다.〉라고 한다. 리드가 아니므로 '이 통신'이라는 말이 문장 앞에 나와도 된다. 또 '이 통신'이 주어이므로 문장 말미에 '전했다(보도했다)'는 동사가 나와야 호응이 된다.

(iii) 한 문장에 '말했다'는 동사가 반복되는 것을 피하기 위해 앞의 '~분명한 신호가 있어야 한다고 말하고'를 〈~분명한 신호가 있어야 한다" 며〉로 고친다.

(v) '부장관'은 '스타인버그 부장관'이라고 표기하는 것이 옳다.

(vii) 〈"북한이 위협적인 행동만으로는 더 이상 원조를 받지 못할 것이라는 사실을 깨닫기를 기대한다."〉는 문제의 소지가 있다. 이 내용을 직접 인용했기 때문이다. 직접 인용부호 안에는 원문의 내용이 그대로 들어가야 한다. 축약을 하려면 인용부호 없이 써야한다.

이 습작에서 또 하나 지적되어야 될 사항은 이 정보가 로이터 통신에서 나온 것임을 리드에서 단 한번 밝혀주고 말았다는 점이다. 보도자료에서와 마찬가지로 모든 정보는 주어진 것인데 출처를 밝히지 않고 쓰는 것은 잘못이다. 그렇다고 문장을 쓸 때 마다 소스를 밝히라는 것은 아니다. 한 단락에서 한번, 한 단락이 여러 문장으로 구성된다면 앞 뒤 문장에서 밝혀주는 것이 바람직하다. 여기서처럼 단락 구분이 곤란할 경우, 적당한 곳에 틈틈이 넣어준다.

습작 2

(i) 짐 스타인버그 미 국무부 부장관은 "북한이 2005년 비핵화 방안을 이행하려는 명확한 조짐이 보인다면, 미국도 6자회담 재개를 준비할 것"이라고 말했다고 로이터 통신이 9일 전했다.

(ii) 스타인버그 부장관은 이날 싱크탱크 국제전략 연구소(IISS)에서 열린 제네바 회담에서 이와 같이 말하며, 미국은 북한과 대화를 위한 대화가 아닌 '의미있는 진전을 위한 대화'를 원한다고 말했다.

(iii) 로이터 통신에 따르면, 스타인버그 부장관은 한미군사 연합훈련에 대한 중국 측의 비난과 관련하여 이는 범죄의 피해자를 비난하는 것과 같다며, 군사훈련은 북한으로 하여금 위험하고 불안전한 도발행위를 다시 생각하기 위한 것이라고 말했다. 그는 또 '보상을 바라는 도발행위는 효과가 없을 것'이라고 말했다.

(iv) 로이터 통신은 스타인버그 부장관이 "미국은 남한과 일본뿐만 아니라, 중국과도 매우 유익한 대화를 나눴다."라고 말했다고 전했다. 그는 또 "회담이 성공적이지 못할 것이라는 이유가 있다면 회담 재개에 희생이 따를 것"이라며 "이는 진행과정에서의 자신감에 영향을 준다."라고 말했다.

(v) 한편 로이터 통신은 북한이 2005년 비핵화 방안을 통해 에너지 지원, 체제

보장, 국제사회의 인정들을 대가로 핵무기 프로그램을 포기할 것이라고 합의했으나, 1년 만에 북한이 핵실험을 재개했다고 보도했다.

리뷰 2

(i) 짐은 제임스의 통칭.

(ii) '싱크 탱크' 는 우리말로 두뇌집단, 연구소 등으로 번역된다. '제네바 회담' 은 '제네바 회의'.

(iii) '범죄의 피해자를 비난하는 것과 같다' 는 스타인버그 부장관의 발언을 그대로 옮긴 것이므로 직접 인용을 해주는 것이 옳다.

(iv) 문장 말미, 〈~영향을 준다." 라고 말했다.〉는 〈~영향을 준다."라고 말했다고 이 통신은 보도했다.〉고 할 수 있다. 바로 앞 문장에서 로이터를 밝혔으므로 이 문장에서까지 소스를 밝힐 필요는 없지만, 앞 뒤 문장의 연결이라는 관점에서는 소스를 달아주어도 좋다. 다만 로이터통신은 '이 통신' 이라고 약칭. 아니면 두 번째 문장 주어를 〈이 통신은 또 그가 "회담이 성공적이지 못할 ~영향을 준다." 라고 말했다고 보도했다.〉라고 해도 된다.

(v) 문장 끝 '~핵실험을 재개했다고 보도했다.' 라는 원문의 의미와 다소 차이가 있으므로 〈핵실험을 재개해 그 합의가 의미를 잃어버렸다〉.

모범기사

- 제임스 스타인버그 미국 국무부 부장관은 9일, 미국은 북한이 2005년 비핵화 합의를 이행하려는 '구체적인 신호(concrete indications)'을 보인다면 6자회담을 재개할 용의가 있다고 말했다고 로이터 통신이 보도했다.
- 이 통신은 스타인버그 부장관이 이날 국제전략연구소(IISS)가 주최한 제네바 회의에서 "미국은 유의미(有意味)한 진전을 기대할 수 없는 회담은 재개하는데 반대한다." 면서 이같이 말했다고 전했다.
- 그는 "우리는 북한이 2005년 9월 공동성명을 진지하게 이행하기위해 회담에 복귀할 준비가 돼있다는 구체적인 신호가 필요하다" 라고 말하며 '회담을 위한 회담'이 아닌 '의미 있는 진전'을 찾고 있다고 덧붙였다.
- 이 통신에 따르면 북한의 유일, 강대국이며 동맹국인 중국은 9월 5~9일 서해에서 행해진 한-미 합동군사훈련이 자국의 안보를 위협하고 이 지역을 불안정하게 만들고 있다고 경고한 바 있다.
- 스타인버그 부장관은 이 같은 중국 측 주장에 대해 "범죄의 피해자를 비난하는 격"이라며 그 훈련은 북한의 "도발적이고 위험하며 안정을 깨는 행동"을 사전에 재고토록하기 때문에 이 지역을 안정화 시키는 요인이 될 것이라고 말했다.
- 이 통신은 또 스타인버그 부장관이 미국은 '파트너'인 한국과 일본뿐만 아니라 중국과도 좋은 대화를 해왔고 북한과도 "의미 있는 진전의 중요성에 대해 대화를 나누었다."고 말했다고 전했다.
- 그는 "성공하지 못할 것이라는 예상에도 불구하고 회담을 재개한다면 대가를 치르게 될 것"이라며 그렇게 되면 "회담에 대한 신뢰가 떨어질 수밖에 없다." 고 말했다.
- 미국과 북한의 관계는 버락 오바마 대통령이 취임한 후 악화되어 왔으며 그의 보좌관들은 지난 3월 26일 발생한 한국 해군 천안함 침몰 사건에 대해 깊은 우려를 표명했다. 미국과 다른 국가들은 이 사건이 북한의 소행이라고 비난했지만 북한은 이를 부인하고 있다.

4. 한국의 샤머니즘

외신 기사 본문

Shamanism Enjoys Revival in Techno-Savvy South Korea

SEOUL, South Korea — Yang Soon-im says she began communicating with the spirits of mountains and ancient warriors more than 50 years ago, when she was only 7. But it was decades after that, when her son miraculously survived a knife wound, that she decided she had no choice but to become the spirits' full-time channel with the living — a mudang, or shaman.

"I found her sitting on the roof chanting at 4 a.m.," her husband, Choi Jong-sam, 62, said of that day about 25 years ago. "She was puffing away at four packs of cigarettes. She said her mountain gods had saved our son in a sort of bargain. I slapped her face to help her get her wits back."

"Then her eyes blazed like those of a wild dog about to bite a man."

The deal Ms. Yang struck with her spirits eventually paid off in other ways. Now 60, she is one of the most sought-after shamans in Seoul — a leading member of a profession that has survived centuries of ridicule and persecution and is now enjoying a seemingly incongruous revival in one of the world's most technologically advanced countries.

There are an estimated 300 shamanistic temples within an hour of Seoul's bustling city center, and in them, shamans perform their clamorous ceremonies every day. They offer pigs to placate the gods. They dance with toy guns to comfort the spirit of a dead child. They intimidate evil spirits by walking barefoot on knife blades.

"We used to do our rituals in hiding," said Ms. Yang, who performs two or three rites on a busy day. "Our customers kept it secret from even their own relatives. Now we have no shame performing in public. I can hardly take three days off a month."

Korean shamanism is rooted in ancient indigenous beliefs shared by many folk religions in northeast Asia. Most mudangs are women who say they discovered their ability to serve as a mediator between the human and spirit worlds after emerging from a critical illness. They believe that the air is thick with spirits, including those of dead relatives, a fox in the hills behind a village, an old tree or even a stone. These spirits interact with people and influence their fortunes.

So when tradition-minded Koreans are inexplicably sick or have a run of bad luck in business or a daughter who cannot find a husband, they consult a shaman.

"If I contact the spirit of a man who died of stomach cancer, I get stomach pains for days," said Kim Hong-kyung, 33, who has conducted rituals with Ms. Yang. "If I deal with the spirit of a woman who died during labor, my belly balloons like a pregnant woman's."

In an election year like this one, the most famous shamans are fully booked. Politicians, whether Christian or Buddhist, flock to them, asking, for instance, whether relocating their ancestors' remains to a more propitious site might ensure victory.

"Look around," said Kim Myung-soon, 41, a mudang who, in a recent ritual, decapitated a chicken with her bare hands. "So much of nature has been ruined. Spirits of trees and rocks are displaced and haunt humans because they have nowhere else to go. No wonder the country is a mess."

Shamans were demonized by Christian missionaries and driven underground during Japanese colonial rule. The military governments that came after the Korean War disparaged them as charlatans and often banished them from villages, burning their shrines. But today, even many who regard shamanism as superstition acknowledge it to be an important repository of Korean culture, because the rituals have preserved traditional costumes, music and dance forms. Recent governments have documented and promoted the rituals as "intangible cultural assets."

〈이하 생략〉

번역문

IT 강국 한국에 샤머니즘이 부활하고 있다.

서울, 한국–양순임 씨는 그녀가 7살이었던 50여 년 전 산신, 고대 전사의 혼령들과 소통(접신)하기 시작했다고 말했다. 그러나 수십 년 후 아들이 칼에 찔려 상처를 입었으나 기적적으로 살아났을 때, 그녀는 살아있는 사람들과 혼령들을 연결해주는 채널 즉 무당, 샤먼이 될 수밖에 없다고 결심했다.

"(어느 날) 마누라가 새벽 4시 지붕에 앉아 중얼거리는 것을 보았어요." 남편 최종삼(62) 씨는 25년 전, 그 날 겪은 이야기를 털어놨다. "마누라가 담배 4곽을 피워대더라고요." 그러면서 "산신이 아들을 살려준 것은 일종의 거래였다고 말하더라고요. 나는 정신을 차리게 하느라고 마누라 뺨을 때렸지요." "그런 후 마누라의 눈빛이 사람을 물려고 하는 들개의 눈빛처럼 번뜩였어요."

양씨가 혼령과 행한 거래는 결과적으로 다른 방식으로 결과가 나타났다. 이제 60세가 된 양씨는 서울에서 사람들이 가장 많이 찾는 무당 중 하나–수백 년 동안의 조롱과 박해 속에서 살아남은 그리고 지금은 세계에서 기술적으로 가장 발전된 국가 중 하나인 한국에서 언뜻 보기에는 어울리지 않게 부활을 즐기고 있는 무속계의 주요 멤버가 되었다.

혼잡한 서울 중심가에서 1시간 거리 내에는 약 300곳의 무당집이 있다. 그곳에서 무당들은 매일 소란스러운 의식(굿)을 벌인다. 그들은 혼령을 달래기 위해 (삶은) 돼지(머리)를 바친다. 그들은 죽은 어린이의 혼령을 위로하기 위해 장난감 총을 가지고 춤을 춘다. 그들은 맨발로 칼날(작두) 위를 걸으며 사악한 귀신들을 위협하기도 한다. 양씨는 "전에는 이런 굿판을 숨어서 벌였다" 면서 바쁜 날에는 하루에도 2~3차례씩 한다고 말했다. "고객들은 자기 친척들에게도 이런 사실을 비밀로 했어요. 그러나 지금은 공중 앞에서 벌여도 부끄럽지 않습니다. 한 달에 2~3일 쉬기도 어려워요"

한국의 무속은 동북아시아 여러 민족들이 공유하고 있는 고대 토착 신앙에 뿌리를 두고 있다. 대부분의 무당들은 여자로 그들은 아주 심한 병(무병)을 앓고 난 후 인간과 영적 세계 사이의 매개자로 역할 할 수 있는 능력을 발견했다고 말한다. 그들은 공중에는 혼령이 떠돌고 있는데, 죽은 친척, 동네 뒷동산의 여우, 고목, 심지어는 화로에도 혼령이 있다고 믿고 있다. 이들 혼령들은 사람들과 상호작용을 하면서 그들의 운명에 영향을 미친다는 것이다.

따라서 전통을 중시하는 한국인들은 원인을 알 수 없는 병에 걸리거나, 사업에 불운이 닥치거나, 딸이 남편감을 찾지 못할 때 무당을 찾는다. "만일 내가 위암으로 죽은 남자의 혼과 접신하면, 며칠 동안 배가 아픕니다." 양씨와 함께 굿판을 벌인 다른 무당 김홍경(33) 씨가 말했다. 그는 (또) 내가 출산 중 사망한 여자의 혼령과 마주치면 내 배가 임신한 여자의 배처럼 불룩해집니다." 라고 말했다.

올해처럼 선거가 있으면 유명한 무당들은 점을 보려는 사람들로 예약이 꽉 찬다. 기독교 신자건 불교신자건 정치인들은 무당에게 몰려와, 일례로 조상의 묘를 명당으로 이전하면 당선될 수 있는지 등을 묻는다. 최근 맨손으로 닭의 목을 비틀어 죽이며 굿판을 벌인 무당 김명순(41) 씨는 "주위를 돌아보세요. 자연이 엄청나게 망가졌어요. 나무, 바위의 혼령이 뒤죽박죽이 돼서 갈 곳을 못 찾은 그 혼령들이 인간을 괴롭히고 있습니다. 나라가 온통 혼란스러운 것은 하나도 이상할 것이 없습니다."

무당들은 기독교 선교사들에 의해 악마로 저주되었으며 일제 치하에서는 지하로 쫓겨났다. 한국전쟁 후 들어선 군사정부는 무당들을 사기꾼으로 멸시했고, 종종 그들을 촌락에서 몰아내고 그들의 사당을 불태웠다. 그러나 오늘 날,

무속을 미신으로 간주하던 많은 사람들까지도 그 것이 한국 문화의 중요한 보고라고 인정하고 있다. 무당들의 의식에 전통 복장, 음악, 춤의 형태가 보존되어 있다는 것이다. 근래 정부는 무당들의 의식을 '무형문화재' 로 기록하고 장려하고 있다.

(이하 생략)

기사작성의 팁(Tip)

뉴욕 타임스(NYT)지에 실린 이 기사는 **피처(feature) 기사**이다. 시급히 알려야 할, 특기할 만한 내용 있는 것이 아니다. 그래서 피처 기사로 소개했다. 미국인의 눈에 이색적으로 비친 한국 사회상을 외국인 독자들에게 소개한 것이다. 말하자면 스트레이트 기사감이 아닌 읽을거리다. 그러나 이를 한국 독자들에게 소개할 때는 상황이 좀 달라진다. 미국의 세계적인 신문이 이러한 한국 사회상을 소개했다는 사실이 특기할 만하다.

우리는 위 기사를 2가지 방식으로 처리 할 수 있다. **첫째는 NYT의 보도 내용을 스트레이트 기사로 정리 할 수 있다. 둘째는 NYT가 보도한 사실을 간단히 소개하는 전문(前文)을 쓰고 NYT 보도 내용을 간추려 소개하는 것이다.** 즉 NYT처럼 읽을거리 박스로 처리하는 것이다. 물론 이 때도 일부를 발췌할 수도 있고 전문(全文)을 소개할 수도 있다. 이 경우 전문 게재 여부를 밝힌다.

유형 (다)
외신 피처 기사를 한글 스트레이트 기사로 작성하기

습작 1

(i) '뉴욕 타임스'는 서울에 사는 양순임(60) 씨가 7살 때부터 산과 고대전사의 영혼들과 교신하기 시작했다고 서울발로 전했다.

(ii) 그러나 그녀의 아들이 기적적으로 칼로 입은 상처에서 생존했을 때, 그녀가 살아있는 것들과 영혼의 전면적인 통로가 되어야겠다고 결정한 그것은 7살 때보다 수십 년 후의 일이라고 뉴욕 타임스는 말했다.

(iii) 뉴욕 타임스는 양씨가 자기 아들의 목숨과 맞바꾼 그 거래는 이제 그녀를 서울에서 가장 고객이 많은 무당 중 하나로 만들어 놓았다고 말했다. 그녀는 수 세기 간의 조롱과 박해에서 살아남은 지도자적인 한 사람이고, 지금은 세계에서 기술적으로 가장 발전한 나라인 한국에서 이와는 어울리지 않는 샤머니즘의 부흥을 즐기고 있다고 말했다.

서울의 붐비는 중심으로부터 1시간 이내의 거리에 약 300개로 추산되는 샤머니즘적인 신당들이 있고, 그것들의 내부에서는 무당들이 매일 떠들썩한 예식들을 거행한다고 뉴욕 타임스는 말했다. 그들은 신들을 달래기 위하여 돼지들을 바친다. 또 그들은 죽은 아이의 영혼을 위안하기 위하여 장난감 총과 함께 춤을 춘다. 칼날 위에 맨발로 걸음으로써 사악한 영혼에게 겁을 주기도 한다.

뉴욕 타임스는 전통적인 믿음을 지닌 한국인들이 설명할 수 없이 아프거나,사업에 있어 운이 없거나, 혹은 딸이 남편감을 발견하지 못할 때, 그들은 무당과 논의한다고 말했다. "내가 위암으로 죽은 한 남자의 영혼과 만났을 때, 나는 며칠 동안 위의 고통을 겪었습니다." 라고 양씨와 함께 제식을 거행해왔던 김홍경(33) 씨는 말했다고 전했다.

오늘날에는 과거에 샤머니즘을 미신으로 간주하는 많은 사람들조차 그것이 한국문화의 중요한 저장소로 인정하고 있다고 뉴욕 타임스는 말했다. 그 제식들은 전통의상, 음악, 춤의 형태들을 보존해왔기 때문이다. 뉴욕 타임스는 최근의 정부들이 제식들을 문서화하고 '무형 문화재'로 지정하여 격상시켰다고 말했다.

그들은 매우 변화에 대한 적응이 빠르다. 한국에 인터넷 붐이 일어났을 때, 무당들은 상업적인 웹사이트를 개설한 첫 번째 사람들에 속했다고 뉴욕 타임스는 말했다. 그들은 온라인 점을 제공했고 많은 젊은 무당들은 블로그를 유지하고 있다고 전했다.

샤머니즘을 연구하는 중앙대 교수 홍태한 씨는 "우리는 가장 최근의 조사에서 한국 무당들에 의하여 숭배되는 273개 범주의 신들을 발견했습니다. 하위 범주로 들어가면 당신들은 10,000 종류의 신적 존재들을 발견하게 됩니다."라고 말했다고 뉴욕 타임스는 전했다.

뉴욕 타임스는 홍씨가 "한국의 샤머니즘은 거대한 용광로입니다. 그것은 다른 신앙들 및 사회적인 변화들과 끝없는 타협하면서 어떤 것도 받아들이기를 거부하지 않았고 모든 것을 포용했습니다. 그것이 (샤머니즘이) 수천 년을 생존해온 이유를 설명해줍니다."라고 말했다고 전했다.

뉴욕 타임스는 샤머니즘의 절충주의는 신앙에 대한 한국인의 태도에 영향을 끼쳤고, 한국을 세계에서 가장 다원론적인 국가들 중 하나로 만드는 것에 일조했다고 말했다.

리뷰 1

(i) 스트레이트 기사 첫 문장 즉 리드는 항상 독자에게 전하고 싶은 핵심 내용이 나와야 한다. 〈양순임 씨가 7살부터 산 및 고대전사의 영혼들을 접하기 시작했다.〉는 것이 이 기사의 가장 중요한 내용은 아니다. 또 세계적인 유력 신문인 NYT가 이 같은 내용을 보도했다는 이유 때문에 기사가 된 것도 사실이지만, 이것 역시 핵심내용 그 자체는 아니다. 따라서 〈~~라고 뉴욕 타임스가 0일 서울 발로 보도했다.〉가 보다 나은 리드이다. (번역이 옳게 되었는가는 따지지 않기로 하자)

(ii) 첫 머리 '뉴욕 타임스'는 앞에 나오므로 'NYT', '이 신문' 또는 '타임스'라고 약칭하는 것이 보통이다. (iii) 에서도 마찬가지.

습작 2

(i) 세계에서 가장 IT기술이 발달한 첨단사회 한국에서 샤머니즘이 부활하고 있다고 뉴욕 타임스가 7일 서울 발로 전했다.

(ii) '뉴욕 타임스'는 샤머니즘이 기독교 선교사들에 의해 악으로 규정되고, 일본 식민지 지배 하에서 지하로 몰리는 등 오랫동안 박해를 받아왔지만, 오늘날에는 서울 중심가에 얼마 떨어져 있지 않은 곳에 300여 개의 무속인 사당이 있고 그곳에서 매일 떠들썩한 예식이 거행된다고 전했다.

(iii) 이 신문은 한국인들이 설명할 수 없는 병에 걸리거나 사업이 좋지 않을 때 혹은 딸이 남편을 얻지 못할 때 무속인에게 찾아가 상담한다고 전했다. 특히 올해와 같은 선거철에는 유명한 무속인에게 정치인들의 발길이 끊이지 않는다고 전했다.

(iv) 신문은 샤머니즘이 수천 년 동안 지속된 이유를 샤머니즘이 다른 신앙과 사회적인 변화들과 타협하면서, 거부하는 것 없이 모든 것을 포용했기 때문이라고 전했다.

(v) 홍태한 교수는 최근 조사에 따르면 "273개의 다른 신들이 한국 무당들에게 숭배" 되어왔고, 하위 범주로 들어가면 1만 개의 신들이 존재한다고 말했다.

(vi) 또 신문은 샤머니즘의 제식이 한국의 전통 옷, 음악, 무용 형태를 보존해왔기 때문에 최근 정부에서 이 제식을 "무형 문화재"로 지정하였다고 전했다.

(vii) 무속인 양순임(60) 씨는 전엔 숨어서 제식을 치렀었는데 이제는 "사람들 앞에서 굿을 하는 것이 창피하지 않다."라며 한 달에 3일을 쉬기 힘들다고 말했다.

리뷰 2

(i) 좋은 표현 방식이다.

(ii) 2번째 문장 정도에서는 뉴욕 타임스가 〈IT 강국 한국에서 샤머니즘이 부활하고 있다.〉는 제목으로 보도했다는 사실을 넣어주는 것이 좋다.

(iii) '뉴욕 타임스' 라는 정식 명칭이 앞에 나오므로 이쯤부터는 '이 신문' 'NYT' 라고 표기한다.

(iv) 원문에 없는 것을 보충 취재해 실었다.

(v) 역시 원문에 없는 정보다. 문장의 의미도 잘 이해되지 않는다. 홍태한 교수가 조사한 자료인지, 아니면 홍 교수가 어떤 조사 통계를 인용해서 전하는 것인지가 불분명하다. '홍태한 교수는 최근 조사에 따르면'은 '홍태한 교수의 최근 조사에 따르면 ~' 혹은 〈홍태한 교수는 "최근 조사에 따르면 ~이다." 라고 말했다.〉라고 수정해야한다. 주어가 바뀌면 그에 따라 동사가 상응해서 바뀌어야 한다.

(vii) 기사 전개 순서에서 이 부분은 (iii)과 (iv) 사이에 들어가는 것이 좋을 것 같다.

신문 보도 사례

(i) 정보기술 강국인 한국 사회에서 무속신앙 (샤머니즘)이 부활하고 있다고 뉴욕타임스(NYT)가 7일 서울발로 보도했다.

(ii) NYT는 이날 'IT강국 한국에서 샤머니즘이 부활하고 있다' 는 제목아래 서울과 인근 도시에만 무속 사당이 300여 개가 있으며, 전국적으로 약 30만 명의 무당들이 성업 중이라고 전했다.

(iii) 특히 선거철이 되면 "조상의 묘를 명당으로 이장하면 선거에 이길 수 있을 지" 를 문의하는 정치인들이 무속인들에게 몰려든다며 선거가 있는 올해는 유명한 무당을 만나기 위해 예약하는 것조차 쉽지 않을 정도라고 이 신문은 전했다.

(iv) 이 신문은 또 "한국에서 가장 먼저 상업적인 인터넷 홈페이지를 개설한 사람 중 하나가 무속인들" 이라며 이런 적응력 덕분에 이들은 첨단 IT 사

회인 한국에서 가장 바쁜 일상을 보내는 직업군 중 하나가 됐다고 덧붙였다.

(v) 이 신문은 이런 변화의 바탕에 한국인들의 인식 변화가 자리 잡고 있다고 분석했다. 굿에 등장하는 의상과 음악, 춤에 전통문화가 살아있다는 사실을 인식하게 됐다는 것. 심지어 무속 신앙을 미신으로 치부하는 사람들조차 이를 한국 문화의 중요한 요소로 인정한다고 보도했다.

(D신문)

리뷰

(i) 한국의 D신문은 NYT의 제목까지도 하나의 정보로 보고, 리드를 그 제목에서 따왔다. 제목은 취재기자가 아닌 편집기자의 몫이지만 NYT보도의 일부 임에는 틀림없다.

(ii) 두 번째 문장 전반부는 사실상 리드의 반복이어서 훌륭한 전개는 아니다. 따라서 리드는 다른 내용을 전하는 것이 바람직하다. 예컨대 〈정보기술 강국인 한국 사회에서는 선거철만 되면 기독교 신자이건 불교신자이건, 무당들을 찾아와 그들의 장래 운명을 점친다고 뉴욕 타임스(NYT)가 7일 서울 발로 보도했다.〉라고 쓴다. 그리고 나서 〈NYT는 이날 'IT강국한국에서 샤머니즘이 부활하고 있다 제목아래 서울과 인근 도시에만~~〉이라고 하는 편이 낫다. 직접 인용을 안 했으므로 본문, '혼잡한 서울 중심가에서 1시간 거리 내에는 약 300곳'을 응축해서 〈서울과 인근 도시에만 무속 사당이 300여 개가 있으며〉라고 했다. '30만 명'은 생략된 원문의 뒷부분에 나온다.

(iii)(iv) 많은 부분을 간접 인용함으로써 문장이 너무 길어지지는 않았다.

(v) NYT보도를 의역해서 전했다. 기사 말미에서 스트레이트 기사 형식을 벗어났다. 〈이런 변화의 바탕에 한국인들의 인식 변화가 자리 잡고 있다고 분석했다.〉는 해설이다. 인식변화의 실질적인 내용이 그 다음 두 문장에 나오므로 이를 직접 전하면 된다. 즉, 이 문장은 〈이 신문은 무속을 미신으로 간주하던 많은 사람들까지도 그 것이 한국 문화의 중요한 보고라고 인정하고 있다고 전했다.〉라고 한다. 그

후 〈굿에 등장하는 의상과 음악, 춤에 전통문화가 살아 있다는 사실을 인식하게 됐다는 것이다.〉라고 끝맺는다. 마지막 문장은 필요가 없게 되었다.

유형 (라)
외신 피처 기사를 한글 스트레이트 기사와 피처 기사로 작성하기

스트레이트 기사 전문(前文) + 기사 내용 전재(轉載)

정보기술 강국인 한국에는 서울과 인근 도시에만 무속 사당이 300여 개가 있으며 선거철만 되면 기독교 신자이건 불교신자이건, 무당들을 찾아가 장래운명을 점친다고 뉴욕 타임스지가 7일 서울발로 보도했다. NYT는 이날 'IT 강국 한국에서 샤머니즘이 부활하고 있다는' 제목 아래 이같이 전하고 유명 무당들은 한 달 2~3일 쉬기도 어려울 만큼 성업 중이라고 말했다.
다음은 이 신문 기사 중 일부를 발췌한 것이다.

5. 기타 주요사항

외신의 오보와 오역

외신을 보도할 때, 원문의 의미가 왜곡되어 말썽을 일으키는 일이 가끔 있다. 거두절미하고 일부만 보도할 경우 본래의 의미가 달라질 수가 있기 때문이다. 오역하는 실수가 발생하기도 한다. 짧은 시간에 급히 기사를 정리하다보면 잘못이 생길 수 있다. 또 문화와 제도가 다른 한국인이 이해하기 어렵게 씌어 있는 원문도 적지 않다. 물론 기자들의 외국어 능력이 모자라 벌어지는 경우도 없지 않다. 그러나 기자가 선호하는 정보만 골라 보도하거나, 발언취지를 왜곡해서 독자를 오도해서는 절대 안 된다. 엄청난 사회적 파장을 불러일으킬 수도 있다. '광우병 소 보도 사건' 등이 이를 여실히 증명해 준다. 국제부 기자들은 사전을 옆에 끼고 산다. 이해가 안 되면 전문가들에게 전화 등으로 자문을 구한다. 단시간 내에 보다 정확한 단어, 적절한 우리말 표현을 찾아내기 위해 진땀을 흘리는 경우가 종종 있다.

외신의 인용

외신이 직접 인용(" ")을 했다하더라도 우리는 우리가 인용하고 싶은 것만 한다. 즉, 원문이 직접 인용을 했다고 해서 우리도 꼭 그럴 필요는 없다. 반면에 원문에는 직접 인용한 것이 아니라도 우리는 할 수 있다. 원문을 하나의 보도자료로 간주하고 기사를 정리하기 때문이다. 직간접 인용 방식도 한글 스트레이트 기사와 같다. 따라서 소스를 밝히는 것도 한글 기사 쓸 때와 같다. 처음 리드나 다음 문장에서 밝히고, 그 다음부터는 한 단락에 1번 정도 문장 앞 또는 뒤에 붙여주는 것이 바람직하다.

원문 번역의 요령

외신을 정확하게 번역하는데 어려움이 적지 않다. 문장, 단어가 어려울 때도 있지만 한 문장이 너무 길어 이를 매끄럽게 표현하는 것이 쉽지 않을 때가 종종 있다. 외신은 한 문장인데 이를 우리말 한 문장으로 번역하기가 곤란하다면 두 문장으로 나누면 좋다. 실제로 중요한 의미가 담긴 것이 아니라면 1~2단어의 표현을 생략하고 우리말로 옮기면 해결되는 경우가 많다. 간접 인용의 경우는 더욱 그렇다. 별행으로 잡혀 있는 외신을 한 문장으로 번역, 보도 할 수 있다. 물론 직접 인용할 때는 다른 문장의 내용을 마치 한 문장처럼 같은 인용 부호(" ")에 포함시켜서는 안 된다.

외신을 번역 할 때 단체명이나 전문 용어가 자주 나온다. 사전에 나오는 것이 대부분이지만 아닌 경우도 적지 않다. 전문가에게 물어볼 수밖에 없지만 어떤 경우는 의역을 해서 소개해주기도 한다. 원음대로 표기해서 주고 용어풀이 식으로 간단히 설명해주기도 한다. 우리나라에 없는 직책이나 제도가 나오기도 한다. 과거부터 사용한 것이면 관례를 따르면 되지만 전혀 새로운 것이면 전문가와 상의, 독자들이 이해할 수 있는 선에서 새로 정하기도 한다. 그러나 뉴스에 나오는 관용어, 단체나 기관의 이름, 직책, 전문 용어 등은 되풀이되기 때문에 어느 정도 시간이 지나면 익숙하게 된다.

통신사

신문, 방송, 잡지사들이 국내외 기사를 취재 보도하기 위해서는 많은 취재진이 필요하다. 더욱이 다른 언론사와의 경쟁에서 우위권을 학보하기 위해서는 충분한 인력이 필수적이다. 그러나 많은 인력은 그만큼 비용이 많이 든다. 인건비 외에도 부수적으로 드는 취재비, 장비 등의 비용은 각 언론사가 독립적으로 부담하기에는 너무나 크다. 언론사도 기업인데 수입을 계산치 않고 비용을 들인다면 오래 생존하지 못할 것이다. 따라서 통신사가 이를 대신해 주고 각 언론사는 계약에 따라 일정 비용을 지불한다,

통신사는 방대한 조직과 인력을 확보, 중앙 언론사는 물론 지방 언론사, 군소매체 등이 필요로 하는 뉴스를 취재 공급한다. 국내에서는 연합 뉴스가 대표적인데 각 언론사는 필요에 따라 연합뉴스 기자가 취재한 기사를 이용한다. 중앙 일간지나 방송, 잡지에서 간혹 '연합뉴스' 기사임을 밝히며 보도하는 경우를 발견할 것이다. 서울이나 대도시의 뉴스도 있지만 대부분은 자사가 인력을 충분히 파견치 못한 지방이나 해외 마이너 지역의 뉴스를 연합뉴스에 의존하는 경우가 많다. 중앙 언론사가 아닌 지방 언론사, 군소 언론사의 경우 그 의존도가 크다. 통신사는 뉴스를 취재는 하나 자체 매체를 갖고 있지 않고, 각 언론사에 공급만 하기 때문에 '뉴스의 도매상' 이라고 한다.

외국통신사로는 세계 4대 통신사인 AP(Associated Press, 미국) UPI(United Press International, 미국) 로이터(Reuters, 영국) AFP(Agence France-Presse, 프랑스) 등이 있다. 이외에도 아시아에서는 일본의 교토, 중국의 신화사 등이 널리 알려져 있다. 이들 통신사들은 각각 자국어인 영어, 불어, 일본어, 중국어로 뉴스를 공급하기도 하지만 전 세계 계약 언론사들을 위해 영어로 하루 24시간 뉴스를 공급한다. 우리나라의 경우

외국통신사는 연합뉴스가 계약을 하고 국내 각 언론사는 연합과 계약, 공급받는 체제를 취하고 있다.

또 각 언론사는 외국통신사가 아닌 다른 언론매체와 각자 필요에 따라 계약, 뉴스를 공급받고 있다. 일례로 어떤 신문사는 미국의 뉴욕타임스나 영국의 더 타임스와 계약을 맺고 있다. 다른 언론사는 프랑스의 르몽드나 독일의 프랑크푸르터 알게마이너 등과 기사 교류, 협력관계를 맺고 있다. 방송사들과도 기사교류 협정을 맺고 있다. 우리나라 방송사들도 마찬가지이다. 특히 칼럼, 만화, 사진 만을 공급하는 통신사, 신디케이트들도 점점 증가하는 추세이다.

참고 문헌

국내 저서

고영신, 『디지털 시대의 취재보도론』, 나남, 2007.

김종철, 『기사작성 길잡이』, 연합뉴스, 1998.

남시욱, 『인터넷 시대의 취재와 보도』, 나남, 2001.

박종화, 『미디어문장과 취재방법론』, 한울 아카데미, 2003.

오택섭, 강현두, 최정호, 『미디어와 정보사회』, 나남, 2004.

윤석홍, 『사건취재와 기사쓰기』, 기파랑, 2004.

이재경, 『기사작성의 기초』, 나무와 숲, 2005.

임영호, 『신문원론』, 한나래, 2005.

외국 저서

Brian S. Brooks, George Kennedy, Dary R. Moen, Don Ranly, *News Reporting and Writing*, the Missouri Group, 1992.

Richard Keeble, *The Newspapers Hand Book*, Routledge, 1994.

Roberts S. Boynton, *The New Journalism*, Vintage books and Anchor Books, 2005.

Steve Weinberg, *The Reporter's Hand book*, ST. Martin's Press 1996.

Donald L. Shaw, Maxwell McCombs, Gerry Keir, *Advanced Reporting*, Waveland Press, 1997.

William Zinsser, *On Writing Well*, Harper Resource Book, 2001.

Bill Kovach & Tom Rosenstiel, *The Elements of Journalism*, Crown Publishers, 2001.